科学发展在广东

文化篇

广东是改革开放的先行地，广东是科学发展的排头兵。广东科学发展经历了从思想到行动、从经济政治到文化社会、从重点突破到全面推进的过程。

陈金龙 主编／胡国胜 著

广东出版集团

全国优秀出版社 全国百佳图书出版单位 广东教育出版社

·广州·

图书在版编目（CIP）数据

科学发展在广东．文化篇 / 陈金龙主编；胡国胜著．—广州：广东教育出版社，2013.6
ISBN 978-7-5548-0332-5

Ⅰ.①科… Ⅱ.①陈…②胡… Ⅲ.①社会主义建设模式—研究—广东省②文化事业—建设—研究—广东省 Ⅳ.①D676.5

中国版本图书馆CIP数据核字（2013）第123468号

责任编辑：胡 泽
责任技编：吴伟腾
装帧设计：刘敏妮

广 东 教 育 出 版 社 出 版 发 行
（广州市环市东路472号12-15楼）
邮政编码：510075
网址：http://www.gjs.cn
广东新华发行集团股份有限公司经销
广 东 新 华 印 刷 有 限 公 司 印 刷
（佛山市南海盐步河东中心路）
787毫米×1092毫米 16开本 12.5印张 250 000字
2013年6月第1版 2013年6月第1次印刷
ISBN 978-7-5548-0332-5
定价：27.00元
质量监督电话：020-87613102 购书咨询电话：020-87621848

写在前面的话

陈金龙

广东是改革开放的先行地，广东是科学发展的排头兵。

20世纪80年代，广东以“杀出一条血路”的勇气与胆识，开启了中国改革开放的步伐。进入21世纪，当中国经济社会发展徘徊在新的十字路口时，历史再次赋予广东特殊的使命，担负了科学发展先行先试的重任。经过近十年的探索与实践，广东闯出了一条科学发展的新路，交出了一份科学发展的满意答卷，提供了科学发展的典型样本。

21世纪之初，广东经济发展方式粗放、区域发展不平衡、环境资源压力增大、文化发展与社会管理滞后等结构性、体制性矛盾日益凸显，严重制约了广东经济社会协调发展，所谓“中等收入陷阱”的危机悄悄来临。

路在何方？

正当广东人苦苦思索之时，2003年4月，胡锦涛总书记来到广东视察，要求广东抓住机遇，加快发展，率先发展，协调发展，在全面建设小康社会、开创中国特色社会主义事业新局面的进程中更好地发挥排头兵的作用。从此，一个全新的发展理念、战略构想在萌生、在酝酿。

科学发展观的提出及其内涵的日渐明晰，为广东经济社会发展指明了方向。近十年，广东无论经济、政治、文化发展，还是社会建设、党的建设、生态文明建设，都贯穿了科学发展的要求，渗透了科学发展的理念。广东科学发展之花，已结出科学发展之果。

近十年，广东经济发展实现了新跨越。经济总量提升，综合实力增强，2011年全省GDP总量达到5.3万亿元，成为全国首个GDP突破5万亿元

大关的省份。通过推动服务型政府建设、深化国有企业改革、完善要素配置机制，广东市场经济体制日益完善，现代市场体系日益健全。广东巧妙利用国际经济危机带来的机遇，化危为机，适时实行“双转移”战略，珠三角“腾笼换鸟”，粤东西北“筑巢引凤”，实现了产业结构优化升级与发展方式的转变。通过加大研发资金的投入，改革科技创新体制，自主创新能力明显增强，广东专利申请量和授权量位居全国第一，“创新型广东”崭露头角。广东积极推进珠三角区域一体化，促进东西两翼振兴发展、山区生态发展，形成了优势互补的多极格局，全省区域协调发展的势头显现。通过多领域、多层次的对外开放，深化了与周边地区及发达国家的合作，外向型经济得到拓展，外贸大省地位进一步巩固，并开始实现从“引进来”到“走出去”的战略转变，广东开放型经济的格局基本形成。经济发展的目的是为了民生幸福，广东通过一系列民生工程的实施，使幸福广东成为现实。当前，广东总体上仍处于可以大有作为的重要战略机遇期，继续领跑全国经济发展的方向不会改变。

近十年，广东政治改革与政治发展取得新突破。有人说，广东只有经济改革而无政治改革，其实这是莫大的误解。“寓政治改革于经济改革之中”，是广东政治改革的策略，也是广东政治改革的特点。精心选择政治改革的内容，谨慎确定政治改革的内部次序，让政治改革与经济改革有效协同，以促进广东产业的转型升级和区域的科学发展，是近年广东政治改革的基点所在。与此同时，广东政治改革的附属性、被动性出现了改变趋势，政治改革的独立地位和自身价值开始呈现。2008年以来，广东以新的思路，重新开启了政府职能转变改革。大部制改革中，创造了“顺德模式”和“深圳模式”，被称为大部制改革的“双黄蛋”；以“减、转、放”为主线的行政审批制度改革力度前所未有，成效明显；重构地方各级政府职权关系的富县强镇、简政强镇改革取得阶段性成果。创造了网络问政独特的“广东样本”，广东对互联网这一新的政治技术的运用走在全国前列，拓展了社会政治参与的渠道，成为推动广东改革开放和科学发展的重要力量，体现了广东政治发展的领先性和前瞻性，引起各方关注。人民民主得到发展，人民代表大会建设进一步加强，人大的作用得到有效发挥；协商民主实现跨越式发展，政治协商被纳入各级党委、人大、政府的决策程序，预示多党合作和政治协商未来的发展方向。基层民主和基层治理在曲折探索中奋力前行，创造了农村基层民主的“云浮模式”、“蕉岭模式”，城市社区治理的“盐田模式”、“南山模式”。面对基层抗争演变的新形势，广东不断探索新的治理思路和对策，保持了社会的总体稳定。可以说，政治改革是近年广东改革格局中成效最为明显、最为引人注目的部分。

近十年，广东迈开了从文化大省到文化强省的步伐。文化体制改革从试点走向全面推广，在建立现代文化市场体系、转变政府文化管理职能、处理文化事业与文化产业关系、推进经营性文化单位转企改制等方面进行了积极探索，在诸多文化领域初步实现了企业化经营和市场化运作。广东省委、省政府加大对公共文化服务体系建设的投入，在公共文化基础设施建设、公共文化资源共享、群众性文化活动开展、现代文明城市与文明村镇建设等方面取得了明显进展。广东文化创作呈现繁荣局面，精品佳作不断涌现，成为全国生产创作文化精品的重要基地，走出了一条具有广东特色的文化精品创作之路。广东借助国家文化产业发展政策之力，培育文化产权市场，提高文化产业发展质量，加快文化产业发展速度，文化产业日渐崛起。广东在物质文化遗产保护、非物质文化遗产保护、文化遗产的司法保护等方面取得成效，创新了文化遗产保护理念。通过实施文化“走出去”战略，加大对外文化交流力度，丰富对外文化交流形式，扩大对外文化交流范围，使更多的文化产品和文化活动进入国际市场，提升了广东文化的国际影响力。广东重视文化发展的“顶层设计”与文化立法，《广东省建设文化强省规划纲要（2011—2020年）》的制颁，系列文化法规的制定，使广东文化发展有目标、有规约。“厚于德、诚于信、敏于行”的新时期广东精神的提出与践行，促进了良好社会风尚的形成，提升了广东干部群众的道德素养。可以说，广东走出了一条经济、政治、社会发展与文化发展的互动双赢之路，被外界误读为“文化沙漠”的广东，以文化发展的新景象消解了外界的误会、赢得了社会的认同。

近十年，广东社会建设呈现良好势头。从和谐广东到幸福广东，从幸福广东到平安广东，这是广东社会建设的目标追求。改善民生是幸福广东的核心所在，广东各级政府不断探索解决民生问题的机制与举措，民生福祉成为政府主业。广东在提高社会管理科学化水平过程中，通过发挥社会组织力量、保障底线民生、公正处理群体性事件，创新了社会管理模式。

广东社会组织呈现快速、稳定发展的态势，门类齐全、结构趋于合理，去行政化和去垄断化的发展主线日益明晰，社会组织开始成为社会建设的主体。广东大胆探索异地务工人员融入城市社会的路径，通过推进户籍制度改革、取消“农民工”称谓、推动基本公共服务均等化、畅通政治参与渠道等，促进了农民工的华丽转身。目前，广东正在探索平安广东建设的路子，力求实现由被动维稳到主动创平的转变。广东在全国率先出台省级幸福指标体系，目的是让幸福广东“摸得着，看得到”，让争取幸福、创造幸福成为广东的主流风气。可以说，经过近年的思考和摸索，广东社会建设的思路已基本明确，即“强党委、小政府、大社会、活基层、广参与”。

广东科学发展关键在党，科学发展对党的执政能力、执政水平、执政方式提出了新的要求。广东省委主动应对挑战，全面提高管党治党水平，“主业”意识显著增强。解放思想是广东科学发展的突破口，新一轮解放思想达成的共识、凝聚的力量，成为推动科学发展的重要力量。广东学习型政党建设着力打造适合不同对象的学习平台，营造重视学习、善于学习、自觉学习的社会氛围，让学习成为生活方式，让学习成为社会时尚。广东干部选拔任用的民主化程度日益提高，公开选拔、竞争上岗等竞争性选拔方式成为常态，促进科学发展的干部考核评价机制正在形成，科学发展成为配班子、选干部、用人才的重要标准，让善于科学发展的人上、不善于科学发展的人让、阻碍科学发展的人下，成为社会共识。党内民主是人民民主的引领，广东通过实行民主选举、党代表任期制、党务公开，改革与完善全委会制度，党内民主得到发展。广东党组织从解决民生问题、完善体制机制、畅通诉求渠道、加强党风廉政建设等方面入手，全面加强和改进群众工作，党群关系走向和谐。“两新”组织建设是党建工作的新领域、新课题，广东对“两新”组织党建工作进行了积极有效的探索，切实解决了“两新”组织党建工作面临的新问题，把握了“两新”组织党建工作的规律。广东通过建立和完善领导干部巡视制度、加强对一把手的监督、建立信访督查专员制度、举办“纪委开放日”活动等，推进了反腐倡廉建设。未来一段时期，广东党的建设将着力化解思想懈怠、能力不足、脱离群众、消极腐败、制度缺陷的危险，努力提高党的建设科学化水平。

广东科学发展经历了从思想到行动、从经济政治到文化社会、从重点突破到全面推进的过程。广东近十年的辉煌，得益于科学发展；广东科学发展积累的经验，对全国具有启迪和借鉴意义。

解放思想是科学发展的前提。解放思想是观念领域的变革，这种变革可以为科学发展提供精神支撑、思想引导。广东科学发展的动力，来源于解放思想释放出来的能量。通过开展解放思想大讨论，破除了阻碍科学发展的观念，转变了妨碍科学发展的思维，达成了科学发展的共识，提出了科学发展的新思路、新举措，形成了推动科学发展的新机制、新路径，解放思想成为广东科学发展的切入点。广东科学发展样本的生成，在一定意义上可以说是解放思想的结果。

敏识潮流是科学发展的基石。广东省委、省政府能以世界眼光、国际视野谋划广东的经济社会发展，既立足广东，又面向全球，将广东的经济社会发展置于国际背景下来思考，因而能敏锐抓住国际机遇，从容应对国际挑战。同时，广东能将中央的决策、部署与广东的实际结合起来，创造性地制定具体政策和措施，推动广东科学发展。同时，广东省委、省政府能从市场经济内在规律和市场经济发展要求出发，谋划发展蓝图，创新发展理念，转变发展方式，破解发展难题。敏识国际、国内发展潮流，遵循市场经济规律，是广东科学发展的重要经验。

制度安排是科学发展的保障。科学发展需要相应的制度安排，否则难以落到实处。广东从改革考核、考评、考察干部的“指挥棒”入手，制定实施了《市厅级党政领导班子和领导干部落实科学发展观评价指标体系和考核评价办法》。这根“指挥棒”突出科学发展的主题主线，引导各级干部告别GDP崇拜。同时，为推进社会建设，广东省委、省政府颁发了《关于加强社会建设的决定》及七个配套文件，形成了完整的推进社会建设的制度体系。广东科学发展每前进一步，都有相应的制度安排作支撑。

人民群众是科学发展的主体。人民群众是创造历史、推动社会发展的主体，科学发展同样有赖于人民群众的实践。广东在科学发展的过程中，注意集中群众的智慧、才能和力量谋科学发展、促科学发展。在尊重群众意见、反映群众呼声的同时，注意充分发挥群众的积极性、主动性、创造性。以人为本是科学发展观的核心，广东科学发展的归宿是民生问题的解决与人民幸福指数的提升，这正体现了对科学发展主体的尊重。

岭南文化是广东科学发展的底蕴。岭南文化务实、开放、包容、进取

的传统，孕育了广东敢为人先、海纳百川、开拓进取的精神品格，广东科学发展的路子是闯出来的、干出来的，是务实的结果、创新的结果。广东科学发展之路诠释了新时期广东精神的内涵，体现了广东的文化传统。

事实表明，广东已步入科学发展的轨道，但也应当清醒认识到，广东科学发展面临的问题依然十分突出。正如时任广东省委书记汪洋在广东省第十一次党代会的报告中所言：“制约我省经济社会发展的长期性、结构性、体制性矛盾尚未得到根本解决，我们的工作与人民群众的期待还有不少差距。转变经济发展方式有待深化，城乡区域发展不协调问题依然突出；社会建设相对滞后，经济建设和社会建设一手硬一手软的问题依然存在；一些领导班子改革创新意识薄弱，领导科学发展的能力不强……我们只有高度重视并认真解决这些问题，科学发展的道路才能越走越宽广。”

广东科学发展中遇到的问题，还是有赖于科学发展去解决。

目录

引言　华丽转身：从文化大省到文化强省　1

一、破局：广东文化大省的提出与实践　1

二、升级：广东文化强省的规划与落实　4

三、跨越：从文化大省走向文化强省　8

第一章　敢想会干：广东文化体制改革的深化　10

一、目标：广东文化体制改革的框架设计　10

二、回顾：广东文化体制改革的发展历程　16

三、开拓：广东文化体制改革的成功经验　19

四、挑战：广东文化体制改革面临的困难　26

五、反思：广东文化体制改革的启示　29

第二章　文化民生：广东公共文化服务体系的建立　36

一、惠民：广东公共文化服务体系建设的必要性　36

二、经验：广东公共文化服务体系建设的几点做法　39

三、掣肘：广东公共文化服务体系建设所遇的瓶颈　47

四、前景：广东公共文化服务体系建设的发展方向　50

第三章　百花齐放：广东文化精品创作的繁荣　55

一、狂欢：广东文化精品创作的发展成就　55

二、源泉：广东文化精品创作的动力　63

三、冰点：广东文化精品创作存在的问题　67

四、突破：广东文化精品创作的经验思考　69

第四章　实力竞技：广东文化产业发展的崛起　74

一、内涵：文化产业的界定及地位　74

二、辉煌：广东文化产业发展的社会影响　78

三、亮点：广东文化产业发展的基本特点 84
四、困局：广东文化产业发展的挑战 88
五、启示：广东文化产业发展的主要经验 91
第五章 涅槃重生：广东文化遗产保护的开创 98
一、概念：广东文化遗产及其保护 98
二、成就：广东文化遗产保护的状况 100
三、鼎新：广东文化遗产保护的特征 105
四、隐忧：广东文化遗产保护的困境 107
五、破解：广东文化遗产保护的启示 109
第六章 独领风骚：广东对外文化交流的拓展 113
一、巅峰：广东对外文化交流的成果 113
二、优势：广东对外文化交流的基础 118
三、问题：广东对外文化交流的缺点 123
四、对策：广东对外文化交流的展望 126
第七章 敢为人先：广东文化立法工作的推进 136
一、影响：广东文化立法的意义 136
二、壁垒：广东文化立法的掣肘 141
三、路径：广东文化立法的思考 144
第八章 文化导航：广东新时期广东精神的提出与践行 151
一、探寻：地区精神的提炼与引领 151
二、起航：广东精神的提出与解读 157
三、践行广东精神，建设幸福广东 161
第九章 走向和谐：广东文化的发展趋势 170
一、文化与政治相互渗透 170
二、文化与经济相互交融 173
三、文化与社会相互促进 177
四、文化与科技相互融合 179
五、文化与人相互提升 182
参考文献 187
后记 192

引言　华丽转身：从文化大省到文化强省

文化是一种软实力、一种竞争力、一种生产力、一种创造力。文化是一个民族的灵魂，是推动经济发展的重要支撑，是综合国力的重要因素，它代表着一个国家和民族的文明程度和发展水平。加快发展文化事业和文化产业，是提升民族软实力，激发民族生命力，增强民族凝聚力，提高民族创造力，推动民族硬发展的重要体现。把文化培育好、建设好、发展好，是历史和时代赋予我们的重要使命。

广东以其独特的岭南文化，源远流长的文化历史资源，因其独特自然人文环境而融合了中原文化、广府文化、客家文化、潮汕文化、海外文化、华侨文化、海洋文化，一直是中华文化独具魅力的一脉。中共十六大以来，广东文化建设适应了社会主义市场经济的发展要求，遵循了精神文明建设的发展规律，取得了举世瞩目的发展成果。

一、破局：广东文化大省的提出与实践

广东人一向注重实干，“多干少说”甚至“只干不说”，这种“务实”容易造成一种错觉，即文化是虚的，经济才是实的，抓好经济就可以了，从而对文化事业和文化产业重视不够，甚至漠不关心、随之任之。当然，也不能因此认为广东就没抓文化发展。其实，改革开放初期，广东在影视歌曲、报纸杂志、新闻出版等行业领全国之先河，如广东在电视连续剧方面出过不少精品，风靡全国；最早成立的几家报刊也敢为人先，引领全国风尚；全国大部分演艺界流行歌手都成长于广东，音像制品在全国

首屈一指。如今，随着改革开放的逐步深入，内地其他省份发挥其后发优势，追赶了上来，反而略显广东文化发展的后劲不足。相比而言，广东的文化发展远逊色于经济的发展。毛泽东早在开国的时候就指出："随着经济建设的高潮的到来，不可避免地将要出现一个文化建设的高潮。"[①]文化是可以产生高额利润的，文化与经济的结合是新时期经济进步发展的新形式新形象，更是经济发展新的增长点。当文化产业以朝阳产业的姿态屡创奇迹时，素被视为"文化沙漠"的广东，在新世纪伊始明确竖起了"文化大省"的旗帜，奋起直追，希望寻求文化支撑，维持广东发展的巨大潜力。

就全国范围而言，开启文化大省建设最早的要算是浙江省了。2000年12月21日，浙江省通过的《浙江省建设文化大省纲要（2001—2020）》，为浙江文化大省建设进行了20年的发展布局。与全国其他主要省份建设文化大省的时机相比，广东省文化大省建设恰逢其时，是在全国文化建设发展的热潮下开始的。2002年11月9日，中共十六大报告提出要"深化文化体制改革"目标；同年12月，为贯彻中共十六大精神，中共广东省委召开九届二次全会，研究部署广东省加快文化大省建设工作，动员各级党委政府和全省人民努力建设文化大省，促进广东加快发展，率先发展和协调发展。会后，省委专门成立了文化体制改革和文化大省建设领导小组，开始筹备召开文化大省建设工作会议。2003年9月23日，广东省建设文化大省工作会议召开，10月下发的《中共广东省委、广东省人民政府关于加快建设文化大省的决定》提出：加快建设文化大省，对于提高全民思想道德素质和科学文化水平，弘扬民族精神，培育"敢为人先、务实进取、开放兼容、敬业奉献"的广东人精神；对于发展繁荣文化事业，不断满足人民群众日益增长的精神文化需求；对于应对加入世贸组织后的新形势，巩固和发展社会主义文化阵地，学习借鉴人类优秀文明成果；对于调整和优化产业结构，增强经济发展后劲和提高国际竞争力；对于推动民主政治建设和法制建设，使物质文明、政治文明、精神文明相互促进、协调发展，都具有重要的现实意义和深远的历史意义。《中共广东省委、广东省人民政府关于加快建设文化大省的决定》启动了广东加快建设文化大省的按钮，文

① 《毛泽东文集》第5卷，人民出版社，1996年版，第345页。

化发展已势不可挡。作为全国经济大省的广东明确提出了既要富口袋，又要富脑袋的文化科学发展目标。

自2003年起，经过五年多的建设与积累，广东建设文化大省取得了十分显著的成就：

文化体制改革突破种种难题，高歌猛进，文化事业和文化产业发展呈现一片繁荣景象；

广州大学城建设成功，入住十万以上大学生，成为广州一个文化教育交流的中心区域；

各种文化公共基础建设取得进展，如投资9亿元的“珍宝容器”省博物馆建成开放，与其紧密相连的广州歌剧院、广州图书馆、广州市第二少年宫、广州电视观光塔等陆续启动建成；

投资19亿元的广东科学中心投入使用，广东科学中心以“自然、人类、科学、文明”为主题，演绎包含人与文明、人与科学、人与自然相对关系，是一个不以营利为目的的社会公益性事业机构，是为广大公众提供科普教育的社会科技活动场所；

投资2.4亿元的省档案馆新馆落成开放，成为目前国内建筑规模最大、现代化程度最高的档案馆建筑之一，成为广东一重要文化标志性建筑；

投资5亿元的中山图书馆改造扩建完工，中山图书馆已成为全省图书文化交流中心、对外接待、参观访问、学术文化的窗口，成为广东的一张文化名片，成为一座注重人文和生态环境、具有岭南特色的、可持续发展的数字化图书馆；

各种文化会展、文化会议、文化大奖等花落广东，如中国国际音像博览会在广东成立和落户成为广东新的文化品牌，为广东强势的音像产业和产品走向世界、参与国际竞争搭建了一个广阔的平台；

具有文化产业的广交会之称的深圳国际文化产业博览会为广东打造一个全新的国际文化品牌；

国际纪录片大会、金狮奖等永久落户广州，为广东文化发展增加新的亮点。

这些看得见的文化建设成就足以证明广东文化大省建设的显著性成效。

二、升级：广东文化强省的规划与落实

广东文化大省建设经过五年多的发展实践，解放和发展了文化生产力，广东文化发展各项指标取得了历史性的突破，文化产业初具规模，文化事业迅猛发展，呈现欣欣向荣的繁荣景象。此时，文化规模和文化基础建设都取得一定的发展业绩，进而转入如何提升广东文化发展的软实力，这就需要加大文化事业的投入、推动文化产业的集约发展，创建广东文化品牌，发挥广东文化在全国的影响力和竞争力。加上全国各省建设文化强省早已开展的如火如荼。①

2009年7月，中共广东省委、广东省政府审时度势，提出了《关于加快提升文化软实力的实施意见》，预示着广东文化建设提速，并且继提出建设"文化大省"之后，首次明确提出建设"文化强省"的目标。2010年7月，广东省委十届七次全会专题讨论了从文化大省到文化强省的文化发展战略，会议通过了《广东省建设文化强省规划纲要（2011—2020年）》，提出了"要把握大势，与时俱进，肩负起建设文化强省的历史使命"。此次省委全会专题讨论文化建设，在广东历史上尚属首次，也预示着建设"文化大省"的提法正式刷新为打造"文化强省"。中共广东省委书记汪洋一语点破广东建设文化强省的意义："省委省政府高度重视文化强省建设，因为这是促进经济社会协调发展，做好科学发展的重要举措，是结束我国文化建设短板的必然要求，是解决人民群众日益增长的文化需求的必然要求，是打好经济发展方式转变这场硬仗的必然要求。如果说思想文化力量深刻影响一个国家的发展进程，改变一个民族的命运，那么转变发展方式就不仅需要经济举措，更需要文化的引领和支撑。"②

就全国而言，文化强省也是"文化强国"目标下各省市文化发展的一个奋斗方向。如2009年8月28日，中共安徽省委、省政府《关于加快建设

① 2002年12月30日，四川省提出《关于加快建设西部文化强省的若干意见》；2003年8月19日，山西省发布了《山西省建设文化强省发展规划纲要（2003—2010年）》；2005年9月9日，河南省发布了《河南省建设文化强省规划纲要（2005—2020年）》等。

② 《汪洋与网友在线交流现场热词：文化强省》，新华网，2010年7月2日，链接：http://news.Xinhuanet.com/politics/2010-07/02/c-1288837.htm.

文化强省的若干意见》中提出了“兴起文化建设新高潮，加快建设文化强省”[1]的发展目标；2012年1月19日，中共湖南省委《关于贯彻党的十七届六中全会精神加快建设文化强省的意见》提出：“十二五期间，全省文化和创意产业保持20%以上的年均增速，到2015年，增加值占GDP比重6%以上，对经济增长的贡献率10%以上，力争在全国第一方阵的位置前移。”[2]这些“意见”的提出无不体现建设文化强省的决心和信心。

《广东省建设文化强省规划纲要（2011—2020年）》（以下简称《纲要》）为未来10年广东文化发展指明了方向，它不仅仅意味着政府的重视和大量资金的投入，而且明确提出以文化发展带动全面发展，从文化发展中要生产力，从文化建设中要软实力，从文化繁荣中要竞争力。最难能可贵之处，《纲要》不是笼统地规划了广东文化未来发展趋向，而是通过具体数据指标规定了未来10年的发展业绩。《纲要》对广东新的历史起点有着清晰的认识，指出：“今后10年，是广东加快转变经济发展方式、实现经济社会转型的关键时期，也是推动文化大发展大繁荣的重要阶段。”同时，总体上提出了10年后广东“文化强省”的最终目标是：达到与广东经济社会发展相适应的文化发展水平，把广东建设成为在全国具有重要影响力的区域文化中心、发展社会主义先进文化的排头兵、提升我国文化软实力的主力省、中国文化“走出去”的生力军及率先探索中国特色社会主义文化发展道路的示范区。

围绕文化强省的目标，《纲要》勾画出了10年蓝图：

在财政支持上，2011—2015年，全省投入250亿元以上，用于支持文化强省建设。2011—2015年五年内，省财政每年安排扶持文艺精品创作专项资金5000万元，用于扶持和打造一批文艺精品佳作。从2011年起，全省财政的文化事业经费支出占财政总支出的比例达到1%以上。

在公共文化服务体系建设上，到2015年，实现全省基层文化设施全覆盖，其中珠三角地区基层文化设施建设和公共文化服务达到国内一流水平；到2020年，全省城市建成“十分钟文化圈”、农村建成“十里文化圈”，成为全国公共文化建设示范区。从2011年起，全省每人每年有一次

① 《安徽省关于加快建设文化强省的若干意见》，《安徽日报》，2009年9月1日。

② 《中共湖南省委关于贯彻党的十七届六中全会精神加快建设文化强省的意见》，《湖南日报》，2012年2月3日。

观看文艺演出或参观博物馆、美术馆、科技馆等各类文化活动，并逐年提高次数。到2015年，努力实现全省人均拥有12册以上公共藏书、每月观看1场以上电影、每季度观赏1场以上文艺演出和参与1次以上群众文化活动，每半年参观1个以上文化展览的目标。

在文化及相关产业发展上，今后10年，全省文化及相关产业增加值实现年均增长12%以上；到2015年，全省文化及相关产业增加值超过4500亿元；到2020年，全省文化及相关产业增加值超过8000亿元。文化产业的规模和总量继续领先于全国。

从2009年开始评选的中国文化企业30强的入围企业所在地的情况来看，广东一直排在第三名以上，反映出广东文化发展水平在全国具有很强的实力。从图表情况来看，中国文化企业始终处于调整变革之中，文化体制改革给文化企业发展带来了重大变化。虽一直处于变动之中，但从总体上来看，北京、江苏、广东、上海始终是文化企业30强地区排名中处于第一梯队，广东始终维持其第二或第三的位置，反映出广东地区较高层次的文化发展水平。

2009年第一届中国文化企业30强，广东文化企业占据3席，与上海并列第二，这三家企业分别为广东南方国际传媒控股有限公司、广东省出版集团有限公司、广东南方报业传媒集团有限公司。2010年第二届中国文化企业30强，广东文化企业有3家，位居第三，分别是广州传媒控股有限公司、深圳华侨城控股股份有限公司、深圳华强文化科技集团股份有限公司。2011年第三届文化企业30强名单中广东文化企业占据了4席，与江苏一起并列第二，这四家企业分别为广州传媒控股有限公司、深圳华侨城控股股份有限公司、深圳华强文化科技集团股份有限公司、广东奥飞动漫文化股份有限公司。2012年第四届文化企业30强名单中，广东企业占据3席，在全国地区排名中排列第三位，相比2011年则下降1位。2012年入选的广东文化企业为广东省广播电视网络股份有限公司、深圳华侨城股份有限公司、深圳华强文化科技集团股份有限公司。从四届入选中国文化企业30强的广东企业来看，广州传媒控股有限公司、华侨城控股股份有限公司、深圳华强文化科技集团股份有限公司等，在中国文化企业发展中始终处于集约发展、领先发展的位置。

表一　中国文化企业30强的地区分布（单位：家）

届别	第一届（2009年）	第二届（2010年）	第三届（2011年）	第四届（2012年）
北京	10	9	11	8
江苏	2	4	4	4
广东	3	3	4	3
上海	3	2	1	4
湖南	1	2	3	2
浙江	1	2	2	2
安徽	2	2	1	2
辽宁	1	1	1	1
江西	1	1	1	1
四川	1	1	1	1
山东	0	1	1	1
陕西	1	0	0	1
河南	0	1	0	0
湖北	0	1	0	0
云南	2	0	0	0
广西	2	0	0	0

资料来源：根据四届中国文化企业30强名单制作而成。

文化强省建设创造出惊人的文化生产力，其中最受益的要算最广大人民群众。近年来，为了让群众乐起来，广东省举办导向性、示范性、制度化的大型群众文化活动，取得了长足进展。在2011年6月举办的第十届“百歌颂中华”歌咏活动中，共有2000多支合唱队、近20万人参加，观众达110万人次，规模和水准均创历届新高；2011南国书香节暨羊城书展盛况空前，7天内广州主会场总入场人数达81.6万，累计销售额近4000万元，展场面积、入场人数、活动项目、图书销售等多项指标均创历史之最，跃升为全国规模最大、入场人数最多的图书展；2012年南国书香节总入场人数达140万人次，总计销售额5500多万元，入场人数和销售额均再次刷新

历史纪录；首届粤港澳青年电影盛典巡回展映了40部优秀国产影片，共为大学生和务工青年放映204场，惠及观众近20万人次。

广东文化强省建设不仅仅是文化发展的一个奋斗目标，更需由党和政府以及社会各界贯彻落实。正如时任广东省委书记汪洋所指出："我们必须高度重视，着力解决，不断解放和发展文化事业，加快文化大省向文化强省的跨越，使广东经济发展的过程成为软实力与硬实力同步提升、相互促进的过程。建设文化强省是全社会共同的事业，既需要政府充分发挥主导作用，更需要社会各界充分发挥积极性、主动性、创造性，群策群力，协力发展。"①

三、跨越：从文化大省走向文化强省

在文化建设热潮影响下，全国大多数的省、市、区的经验是先提出文化大省目标，再建文化强省，从原来的文化大省建设跨越到文化强省建设。从建设"文化大省"到建设"文化强省"，一字之变，却意味深长。相对于做"大"，做"强"的要求更高，做"强"的意义也更大。现任广东省委常委、原宣传部部长林雄曾撰文指出：建设文化强省比建设文化大省要求更高，既要注重文化发展数量和规模，更要注重文化发展的结构和质量；既要注重文化生产能力，更要注重文化创新能力；既要强调发展速度，更要注重全面协调可持续发展；既要注重实力的增强，更要注重科学体制机制的构建。②文化大省的特点或标准，一般是指文化具有多样性、丰富性，或体现建立在较高文化素质之上的民众素质等。而文化强省的特点或标准，更多地表现为文化产品的市场竞争力和社会竞争力以及建立在特定文化底蕴上的工业产品、农业产品的市场竞争力。文化大省与文化强省建设在文化表现形式上没有明显的界线。它们可能是文化建设的不同阶段，也可能是文化的不同形态，但"大"和"强"的区别还是很明显的。那就是，文化大省着重于文化的普及与民众文化素质的提高，而文化强省则重在文化产品的社会竞争和市场竞争；文化大省强调的是数量、规

①《汪洋与网友在线交流现场热词：文化强省》，新华网，2010年7月2日，链接：http://news.xinhuanet.com/politics/2010-07/02/c_12288837.htm.

② 林雄：《建设文化强省全面提升文化软实力》，《南方日报》，2009年7月27日。

模、总量，文化强省强调的是质量、集约、影响；文化大省是文化强省的基础和前提，从文化大省跨越文化强省是一种从外延发展走向内涵发展的道路，文化强省则成为文化大省发展的必然。“文化强省”不但是“文化大省”的继承和发展，也是总结“文化大省”的经验和教训，为新的文化发展路径提供参考。正如中央政治局委员、时任中共广东省委书记汪洋所说：一个地方要建设文化强省，却做不到方方面面都很强，但一定要有自己的特色，要依托自己的优势资源，形成自己的特色，这样的强省才能真正立足。①因而，从文化大省走向文化强省是一种跨越式的发展，这条改革发展路径充分认识到以文“化”人的重要性，并在文化建设中尝试经济转型、惠及民众和深化改革等种种治省方略。由此，文化强省战略使得广东获得了丰富的发展内涵和美好的发展前景。同样，中共十七届六中全会提出了建设“社会主义文化强国”②的目标，“文化强国”需要“文化强省”建设，没有“文化强省”就不可能实现“文化强国”，“文化强省”与“文化强国”是一种息息相关的发展关系。

恩格斯指出：“文化上的每一个进步，都是迈向自由的一步。”③广东文化强省战略，借力建设社会主义文化强国的东风，借助广东区位优势，为今后广东文化发展插上文化体制改革的翅膀。未来广东文化发展的十年，是广东加快转变经济发展方式、实现经济社会转型的关键时期，也是推动文化大发展大繁荣的重要阶段。站在新的历史起点上，面对日益激烈的国际国内文化竞争和文化与经济、政治、科技加速融合发展的新趋势，广东必须充分认识文化建设在凝聚民族精神、提升公民素养、促进社会和谐、推动加快经济发展方式转变中的重要地位和作用，进一步增强紧迫感、责任感和使命感，全面推进文化建设，实现由文化大省向文化强省的历史跨越。

① 《汪洋与网友在线交流现场热词：文化强省》，新华网，2010年7月2日，链接：http://news.xinhuanet.com/politics/2010-07/02/c-12288837.htm。

② 《中共中央关于深化文化体制改革推动社会主义文化大发展大繁荣若干重大问题的决定》，《人民日报》，2011年10月26日。

③ 《马克思恩格斯选集》第3卷，人民出版社，1995年版，第456页。

第一章　敢想会干：广东文化体制改革的深化

文化体制改革是一项艰巨复杂的系统工程，是繁荣发展社会主义先进文化的需要，是一项前人没有实践过的伟大事业。不失时机地抓好文化体制改革，增强我国文化软实力，对于我国整个现代化大局和民族复兴大业有极其重大的意义。我国正处在一个新的发展阶段，站在一个新的历史起点上。新的形势和任务要求我们必须深化文化体制改革，推进社会主义文化的建设和发展。

深化文化体制改革，加快文化事业和文化产业发展，是加快社会主义现代化建设的内在要求，是提升我国综合国力的迫切需要，是实现经济、政治、文化和社会协调发展，构建社会主义和谐社会的重要内容。中共十七届六中全会提出了要“深化文化体制改革，推动社会主义文化大发展大繁荣”的目标要求，充分体现了中国共产党推动文化建设的信心和决心。

一、目标：广东文化体制改革的框架设计

中共十六大以来，在科学发展观的指导下，广东文化体制改革经历了从改革试点走向单项突破、再到整体推进的发展历程，解决了文化体制改革过程中存在的许多问题，积累了丰富的实践经验。广东文化体制改革主要集中在政府、市场和企业层面上的问题，也就是要求必须转变政府文化管理职能，建立现代文化市场体系，处理文化事业与文化产业的关系，加快经营性文化单位的转企改制，推进文化发展的市场化的运作、制度化的

管理、科学化的发展之路。

1. 完善现代文化市场体系

完善现代文化市场体系，也就是文化体制改革的市场化发展方向。其实，文化体制改革的方方面面都是围绕建立一个统一、开放、竞争、有序的文化市场体系展开的。有学者提出，文化体制改革的基本思路是分离与融合相结合，先分后合；把文化产业从政治体制中分离出来，把经营性资产与非经营性资产分离出来，以建立现代企业制度为目标，以市场和政府为推动力，以优化资源配置和改制重组为手段，培育发展国有大型企业集团。[①]有学者认为，深化文化体制改革的出路在于社会效益和经济效益协调统一，加强文化监管；政府和市场合理分工，文化事业和文化产业并重；创新资产管理模式，实现文化资产增值；构建和谐的文化市场体系和法制体系。[②]强调文化体制改革的方向就是文化要面向市场，在市场中对文化事业和文化产业作出区分，而培育良好的文化市场环境是繁荣文化事业和发展文化产业的前提。

完善现代文化市场体系，应建立完善统一、开放、竞争、有序的文化市场体系，首先应加强文化市场监管，组建和推动文化市场综合执法，创造公平、公正、公开的市场竞争环境；加强文化要素市场建设，建立文化资本、版权、技术、信息、产权等要素市场，重点办好南方文化产权交易所和深圳文化产权交易所。此外，在国有文化企业改革过程中，必须建立国有文化资产出资人制度、完善国有文化资产经营制度、建立国有文化企业授权经营责任制等；转变政府职能，实现政企分开、政事分开、政资分开、政府与社会中介分开，实行政府对文化的宏观管理；加快文化立法，推进文化管理的法制化、制度化、秩序化进程；完善现代流通体制，整顿和规范市场秩序，打破行业垄断和条块分割，促进文化商品和生产要素在国内统一市场中合理流动；健全市场中介，发展和完善经纪、代理、评估、鉴定、推介、咨询、拍卖等中介机构，提高文化产品和服务的市场化程度；规范行业组织自我管理，加强行业组织建设和改造，依照有关法律规定和章程，履行市场协调、监督、服务、维权等职责；积极实施“走出

① 靳柯：《文化体制改革反思：分离与融合》，《经济问题探索》，2010年第7期。

② 李向民，韩顺法：《我国深化文化体制改革的理论探析及政策选择》，《东岳论丛》，2010年第4期。

去”战略，使我国文化产品更多地进入国际市场。

此外，有学者认为，深入推进文化体制改革，必须着眼于文化制度的重构。一方面，在正式制度上必须努力提高制度建设的科学化水平，确立一套全方位的以人为本的制度安排；另一方面，在非正式制度上要下大力气改善制度环境，其关键在于努力清除人治传统，大力培植法治精神。[①]他们认为当前文化体制改革必须加强制度建设，并营造制度的思想文化环境，为文化体制改革提供观念与思想基础。也有学者认为在社会主义文化大发展大繁荣的国家战略框架下，进一步完善国家公共文化政策体系仍然是深化文化体制改革的基本路径[②]，强调公共文化政策是文化体制改革的主要方向。

2. *改革政府文化管理体制*

文化体制改革必须转变政府职能，实现政府由“办”文化向“管”文化转变，由管“微观”向管“宏观”转变，由管理“直属文化单位”为主向管理“社会文化”为主，履行好政策调节、市场监管、社会管理、公共服务的职能；加快转变政府文化管理职能，推动文化行政管理部门把工作职责转到政策调节、市场监管、社会管理和公共服务上来，进一步理顺与所属文化企事业单位和市场中介组织的关系，做到政企分开、政事分开、政资分开、政府与市场中介分开，理顺政府与文化企事业单位关系，实现政府对文化的宏观管理。近年来的广东文化体制改革成功实践，已经初步解决了省级新闻出版部门与出版集团、广电部门与电视台“两块牌子、一套人马”问题，完成了“局社分开”、“局台分开”，基本做到职能分开、机构分设、财务分离。在此基础上，要继续规范推进政企分开、政事分开、政资分开、政府与市场中介组织分开有关工作，把不该由政府管理的事项转移出去，把该由政府管理的事项切实管好。

加强文化立法，制订和完善文化产业振兴、文化市场管理、文化事业发展等方面规律法规，做到有法可依、有法必依、执法必严、违法必究，提高文化建设法制化、制度化；完善文化市场管理，营造确保国家文化安

---

① 唐坤：《以人为本解析文化体制改革的难点——基于宏观制度视阈的分析》，《学术论坛》，2010年第5期。

② 马敏，傅才武：《新时期深化文化体制改革中的文化政策问题》，《中国地质大学学报（社会科学版）》，2009年第3期。

全的文化市场秩序；按照建设法治政府和服务型政府的要求，合理划分有关文化行政管理部门职能，减少和下放具体审批事项，推动文化行政管理部门实现由主要管理直属单位向社会管理转变，由行政管理手段为主向综合运用法律、经济、行政、技术等多种管理手段转变，更好地履行政策调节、市场监管、社会管理、公共服务职能。

3. 界定好文化事业与文化产业关系

长期以来，制约文化发展的一个重要因素，就是把公益性文化事业和经营性文化产业相混淆，政府统包统揽，应该由政府主导的公益性文化事业长期投入不足，应该由市场主导的经营性文化产业长期依赖政府，因而束缚了文化事业和文化产业的发展。因而，文化体制改革的一个焦点问题就在于处理好文化事业与文化产业的关系。有学者认为，深入推进文化体制改革，必须坚持马克思主义在意识形态领域的指导地位，善于运用马克思主义立场、观点和方法，研究和解决文化领域的新情况、新问题；必须坚持以文化发展为主题，坚持以人为本为宗旨，以满足人民群众精神文化需求为出发点和落脚点；必须坚持全面协调可持续的原则，坚持统筹兼顾的方法，着力构建有利于文化事业和文化产业又好又快发展的体制机制。[①]强调以科学发展观来统领文化体制改革，为文化事业和文化产业发展构建新的体制机制，走文化科学发展之路。

此外，在界定文化事业与文化产业之间关系时，必须把握在社会主义市场经济条件下大多数文化产品的两种属性，即意识形态属性和商品属性。文化产品的意识形态属性反映文化的特殊性，商品属性是普遍性，要把两种属性统一起来，而不是对立起来。不能用特殊性否定普遍性，也不能因为普遍性而忽视特殊性。这就要求我们必须转变思想观念，既要符合文化发展本身的特点和规律，又要做大做强文化产业，增强文化发展的实力、活力和竞争力，促进文化事业全面繁荣和文化产业快速发展，树立与社会主义市场经济体制相适应的新的文化发展观。

中共十六大以来，在科学发展观的指导下，广东明确文化发展基本思路，一手抓公益性文化事业，一手抓经营性文化产业，两轮驱动，两翼齐飞，推动文化建设走上科学发展的轨道。党的十七大指出：“深化文化

① 罗文东：《深入推进文化体制改革的科学指南》，《光明日报》，2010年8月31日。

体制改革，完善扶持公益性文化事业、发展文化产业、鼓励文化创新的政策，营造有利于出精品、出人才、出效益的环境。”[①]文化既有精神属性也有商品属性，应将文化区分为文化事业和文化产业，从而实现两者统筹发展、协调发展，从根本上促进文化大发展大繁荣的局面。正如有学者认为的那样：“文化体制改革从表面上是调整政府与市场的关系，而实际上追求的是公平与效率法则，即通过发展文化事业追求公平的文化权益、通过发展文化产业追求效率的经济收益。”[②]

因而，文化体制改革最核心的问题就是如何理清文化事业和文化产业的关系问题，文化事业涉及公益性文化事业和经营性文化企业两类。归结起来就是公益性文化和经营性文化之间的关系界定和划分，让公益性文化事业回归其公益性，让经营性文化企业回归其市场性。对于公益性文化事业单位改革主要按照事业单位改革的方式去走：按照“增加投入、转换机制、增强活力、改善服务”的方针，深化公益性文化事业单位内部改革，实现公益性文化事业的社会效益。公益性文化事业的根本任务，是构建覆盖全社会的公共文化服务体系，为广大群众提供基本的公共文化服务，保障人民的基本文化权益。要坚持公益性、基本性、均等性、便利性的原则。积极推进公益性文化单位内部人事、收入分配和社会保障制度改革，增强活力，提高服务群众的能力和水平。而经营性文化事业单位改革就是文化体制改革最关键、最核心、最直接的问题了。2002年11月，党的十六大报告厘清了公益性文化事业和经营性文化产业之间的关系，首次提出“积极发展文化事业和文化产业”、“根据社会主义精神文明建设的特点和规律，适应社会主义市场经济发展的要求，推进文化体制改革”。胡锦涛总书记指出：“坚持中国特色社会主义文化发展道路，必须坚持一手抓公益性文化事业、一手抓文化产业，推动文化事业和文化产业全面协调可持续发展。发展公益性文化事业是社会主义制度下保障人民基本文化权益的基本途径，是实现文化发展成果由人民共建共享的制度保障。发展文化产业是社会主义市场经济条件下满足人民多样化精神文化需求的重要途径，是充分发挥市场在文化资源配置中的积极作用、激发全社会文化创造

---

① 《十七大以来重要文献选编》（上），中央文献出版社，2009年版，第28页。

② 向勇：《文化体制改革中公平与效率的关系探讨》，《中国行政管理》，2011年第1期。

活力的必然要求。”[①]这给文化事业和文化产业作出了很好的界定，为文化体制改革指明了方向。

4. 经营性文化单位的转企改制

经营性文化单位转企改制的根本任务，是满足人民群众多层次、多方面、多样化的精神文化需求，发挥市场在文化资源配置中的基础性作用，培育合格市场主体，繁荣文化市场。加快经营性文化单位转企改制，必须按照“创新体制、转换机制、面向市场、增强活力”的方针，推进经营性文化单位转企改制，打造一批有较强竞争力的国有文化企业和企业集团，引导和规范非公有资本进入文化领域，形成公有制为主体、多种所有制共同发展的文化产业格局。经营性文化单位的转企改制主要表现在：出版社实现全行业转企改制；党报党刊发行体制改革；电台电视台制播分离及有线电视网络的整合；非时政类报刊改革；重点新闻网站转制等，通过深化公益性文化单位内部改革，运行机制进一步搞活。十六大以来广东经营性文化单位转企改制步伐加快，培育更多骨干文化企业和战略投资者，形成了一批富有活力的大型国有文化企业集团，打造了一批文化领域的“航空母舰”。

目前，全国文化体制改革还是纠结于经营性文化单位转为企业的问题上，没有真正走向市场。对于一向吃惯财政饭的文化企业，一下子走向市场难免有些不适应。部分文化单位一向以干部管理方式转向企业化管理，工作没了安全稳定感，难免有些阻力。文化体制改革最难以一下子厘清的问题就是经营性文化事业既有公益性又有营利性。这个问题处理不好，会影响社会正常的秩序。广东文化体制改革在人们最为关心的问题上走出了自己的改革发展之路。《珠三角地区改革发展规划纲要（2008—2020年）》指出：“深化文化体制改革，积极推进国有经营性文化单位转企改制，建立和完善文化产业竞争机制，培育多元化、市场化的生产和消费空间，形成富有活力的文化产品生产和服务经营机制。”广东省在文化体制改革过程中，创造出一系列新的改革发展成果，如创新政府对文化企业的管理，创新文化企业的运营模式，创新文化事业单位管理体制等，走出了一条具有广东特色的文化体制改革之路。

① 胡锦涛：《坚定不移走中国特色社会主义文化发展道路，努力建设社会主义文化强国》，《求是》，2012年第1期。

因此，文化的市场化问题、政府文化管理体制问题、公益性文化事业与文化产业之间关系问题、经营性文化单位转企改制问题是目前广东文化体制改革中必须要解决的最主要的问题。只有建立现代文化市场体系、转变政府文化行政管理职能、处理好文化事业与文化产业之间的关系、推进经营性文化单位转企改制进程，才能创新文化发展的体制机制，从根本上解放和发展文化生产力。

二、回顾：广东文化体制改革的发展历程

广东文化体制改革是在国家文化体制改革大背景下进行的。我国文化体制改革发展历程的阶段划分主要依据于党不同时期文化体制改革的所处时代背景的变化以及重大文化体制改革决策的出台，这使得文化体制改革出现了不同阶段的划分。纵观我国文化体制改革的整个发展历程，有三个关键点是意义非常重大的，那就是标志着文化体制改革开始的十一届三中全会、文化体制改革深入探索的十六大以及文化体制改革全面推进的十七届六中全会，它们是文化体制改革的起点、转折点和立足点，也即文化体制改革的起步阶段、突破阶段和整体推进三个发展阶段。在十六大、十七大精神指引下，全国范围的文化体制改革逐步深入，已从最初的“开展试点、积极探索”，经过“扩大试点、由点到面”，进展到“加快推进、全面展开”的发展阶段，也就是文化体制改革的攻坚阶段。而党的十七届六中全会是文化体制改革整体推进和全面展开的开始。

2003年6月，文化体制改革试点工作在全国启动，北京、上海、重庆、广东、浙江、深圳、沈阳、西安、丽江等9个省市及35家新闻出版、广播影视和文艺院团等担起了重任。广东省被中央确定为全国文化体制改革综合试点省。2003年下半年出台的《广东省文化体制改革试点工作方案》提出了改革文化管理体制、加快文化市场建设、优化文化资源配置等六项改革试点任务，确定了广州、深圳、东莞为省文化体制改革试点地区，南方日报报业集团等12个单位为省文化体制改革试点单位。2005年3月，省委办公厅、省政府办公厅下发了《广东省文化体制改革和文化大省建设领导小组关于进一步扩大文化体制改革试点范围的意见》。2006年9月广东省文化体制改革领导小组办公室主任、省委宣传部副部长方健宏

指出：广东省确定广州、深圳、东莞为第一批改革综合试点市，珠海、汕头、韶关等9个城市为第二批试点市，重点抓5个关键环节：切实转变政府职能，积极推进企事业单位改革，逐步构建覆盖全省的比较完备的公共文化服务体系，进一步加快文化产业发展，大力培育现代文化市场体系。省文改办会同广东省财政厅、广东省国家税务局、广东省地方税务局及时完善相关配套政策，84家省直改革试点单位享受财税优惠，未来3年内减免企业所得税3亿元以上。为加大山区和困难地区文化建设力度，广东省财政近三年每年安排1个亿用于广播电视“村村通”工程、农村电影放映“2131”工程等。①

2005年12月23日，《中共中央、国务院关于深化文化体制改革的若干意见》为文化体制改革提供了纲领性文件，加快了广东文化体制改革的进程。2006年1月19日，广东省财政厅、广东省国家税务局、广东省地方税务局、海关总署广东分署下发《关于贯彻落实文化体制改革试点单位若干税收优惠政策问题的通知》，对经营性文化事业单位转制为企业后，免征企业所得税、享受宣传文化发展专项资金优惠政策等作出规定。2006年3月29日，广东省人民政府办公厅《关于进一步明确我省文化体制改革试点中经营性文化事业单位转制为企业有关问题的通知》中对经营性文化事业单位转制为企业过程中出现的种种问题作出规定。如对经营性文化事业单位转制为国有独资企业、国有控股企业等过程中的管理、劳动关系、离退休、资产、财务等作出规定。几年来，各试点地区和试点单位以体制机制创新为重点，培育市场主体、深化内部改革、转变政府职能、建立市场体系、积极探索与积累改革经验教训，文化体制改革不断为文化事业和文化产业发展注入活力。经过多方探索和改革，广东文化体制改革取得了阶段性成果。2009年8月，广州市、深圳市被评为“全国文化体制改革先进地区”。2011年5月，深圳、珠海、佛山、惠州、中山和清远被评为“全国文化体制改革先进地区”。

2011年10月，党的十七届六中全会通过《中共中央关于深化文化体制改革推动社会主义文化大发展大繁荣若干重大问题的决定》，提出建设社会主义文化强国的战略目标。该决定指出：“在新的历史起点上深化文

① 《部分省文化体制改革经验谈：新思路新举措新成就》，《湖北日报》，2006年9月11日。

化体制改革、推动社会主义文化大发展大繁荣，关系实现全面建设小康社会奋斗目标，关系坚持和发展中国特色社会主义，关系实现中华民族伟大复兴。”[①]2011年11月28日，广东省召开了广东文化改革发展工作会议，会议主要任务是贯彻学习中共十七届六中全会和胡锦涛总书记重要讲话精神，总结一年多来广东省文化强省建设取得的成绩和经验，分析新形势下推进文化强省建设的新挑战、新机遇、新目标和新任务，并为下一步广东省文化体制改革发展工作作出新的部署。在文化改革发展工作会议上，汪洋指出："进一步推进文化强省建设必须坚持改革开放，不断完善文化改革发展的体制机制，切实增强文化建设的活力和动力。要加快推进国有经营性文化单位改革，今年年底前完成市县新华书店、电影公司以及重点新闻网站的转企改制；明年全部完成非时政类报刊和市县国有文艺院团的改革工作。要不断创新群众性文化活动的体制机制，组织各种群众性文化文艺比赛，对各级各类群众性文化团体进行科学的评价评级。要积极探索社会力量兴办文化的体制机制，积极引导社会资金以多种方式投入文化建设，实现公共文化服务供给由文化系统的'内循环'到市场和社会的'大循环'。"[②]

在文化事业建设方面，文化事业必须强调其公益性，满足人民群众基本文化权益。汪洋指出，"进一步推进文化强省建设必须坚持以人为本，充分发挥人民群众在文化建设中的主体作用，切实提高公共文化服务水平和文化精品创作生产能力。要不断扩大群众性活动的覆盖面，扩大文化公共服务，鼓励和引导创作群众喜闻乐见的文化精品，最大限度地调动人民群众参与文化建设的积极性和主动性，让人民群众在文化建设中当主角、唱大戏，真正做到群众关心文化、参与文化、享受文化，真正做到文化发展为了人民、文化发展依靠人民、文化发展成果由人民共享。"[③]

在文化产业发展方面，文化产业需要优化产业结构、优化产业体系，推进文化与科技融合，打破文化发展所有制限制，构建文化产业发展新格局。汪洋指出，进一步推进文化强省建设必须坚持创新引领，做大做强文

---

① 《中共中央关于深化文化体制改革推动社会主义文化大发展大繁荣若干重大问题的决定》，《人民日报》，2011年10月26日。

② 《进一步掀起文化强省建设新高潮》，《南方日报》，2011年11月29日。

③ 同上。

化产业，切实增强文化经济的整体实力和竞争力。要充分发挥和扩大广东省文化产业的优势，加快发展文化创意、动漫游戏、数字出版、网络音乐、多媒体广播影视、高清互动电视、数字娱乐等具有一定优势的文化领域战略性新兴产业。要促进文化与科技融合发展，突破和掌握一批文化产业核心技术，抢占文化产业发展的制高点。要创新文化产业商业模式，创新公益性文化事业运营模式，用市场经济的人才去投资或经营博物馆、美术馆、文化馆等公共文化活动场所。要积极实施扶优扶强战略，打造一批全国一流的文化“航母”。[①]要加快建设文化产业园区，重点建设南方传媒文化创意产业园、羊城创意产业园、广东国家数字出版基地、广东国家音乐创意产业基地、国家数字家庭应用示范产业基地，优化园区发展的“软”、“硬”环境。同时，要大力提升对外文化开放水平，深化粤港澳文化交流合作，重点培育一批外向型文化出口企业和产业基地。要着力打破文化产业发展的所有制界限，打造富有活力的文化产业发展新格局。

此次文化改革发展工作会议反映了广东文化体制改革已进入整体推进、全面纵深发展的境况，文化事业和文化产业发展格局已基本确立，文化强省建设的思路十分清晰、方向十分明晰。广东文化体制改革已经从改革试点、单项突破走向整体推进，取得了令人瞩目的文化发展创新成果。未来，在中共十七届六中全会的布局和建设文化强省的规划下，广东省必将成为全国文化体制改革的先锋队和排头兵。

三、开拓：广东文化体制改革的成功经验

近年来，广东文化体制改革相继实行了政企分开、绩效挂钩、成本核算、院线改革、事业双轨制、全员聘任制、项目法人责任制、演出经纪人制、经营者选任考核外部化、任期目标责任制、资本经营等一系列新的管理体制和经营机制。这些改革措施使广东在许多文化领域初步实现了企业化经营和市场化运作。广东文化体制改革从试点走向全面推广，走出了一条具有广东特色的文化发展之路。

① 《进一步掀起文化强省建设新高潮》，《南方日报》，2011年11月29日。

1. 政府由管理走向服务

目前，政府文化管理体制中存在着管理权力过于集中，文化机构的行政化、业务干部的官员化、人事制度的僵化，机构臃肿、效率低下、缺乏活力和创造力，党委政府主管部门与文化社团关系的缺位和越位，政府文化管理部门职责不清、政出多门、各行其是，文化法律法规的制定严重滞后等成为制约文化发展的政府文化管理体制上的障碍。广东文化体制改革积极转变政府职能，创新文化宏观管理体制。

首先，管办分离，实现管理瘦身。广东省新闻出版局将局属14家企事业单位成建制划转或变更主管单位，全面实施政企分开。如省新闻出版局与局属出版社、企业和杂志社，省广电局与南方广播影视传媒集团实行管办分离，使得政府从经办文化事业的具体事务中解脱出来，把主要精力放在了定政策、做规划、抓监管，用在了加强保护知识产权、营造良好的出版市场环境上。目前，广东是我国新闻出版业最活跃的地区，也是文化产品最大的集散地之一，印刷产业总产值占全国1/4强，处于全国首位，复制产业光盘生产能力和市场占有率均占全国的60%以上。“十一五”期间，广东省各市县（市、区）归并成立了文化广电新闻出版局或文体旅游局，省成立了文物局和文化市场综合执法局，初步形成了“大文化”的行政管理格局，转变了政府文化行政管理职能，实行“大部制”管理，精简了政府机构，减少了行政成本，更为重要的是解放和发展了文化生产力。

其次，三局合一，成立文化综合执法。全省在市县两级把原有的文化、广电、新闻出版三局合一，并统一组建综合执法队，从而降低行政成本，提高行政效率，取得显著效果。目前，综合执法体制改革成效明显，建立健全了省市县（市、区）三级文化市场综合执法队伍。积极开展“扫黄打非”和专项整治活动，收缴非法出版物超过2.83亿件、侵权盗版出版物超过2.49亿件，行政处罚案件超过2.5万起，文化市场环境明显优化，文化市场主体守法经营意识不断增强。深圳市组建文化稽查大队，在文化、广播电视、新闻出版领域实行综合执法，统一执法权。从2003年起，深圳6区在文化、广电、新闻出版三局合一挂牌的基础上，成立文化市场综合执法总队，对全市的歌舞娱乐、音像、书刊等9大门类文化市场实施统一的检查监督。精简手续，将文化行政审批事项从102项精简到13项。和谐的文化环境和氛围，促进了深圳文化市场的繁荣。2004年深圳文化产业实现增加值163.39亿元，占全市GDP的4.77%。[1]2005年1月，深圳市正式提出将文化产业作为第四大支柱产业来发展。广州市完成了文化、广电、新闻出版三局合一的工作，组建了从市到区县级市的文化市场综合执法队伍。统一标准，广州市各级文化市场综合执法机构，统一执法文书、依据、程序和量化处罚标准。2011年广州市共收缴非法出版物和非法音像制品近1亿册（套/张），仅在白云区的“7·18”大案中，就查获非法光盘603.85万张。通过政府重组，节约了行政成本，提高了行政效率，更为重要的是实现了政府对文化管理由微观管理走向宏观管理。

最后，团校合一，实行经费管理。最典型的就是把广州芭蕾舞团、广州歌舞团、广州艺术学校并入广州大学。“两团一校”并入广州大学后，牌子不变，与原来所属的广州市文化局脱钩，行政人事归广州大学领导。广州市文化局只对“两团”在经费、场地、承接演出任务等方面给予支持和倾斜；市财政对广州芭蕾舞团、广州歌舞团的事业经费投入不减少。“团校结合”后，学校拓宽了演员的发展方向，有利于人才的良性发展。市政府对文艺院团的财政投入方式、人事管理制度和收入分配机制进行了全面改革，从过去的“人头费”拨款转为购买服务、支持艺术创作以及奖励优秀作品和优秀服务。市委市政府专门成立了“广州繁荣文艺发展基金会”，文化部门进一步完善《广州市文艺院团演出补贴办法》，制定了文艺院团与剧场、媒体和旅游“三捆绑”政策，不断提高文艺院团创作演出和市场经营能力。

2. 探索企业运营模式，实现集团化战略

针对广东文化所有制管理形式和生产经营方式过于单一的问题，广东积极探索现代企业运营方式，走集团化、多元化发展战略。广东文化企业在探索集团化战略发展上早有先例，且积累了丰富的实践经验。如广州日报报业集团成立于1996年1月15日，是全国首家报业集团，也是全国版面规模最大、经济规模最大、经济效益最好的报业集团。目前集团旗下共拥有1张主报、15张系列报、5家杂志社、1家出版社和2个网站，即有主报《广州日报》，还有系列报《信息时报》、《足球》、《广州英文早报》、《岭南少年报》、《时尚荟》、《老人报》、《舞台与银幕》、

① 《会展“双子星”演绎深圳未来》，《深圳商报》，2005年10月20日。

《篮球先锋报》、《美食导报》、《广州文摘报》、《赢周刊》、《第一财经日报》、《羊城地铁报》、《番禺日报》、《增城日报》；杂志有《新现代画报》、《南风窗》、《看世界》、《大东方》和《共鸣》；此外还有大洋网、VRHR求职广场网和广州出版社。集团另有广州日报印务中心、广州市报刊发行公司等一系列经济实体。其中，主报《广州日报》日均发行量达到185万份（北京奥运会期间达到了日均200万份），是华南地区发行量、零售量、订阅量和传阅率均为第一的报纸。《广州日报》在2006年度中国纳税百强系列排行榜上以1.4423亿元税费位居中国报业之首，2008年其广告收入达到22.06亿元，继2007年之后再次突破20亿元大关并连续15年位居全国平面媒体首位；其品牌价值于2008年增至64.75亿元，连续四年在“中国500最具价值品牌”排行榜上名列中国报业三甲。这种成功的先例为广东文化企业集团化战略提供了借鉴，面对复杂的公益性和经营性文化单位改制，最终走出了具有自身特色的创新之路。

“十一五”期间，广东省经营性文化事业单位转企改制和国有文艺院团体制改革扎实推进，完成了省演出公司、南方出版传媒股份有限公司、省有线电视网络公司、广州和深圳出版发行集团等经营性文化事业单位以及广东歌舞剧院、南方歌舞团、广东话剧院等国有文艺院团的转企改制，并积极推进有关文化单位股改上市，经营性文化单位转企改制取得了重大突破，在经营性文化单位转企改制中走出了一条改革创新之路。

团厅合一。2004年12月3日，由广州交响乐团、广东省星海音乐厅、广东实验现代舞团合并重组的广东星海演艺集团挂牌成立，拥有总资产达4.5亿的“家底”。广东星海演艺集团是公益性与经营性双重体制并存的集约化经营演艺实体，实行“一个集团，多种体制”，公益性事业单位为广州交响乐团和星海音乐厅，乐团与音乐厅通过优化人才配置，集中使用精简重组后的项目策划、宣传推广、行政管理及后勤服务机构，实行一体化经营，集中人、财、物的资源优势，以降低经营成本，提供政府资助效益。广东实验现代舞团将在5年内转制为具有粤港合资性质的国有控股的股份制文化企业。广东星海演艺发展有限公司是国有独资的经营性文化企业，经营范围包括演出经纪、票务营销、广告宣传、艺术培训等多个文化经营项目。广东星海演艺集团的目标是通过提高集约化经营水平和产业集中度，以创新体制、转换机制、增强活力、壮大实力、提供竞争力，逐步发展成为国内拥有自主知识产权和文化创新能力、主业突出、核心竞争力强的文化产业集团。集团还将通过建立品牌效应和扩大产业规模，从中探索公益性文化事业单位以政府投入为主导、吸引社会资金投入的途径和办法。“统一管理，团厅合一”。乐团与音乐厅实行捆绑式经营，乐团负责提高演出质量，把乐团的宣传推广交给音乐厅，各司其职。“团厅合一”之后，2005年星海音乐厅全年经营收入合计2522万元，创历史最高水平，在广东省各艺术表演单位中名列前茅。广州交响乐团以800多万元的年收入和演出季平均六七成的上座率，雄踞全国同行之首。

出版重组。2004年，广东省出版集团整体转制为企业，省政府正式对其进行国有资产经营授权。重组后的广东省出版集团拥有26个成员单位，总资产达34亿元。集约化经营，改变了单一的产品结构，在品牌建设、印刷复制、物资贸易、教材经营等方面产生了明显的规模效益。2003年，集团荣获9项国家级大奖，获奖数量为历年之最；2005年，集团总资产达41.5亿元，净资产26.5亿元，同比均增长25%；全年实现销售收入26亿元，利税2.5亿元。

统分结合。2002年9月，深圳特区报业集团与深圳商报社联合组建深圳报业集团。集团实行党组和社委会、编委会和经营管理委员会、下属各二级单位三级决策、“统分结合”的经营管理模式。“有统有分，统分结合”，既有效地整合了集团资源，又保障了各子报相对独立及有序竞争格局。2005年，集团核心报纸《深圳特区报》的家庭订阅率达到90%，零售量稳定在8万~10万份。2005年，集团主管业务收入16.50亿元，净利润1.2亿元。

分而不断，联而不乱。南方报业传媒集团实行经营和采编分开，也可说宣传业务和经营业务分开；同时，两者之间又为实现“多品牌发展战略”的共同目标而密切联动。分而不断。集团第一把手实行党委书记、管委会主任、社长和董事长一肩挑；编辑委员会总编辑和传媒集团公司总经理都担任党委副书记和管委会副主任，让他们既针对不同业务，行使不同的职权，同时又共同做到既过问采编又过问经营的重大决策，协调好方方面面的关系，确保坚持正确舆论导向和国有资产的保值增值。联而不乱。集团坚持“每周一会”的联席会议制度，几套领导班子成员和各行政、采编、经营部门主要负责人参会，通报和协调解决各方面问题。在2011年纸

张价格大幅上扬、印刷成本大增以及国家宏观调控的环境下，集团实收广告总额逆势增长2亿多元。

事业集团。南方广播影视传媒集团于2004年1月18日正式挂牌成立，是全国第一个“由省市县广播电视系统企事业单位联合组成”的全省性事业集团。南方传媒集团由广东人民广播电台、广东电视台、南方电视台、广东省广播电视技术中心、广东有线广播电视网络股份有限公司和全省19个地级市和76个县级广播电视台组成；电视信号覆盖亚洲、大洋洲、非洲及东欧等的53个国家和地区，覆盖人口达20亿以上，是一个超大规模的企业化运营的事业集团。

南方广播影视传媒集团、南方报业传媒集团、星海演艺集团、广东省出版集团公司探索企业发展模式，实施战略性重组之后，近年来各项经济指标都有大幅度增长。目前，广东省已拥有12家国有的文化集团，集团总数位居国内各省之首。以深圳报业集团集团化战略发展为例，深圳报业集团是经国家新闻出版总署批准，于2002年9月30日，由深圳特区报业集团与深圳商报社合并组建，自此，深圳报业发展跨入崭新历程。深圳报业集团旗下拥有10报5刊1网站1出版社。“10报”为：《深圳特区报》、《深圳商报》、《深圳晚报》、《晶报》、《深圳法制报》、《香港商报》、《深圳青少年报》、《Shenzhen Daily》（英文深圳日报）、《深圳都市报》、《宝安日报》；“5刊”即：《汽车导报》、《特区教育》、《中外房地产导报》、《游遍天下》、《本色生活》；“1网”为：深圳新闻网；“1出版社”为：深圳报业集团出版社。目前深圳报业集团出版的报刊占深圳地区平面媒体90%以上的市场份额。2005年8月，世界品牌大会发布2005年《中国500最具价值品牌》排行榜，《深圳特区报》以36.9亿元居168位，《深圳商报》以31.1亿元居203位，《深圳晚报》在全国285种晚报都市报类报纸中综合指数列晚报界第6位。深圳报业集团持有资产总额50多亿元，员工总数6000多人；集团采编系统电子化科技水平在中国报业中处于领先地位；集团印刷设备的印力和快速便捷的报刊发行物流能力在中国报业中名列前茅；集团广告年营业额在25亿元以上，在中国媒体中排名第二、平面媒体中排名第一；集团近年相继开发了地铁广告、直递广告、国际会展、酒店、旅游、房地产等经营。深圳报业集团已成为中国目前经营规模最大、现代化水平最高的报业集团之一。深圳报业集团于2003年被中央确定为全国文化体制改革试点单位；目前正以科学发展观为指导，积极探索通过资本运作加快报业产业发展之路，围绕建设“阳光报业、和谐报业、效益报业”这一目标，努力做大做强以《深圳特区报》为核心的各擅其长、全面繁荣的党报体系；同时不断完善以各报刊、各企业为责任主体的“有统有分、统分结合”经营管理模式；在形成以报业为主、多种经营为辅的经营格局的同时，积极拓宽互联网经营领域，利用自我资源加大房地产经营，适度开发影视、电信业等，向跨地区、跨媒体方向发展，力争在三五年内建立起多元化、立体化、国际化的大型传媒集团。

3. **搭建文化发展平台，打造文化品牌**

搭建各类文化发展平台是推动文化发展的重要途径。广东文化体制改革过程中产生了许多文化展览会、文化节、文化奖以及文化交流发展集中地等，诞生了许多文化发展品牌，影响海内外。如2005年开始每年举办一次的广东国际旅游文化节已成为广东省旅游文化发展的新品牌。自举办以来，每届旅游文化节都吸引众多中外宾客，精彩纷呈，好戏连台，逐步树立并巩固了“活力广东”旅游形象和地位，逐年擦亮了广东国际旅游文化节这一精品品牌。广东国际旅游文化节已成为泛珠三角共同推介旅游资源、缔造共同的旅游品牌，是旅游文化的盛典、友谊交流的盛会、人民欢乐的盛大节日，成为展示广东、展示泛珠、宣传中国的重要窗口，必将为促进泛珠地区区域经济发展发挥重要作用。

中国音乐金钟奖创办于2001年，是中宣部批准设立、由中国文联和中国音协共同主办的中国音乐界综合性专家大奖，是与戏剧梅花奖、电视金鹰奖、电影金鸡奖并列的国家级艺术大奖。第一、第二届分别在河北廊坊市、福建省厦门市鼓浪屿举行。2002年10月8日，中国音协给广州市发来《关于与广州市共同主办第三届“金钟奖”的函》，拟与广州市共同主办第三届中国音乐金钟奖，创办广州金钟国际音乐节。2003年2月，市委、市政府同意广州市政府和中国文联、中国音协合作在广州举办中国音乐金钟奖活动。2003年7月11日，广州市人民政府和中国文联、中国音乐家协会共同举办了中国音乐金钟奖永久落户广州的签字仪式。中国音乐金钟奖旨在促进我国流行音乐事业与产业的发展，促进流行音乐人才的成长，提升音乐人国际化水平，通过比赛的方式，遴选出优秀的青年演唱人才，进行表彰和奖励，为选拔人才、鼓励原创、原唱，促进流行乐坛繁荣发展创造良好平台，成为广东群众文化活动的品牌。

此外，作为广东文化强省建设的文化品牌项目，“南国书香节”已成为广大市民的文化盛宴；深圳国际文化博览交易会，已经成为文化产业展示、交易的国家级平台，成为深圳文化发展的一张名片；深圳油画专业村“大芬村”2011年油画销售额仅上半年就达19.5亿元，产品远销中东、非洲和欧美；雅昌集团建立的艺术品拍卖“雅昌指数”和以腾讯为代表的网络文化创意产业，都在业内外影响深远。

搭建文化交流发展平台，是广东文化体制改革的又一项重要发展成果，是创建广东文化品牌、推动广东文化走出去、发挥广东文化影响力的重要途径。

四、挑战：广东文化体制改革面临的困难

广东省是改革开放的前沿阵地，改革创新意识很强，更易认识到文化体制改革的重要性和必要性，加上先行先试、先行一步，广东文化体制改革取得了十分显著的改革发展成果。但在文化体制改革过程中也遇到一些新情况新问题，干扰了文化体制改革发展进程。

1. 文化事业管理还未落实到位

文化事业管理的根本任务是构建覆盖全社会的公共文化服务体系，为广大群众提供基本的公共文化服务，保障人民的基本文化权益。文化事业单位是在文化领域从事研究创作、精神产品生产和文化公共服务的组织机构。文化事业发展由于其属于公益性文化，不仅需要文化事业单位创作生产出更多更好的精神文化产品和公共文化服务，而且需要政府的大力扶持，保证公共财政对文化建设投入的增长幅度高于财政经常性收入增长幅度，提高文化支出占财政支出比例，扩大公共财政覆盖范围，完善投入方式，加强资金管理，提高资金使用效益，保障公共文化服务体系建设和运行。因此，文化事业管理应突出政府主导，公共财政支撑，落实鼓励企业、个人捐赠兴办公益性文化事业的政策。因而，必须坚持公益性、基本性、均等性、便利性的原则，构建普惠型公共文化服务体系，保障人们的基本文化权益。

随着改革开放的不断深入推进，广东文化领域正在发生广泛而深刻

的变革，推动文化大发展大繁荣虽具备许多有利条件，但也面临一系列新情况新问题。广东文化发展同经济社会发展差距很大，难以满足人民日益增长的精神文化需求，突出的矛盾和问题主要是：一些地方和单位对文化体制改革的重要性、必要性、紧迫性认识不够，文化在推动人们文明素质提高中的作用亟待加强；一些领域道德失范、诚信缺失，一些社会成员的人生观、价值观扭曲，用社会主义核心价值体系引领社会思潮更为紧迫，巩固人们的共同思想道德基础的任务繁重；舆论引导能力需要提高，网络道德建设亟待加强和改进；有影响的精品力作还不够多，文化产品创作生产引导力度需要加大；公共文化服务体系不健全，城乡、区域文化发展不平衡等。这些矛盾和问题主要与公益性文化事业管理落实不到位有关，因此，需要加强文化事业管理，保障人们基本文化权益，提高人民群众的文化素质。

2. 文化产业结构还未全面转型

文化产业结构转型升级就是要全面提升文化制造业发展水平，推动具有传统优势的文化制造业提高自主创新能力，培育自主品牌，延伸产业链条，加大创意内容生产，实现企业转型升级。转型升级的途径就是推动文化与科技的融合，运用高新技术改造传统产业，发展新兴文化产业，催生新的文化业态。最终目标就是构建出结构合理、门类齐全、科技含量高、富有创意、竞争力强的现代文化产业体系。

然而，虽说广东的文化产业规模和产值全国最高，占到广东GDP的5.6%左右，但与广东全国经济大省的地位不相符，更与发达国家相差甚远。文化产业规模不大、结构不合理，束缚文化生产力发展的体制机制问题尚未根本解决；大型文化企业集团内部难以整合，各自为政，争权夺利，未能发挥出文化航母的引领作用；经营性文化单位转企改制矛盾重重，许多地方换汤不换药，并未真正成为市场竞争主体；改制后的文化企业所有制和生产经营方式过于单一，机构行政化、业务干部官员化、人事制度僵化；文化产品和服务出口贸易较为薄弱，广东文化国际影响力需要进一步增强；文化人才队伍建设急需加强等。因而，要解决这些矛盾和问题，必须推进广东文化体制改革深入发展。

3. 文化市场体系还未最终形成

尽管这几年，广东在文化市场体系建设上做了大量工作，如建立南方文化产权交易所、加强银行对文化企业的贷款融资、推动文化与科技的融合、加强信息共享等，但由资金、技术、信息、产权、版权等要素构成的文化要素市场未能最终形成。特别是在资金、技术支持上，更多是政府的政策性支持，并未通过市场进行文化资源配置。同样，文化中介行业，诸如版权代理、知识产权评估、演艺经纪、工艺美术品拍卖等，远未达到文化市场体系的发展要求。没有一个完善的文化中介行业，就不可能建立健全文化市场体系。

此外，广东省还未建立健全完善的文化法律法规。目前，我国文化领域只有三部法律，即《中华人民共和国著作权法》、《中华人民共和国文物保护法》和《中华人民共和国非物质遗产法》，文化产业领域尚无立法。广东地方文化立法虽取得了重要成果，但现有法规总数较少，只有《广东省公共文化服务促进条例》、《广东省公共文化设施条例》、《广东省档案馆条例》、《广东省非物质文化遗产条例》以及《广东省实施〈中华人民共和国文物保护法〉办法》等5部关于文化事业方面的地方文化立法。文化市场管理和文化产业振兴等相关地方立法处于空白。这样日益蓬勃发展的广东文化产业不相称，更不符合市场特点，需要法治来保障的发展规律。因而，加强广东文化产业立法势在必行，这是建立文化市场体系的最后一道屏障。

4. 政府文化管理还未彻底转变

在组织体制上，过去的政府文化管理各级文化部门属于党的各级宣传部门，作为党的喉舌和阵地，主要执行宣传党的方针政策的任务；在行政体制上，文化作为党和人民的事业受到党政双重管理，全国从中央到地方都设立了文化行政管理机构，政府对各级文化部门和单位实行全面控制，进行直接领导和微观管理。针对这种情况，有学者认为，目前政府文化管理体制改革存在着明显的弊端，如：党委政府主管部门与文化社团关系的缺位和越位；政府文化管理部门职责不清、政出多门、各行其是；文化法律法规的制定严重滞后等。[①]虽然这并非是单指广东，但却反映出我国政

① 谢武军：《文化体制改革的历程和面临的问题》，《理论视野》，2009年第11期。

府文化管理体制改革存在的类似问题。因而，政府的双重领导体制与刚刚成为市场独立主体的文化单位必然存在着剪不断理还乱的复杂关系。

虽说广东政府在文化管理体制中取得了一系列改革创新成果，成为转变政府文化管理职能的亮点（如管办分离、企业化的事业集团、团厅合一、团校合一等），为全国其他省、市、自治区文化体制改革提供了有益的借鉴，但是这种成功的政府文化管理体制改革成就并非普遍现象，还属于单项突破阶段，没有进行整体推进，虽达到了典型示范的效果，但更需进行全面推广。因而，政府文化行政管理职能远未得以彻底转变。

因此，由于广东文化体制改革还存在着诸多问题，广东文化体制改革的任务依然很艰巨，针对改革出现的这些问题，用改革的办法去解决，真正实现文化事业管理的落实、文化产业结构的转型、文化市场体系的形成、政府文化职能的转变，推动广东文化大发展大繁荣。

五、反思：广东文化体制改革的启示

改革是决定当代中国命运的关键抉择，是发展中国特色社会主义、实现中华民族伟大复兴的必由之路。文化体制改革就是改掉文化发展中存在的不合理部分，使之更加合理完善，兴利除弊。通常指改变旧制度、旧事物，对旧有生产关系、上层建筑作局部或根本性的调整。广东文化体制改革走出了一条具有广东特色的自主发展道路，为当今如火如荼的文化体制改革提供了诸多启示。

1. 文化体制改革需要大胆地试、大胆地闯

文化体制改革是在国际文化霸权、文化安全以及经济文化化、文化经济化等强大压力下提出来的历史性任务。目前，我国在文化发展方面存在着理论创新不足、政策供给不上、管理水平不够等问题，随着我国文化体制改革的不断深入，国际文化战略竞争的进一步加剧，市场对于文化创新的强烈要求，我国文化发展面临着前所未有的战略压力和战略机遇，必须站在历史和时代的制高点上，大胆地试，大胆地闯，推动国家文化体制改革向前发展。改革创新的首创性要求，真正的改革创新必然具有“第一性”的特征，不拘泥现实羁绊，勇于探索，勇往直前，大胆尝试，不争论。如果只是盲目地试、盲目地闯，甚至是无目的、无原则、无秩序，

那就不能称之改革创新了，而是莽撞、瞎拼或者犯罪。广东文化体制改革过程中出现的管办分离、团校合一、事业集团、一种集团多种体制、团厅合一、分而不断连而不乱等发展模式，体现了“敢为天下先”、“大胆地试、大胆地闯”的广东改革精神。中央政治局委员、时任广东省委书记汪洋在2011年12月召开的广东省深化体制改革工作会议上强调：“广东靠改革开放起家，广东要更加坚定地走创新之路、改革之路，大胆探索，先行先试，全面部署和推进经济、政治、文化、社会各领域改革。”①

大胆地试、大胆地闯，是邓小平在改革开放过程中就许多官员拘泥于姓“资”姓“社”问题，不敢雷池一步，畏首畏尾而提出的。1992年春，邓小平在南方谈话中指出：“改革开放胆子要大一些，敢于试验，不能像小脚女人一样。看准了的，就大胆地试，大胆地闯。深圳的重要经验就是敢闯。没有一点闯的精神，没有一点‘冒’的精神，没有一股气呀、劲呀，就走不出一条好路，走不出一条新路，就干不出新的事业。不冒点险，办什么事情都有百分之百的把握，万无一失，谁敢说这样的话？一开始就自以为是，认为百分之百正确，没那么回事，我就从来没有那么认为。”“改革开放迈不开步子，不敢闯，说来说去就是怕资本主义的东西多了，走了资本主义道路。要害是姓‘资’还是姓‘社’的问题。判断的标准，应该主要看是否有利于发展社会主义社会的生产力，是否有利于增强社会主义国家的综合国力，是否有利于提高人民的生活水平。”②邓小平这个讲话精神，让广大干部群众放下了束缚改革创新的思想包袱，并为大胆地试、大胆地闯提出了判断标准，吹响了鼓励全国人民改革创新、锐意进取的号角。

大胆地试、大胆地闯是文化体制改革的重要发展途径。不试、不闯，就没有任何改革创新的机会。当然，“试”和“闯”不是盲目的试，不是乱试，而是以实事求是的科学精神，对真理大胆的追求和探索。“干革命、搞建设，都要有一批勇于思考、勇于探索、勇于创新的闯将。没有这样一大批闯将，我们就无法摆脱贫穷落后的状况，就无法赶上更谈不到超过国际先进水平。我们希望各级党委和每个党支部，都来鼓励、支持党员

① 《文化产业体制改革的广东轨迹》，南方网，2011年12月6日，链接：http://tech.southcn.com/t/2011-12/06/content_34487646.htm.

② 《邓小平文选》第3卷，人民出版社，1993年版，第372页。

和群众勇于思考、勇于探索、勇于创新，都来做促进群众解放思想、开动脑筋的工作。”[①]这里的“闯”就是要求广大党员干部大胆地试、大胆地闯，也只有通过不断地“试”、不断地“闯”，才能认识真理，才能实现改革创新。面对新环境新情况新问题，只有这种大胆地“试”、大胆地“闯”的精神，文化发展才能走出一条新路、一条好路。

2. 文化体制改革需要先行先试、先行一步

改革创新的先进性要求，真正的改革创新必然顺乎文明发展之潮流、体现时代进步之脉动、展示历史进程之未来，因而能够独领风骚、影响深远。如果只是历史回声的共振、甚至是历史沉渣的泛起，那就不是改革创新，而是复辟倒退。因此，文化体制改革，要求我们践行“先行先试、先行一步”之思想。2008年11月，广东家庭期刊集团有限公司正式挂牌成立，标志着国内首家期刊集团顺利完成转企改制任务。2009年9月，国内第一家上市动漫公司奥飞动漫在深圳证券交易所挂牌上市。2009年12月，省委办公厅、省政府办公厅印发《关于组建广东省广播电视网络股份有限公司的通知》和《关于加快推进全省新华书店改革重组工作的通知》。2010年5月，南方出版传媒股份有限公司挂牌成立；“中国广告第一股”广东省广告股份有限公司上市。这些都开创了文化体制改革“先行先试、先行一步”的思想风格。

先行先试、先行一步，是鼓励有条件的地区，根据自身发展优势，积极探索适合自己的发展路子，并不断地总结发展的成功经验，为其他地方提供借鉴。改革开放以来，中共广东省委、省政府借助国家政策优势以及自身区位优势，在文化体制改革浪潮中先行先试、先行一步，探索建立了具有岭南风格、广东特色的文化发展道路。尤其是广东有三个经济特区、文化体制改革综合试点地区，这些条件给予了广东多种优势去寻求自身发展路子。经济特区强大的发展示范效益给广东文化体制改革带来了极大的便利。正如邓小平所指出的那样，特区是个窗口，是技术的窗口，管理的窗口，知识的窗口，也是对外开放政策的窗口。[②]特区的发展实践就是先行先试、先行一步的典型，自然也会是文化体制改革的典范。广东的文化体制改革是一张充满曲折故事的实验清单，而百折不回、永不停滞的先行

① 《邓小平文选》第2卷，人民出版社，1994年版，第143~144页。

② 《邓小平文选》第3卷，人民出版社，1993年版，第51~52页。

先试、先行一步的试验精神，正是广东全面迅速崛起的精神财富与动力来源。在当前中国社会利益多元化的大背景下，如何“不为任何风险所惧，不被任何干扰所惑”，在文化领域和关键环节改革上取得突破，促进公平正义、更好改善民生，无疑是新一轮改革与发展的关键。人口多、发展不平衡的广东，从文化体制改革伊始就有“极度不平衡”的困难，可以说，这些困难直到今天也没有得到根本性的改变。但是，从喊出“杀出一条血路来”、“先行先试、先行一步”、“继续解放思想”的那天起到现在，中共广东省委、省政府的共同态度是正视世人给予广东的“文化沙漠”的事实，与时俱进、主动调整，绝不因为自己是全国经济大省、制度已经很成熟而拒绝改革，也绝不妄自菲薄，从自诩成熟、唯我独尊的西方国家那里照抄、照搬。一方面，“广东文化发展各方面体制机制还不够完善，不仅要推进文化体制改革，还要推进社会管理体制改革”、“要从根本上解决文化发展重利轻义现象”；另一方面，强调“在文化体制改革中遇到的矛盾和问题，必须用改革的办法、发展的办法加以解决”，鼓励发扬“不等、不靠、不空谈、不争论、不折腾”的优良作风，用干事创业的实绩再次证明广东文化发展不会受到“成长烦恼”的羁绊。因而，广东文化体制改革的发展路子是充分考虑到利用自身条件进行先行先试、先行一步，开拓创新，不断探索出文化体制改革发展的新路，从而为全国文化体制改革发展提供借鉴。胡锦涛总书记在深圳经济特区建立30周年庆典上指出：“勇于变革、勇于创新，永不僵化、永不停滞，不为任何风险所惧，不被任何干扰所惑。”[①]这不仅是为而立之年的经济特区再次出发鼓劲，更是表明了转型期的广东文化体制改革为进一步解放思想、排除万难、继续改革的决心，同时向世人宣布广东文化体制改革的“先行先试、先行一步”政策并未随着改革深入发展而消解。

先行先试、先行一步，是文化体制改革发展的前提。没有“先行先试、先行一步”，不敢雷池一步，前怕狼、后怕虎，就会错失各种改革创新的机会。“先行先试、先行一步”是试验探索、追求真理的过程，是改革创新的“模拟”和“演习”，为进一步推进改革创新创造了条件。广东文化体制改革在深化国有文化企事业单位的改革、创新管理体制和运行机

① 《胡锦涛在深圳经济特区建立30周年庆祝大会上的讲话》，《人民日报》，2010年9月7日。

制、加快集团化建设、优化产业结构、整合优质资源、实施名牌战略、发挥规模优势、盘活存量、扩大增量等方面，以及支持、鼓励民营资本积极投向政策法律允许进入的文化行业，发挥比较优势，发展"专、精、特、新"的中小型文化企业，培育新的增长点，壮大文化产业整体实力等方面为全国文化体制改革提供参照和借鉴，体现出广东在文化体制改革过程中"先行先试、先行一步"的创新精神。

3. 文化体制改革需要继承传统、实现超越

文化体制改革的最大价值，不在于创造了多少财富，制造了多少富翁，而在于如何在改革发展中提升自身发展的软实力，提高国民素质，凝聚民族精神；如何能在改革创新中不断继承传统、实现超越；如何在演变的轨迹中抗拒墨守成规、不思进取的惯性，并最终逃脱了历史轮回的宿命。当前，广东文化体制改革中存在的问题较多，有些方面尚无法满足老百姓的期望。但有一点必须承认，广东文化体制改革的历史演变总是在超越自身中直线前进。正如汪洋指出："文化体制改革的目的是满足人民群众日益增长的精神文化需求。改革既要巩固传统，又要培养新锐，既要在国有体制内改革，又要创造新的文化艺术形式产生、培育、壮大的条件，掌握文化发展和文化传播的主动权。"①

文化发展必然要继承传统、实现超越，只有这样，文化发展才能欣欣向荣、多姿多彩。我国著名画家齐白石，曾获世界和平奖。但他并不满足于已经取得的成功，不断吸取历代画家的长处，不断改进自己作品的风格。60岁以后的画明显不同于60岁以前；70岁以后的画风又变一次；80岁以后的画风再度变化。齐白石一生，五易画风。尽管不断取得成功，成功之后仍然不断改变、不断创新，晚年作品比早期作品更臻成熟完美，并形成了自己独特的流派和风格。他曾告诫自己的学生，"学我者生，似我者死"。他认为画家要"我行我道，我有我法"。这就是说，在继承传统的同时，不能照搬照抄，要创造性地运用，不断创新，这样才会赋予事物以鲜活的生命力。真正的文化体制改革必须立足现实，借鉴前人的发展成果，总结经验教训，进行自主创新，实现超越。

中华民族几千年来血脉不断、文明不衰、生机勃发，积淀了深厚的

① 《地方文化转企改制任务基本完成》，《人民日报》，2010年8月10日。

精神文化传统，造就了革故鼎新、独立自主、艰苦奋斗、与时俱进的改革创新精神。可见，改革创新精神是中华民族自古以来就具有的思想品格。一个民族越是自尊自重自立，就越是胸襟开阔，敢于揭己之短、善于学人之长，能够在广泛吸纳各种文化营养丰富自身的同时推动各种文明的繁荣灿烂，从而对人类进步作出重大贡献。继承传统、实现超越，有其深厚的中华民族文化根基，也需要借鉴其他民族发展的优秀成果。周恩来曾经说过："我们的民族从来是善于吸收其他民族的优秀文化的。我们吸收了印度文化和朝鲜、越南、蒙古、日本的文化，也吸收了西欧的文化。"①有学者指出："如果仔细地考察中国文化史，可以发现中国传统文化有一种动态特征，相当勇敢地吸收外来文化的因素，至少在文化的很多层面，追求流行、时新，与此同时毫不犹豫地抛弃旧有的模式。"②正是在这种传统推动下，我国不仅以著名的"四大发明"、万里长城、京杭大运河等伟大创造闻名于世，不仅以诸子百家思想丰富了人类的精神文化宝库，而且以不断继承传统、实现超越的实践彪炳人类变法自强的制度创新史。从改革创新的视角看，中国走上社会主义道路，这本身就是中国历史发展在继承中实现超越。

广东文化体制改革每走出一步都必然凝聚着艰辛的努力和巨大的创造性，都是"突出重围"、"杀出一条血路"。它和我们今天所倡导的改革开放精神完全一脉相承，都是中华民族革故鼎新、自强不息、团结奋斗、昂扬向上的精神风貌的集中表达。

在机遇和挑战并存的历史条件下，不断提高建设社会主义先进文化的能力，是摆在我们面前的重大战略课题。深化文化体制改革，既是提高建设社会主义先进文化能力的迫切要求，也是其中一个重要内容。只有充分认识文化体制改革的重要性和紧迫性，增强责任感和使命感，不断推进文化体制改革，进一步解放和发展文化生产力，我们才能切实提高建设社会主义先进文化的能力，大力发展繁荣社会主义文化，努力铸造中华文化的新辉煌，为激励人民奋勇前进提供强大的精神动力和智力支持。总之，坚持文化体制改革需要我们在改革实践中做到大胆地试、大胆地闯，先行先试、先行一步，继承传统、实现超越，这样才能真正实现将文化体制改革

---

① 《周恩来选集》下卷，人民出版社，1984年版，第343页。

② 冯禹：《中国传统文化的动态性》，链接：http://www.uschinasc.org/mag11/mag1102.htm.

的胜利成果融入到社会主义现代化建设事业当中去。

广东文化体制改革的丰硕成果充分证明，文化体制改革是促进文化大发展大繁荣的强大动力，是解放和发展文化生产力的根本途径，是满足人民群众日益增长的精神文化需求的必由之路，是推动经济社会科学发展的重要引擎。

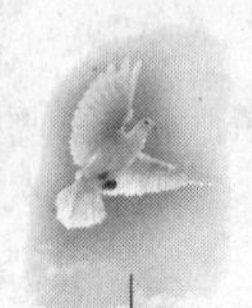

第二章 文化民生：广东公共文化服务体系的建立

公共文化服务体系建设一定意义上就是公共文化服务均等化问题，是繁荣发展社会主义先进文化、建设和谐文化、构建社会主义和谐社会的必然要求。广东的文化强省建设，就是为了满足人民群众日益增长的文化需要，在很大程度上就是“文化民生”建设。广东是全国经济实力最强的省份，良好的经济基础使得广东在建设文化强省时有着天然的优势。随着文化基础设施的配套逐步齐全、公共文化服务体系的逐步完善，广东人的文化生活日渐丰富多彩，群众的文化热情日益高涨，人们的文化素质日渐得到提升。

一、惠民：广东公共文化服务体系建设的必要性

公共文化服务体系属于政府提供给广大人民群众公共服务的一种，公共文化服务体系建设是满足最广大人民群众基本文化生活的需要，是保障人民群众基本的文化权益不受侵犯的保证，是反映和检验一个地方人民文化消费水平高低的试金石。因而，公共文化服务体系建设是文化建设发展最终目标的实现途径，十分重要且必要。

1. 公共文化服务体系建设是为了满足最广大人民群众的基本文化消费需求

文化建设就是为了满足人们日益增长的文化需求。总的来说，我国仍处于并将长期处于社会主义初级阶段的基本国情没有变，人民日益增长的物质文化需要同落后的社会生产之间的矛盾这一社会主要矛盾没有变，我

国文化发展的整体水平还不高，还不能很好地满足人民群众日益增长的精神文化需求。同时，长期以来人们的文化消费水平有高有低，高低不平，文化消费水平高和文化消费水平低之间有时相差较大。我国城乡发展的二元体制导致了公共文化基础建设存在着严重的不平等，农村公共文化投入的少，城市公共文化投入的多。区域发展差距也导致了公共文化服务体系建设存在的不同地区有不同的建设发展水平。东部地区人们的公共文化服务水平明显高于中西部地区的公共文化服务体系建设。城乡发展不平衡、区域发展不平衡成为我国公共文化服务体系建设最大的掣肘。广东虽说是全国实力最强的经济大省，但从其区域发展水平来看，广东东部、西部、北部地区人们的文化消费水平与珠江三角洲差距仍很大。公共文化服务体系建设要缩小两者之间的不平衡，通过财政转移和扶持，积极推进文化资源向农村和基层倾斜，满足最广大人民群众基本文化生活需求。学校、图书馆、博物馆、文化馆、少年宫、文化广场、公园等公共文化设施建设，特别是广东文化体制改革过程中出现的“流动图书馆”、“流动博物馆”等，努力实现文献信息和文物资源在全省范围内流通共享，极大满足最广大老百姓的文化生活需求。

2. **公共文化服务体系建设是为了保障人民群众基本的文化权益**

老百姓的生活要靠文化来滋润。广大人民群众应当具有享受最基本文化产品和文化服务的权力，这是人民幸福的一种体现。最大多数人民的享受与参与，是文化事业做大做强的基础和保障。李长春曾指出：“人民群众的基本文化需求，是社会主义制度下人民群众必须得到保障的基本文化权益。因此，要以政府为主导，以公共财政为支撑，以公益性文化事业单位为骨干，以全民为服务对象，以基层特别是农村为重点，建构覆盖城乡的公共文化服务体系。基本文化权益具有公益性、均等性、基本性、便民性等属性。公益性，就是政府提供的公共文化服务基本上是免费服务，或是低于成本、收费很少的服务；均等性，就是不分男女老少，不分富人穷人，不分城市农村，不分东中西部，都平等地享受公共文化服务；基本性，就是政府提供的是基本文化服务，而不是所有文化服务；便民性，就是要网络化，做到一定空间范围内必须有公共文化场所，方便群众就近参与。公共文化服务体系建设的重点和难点在农村、在基层，要向农村和基层倾斜。当前，要优先安排涉及农村和基层群众切身利益的文化建设项

目，积极推进广播电视村村通、文化信息资源共享、社区和乡镇综合文化站（室）、农家书屋、农村电影放映等重点文化惠民工程建设。要大力推动公共博物馆、纪念馆、美术馆、文化馆、图书馆、青少年宫、科技馆、群众艺术馆以及基层文化活动中心向全社会免费开放，提供公益性文化单位服务群众的能力和水平。要推动政府通过购买文化产品的方式在特定时段、以特定内容、向特定群体提供公共文化服务，同时要继续开展'三下乡'、'四进社区'、'送欢乐下基层'等文化惠民活动并不断规范，丰富基层群众的文化生活。"[①]因此，国家大力气地通过各种措施来保障广大人民群众的基本文化权益，体现了社会主义制度的优越性。

因此，加快建立全社会的公共文化服务体系，是维护好、实现好、发展好人民群众基本文化权益的主要途径，反映了最广大人民群众的根本愿望，对于促进人的全面发展，提高全民族的思想道德素质和科学文化素质，建设富强、民主、文明、和谐的社会主义现代化国家具有重要意义。

3. **公共文化服务体系建设是检验一个地方文化建设成效的试金石。**

公共文化服务体系首先必须要有有形的公共文化基础设施以及大量软件设施建设，直接反映出当地文化建设水平。根据国家统计局网站公布的2010年中国统计年鉴的数据：2010年，广东博物馆机构数量是169个，在全国地方省市排名第二，仅次于江苏213个，全国总数为2435个，占全国6.94%。2010年广东公共图书馆132个，全国排名第六，全国总数为2884个，占全国4.58%。[②]《珠三角地区改革发展规划纲要（2008—2020年）》中指出："建立覆盖城乡的公共文化服务体系。实施基础文化设施覆盖工程，构建完善的市、县（市、区）、乡镇（街道）、行政村（社区）四级公共文化设施网络，到2012年，基层文化建设各项主要指标达到全国领先水平，建成城市'十分钟文化圈'和农村'十里文化圈'[③]，确保城乡群众能够免费享受各种公益性文化服务。创新公共文化服务方式，加快建立健全文化信息资源共享网络服务体系，推进公共文化流动服务工程建设，

---

① 《十七大以来重要文献选编》（中），中央文献出版社，2011年版，第766页。

② 根据国家统计局网站数据统计而成。

③ 到2020年，基本实现公共文化服务均等化，形成服务优质、覆盖全社会的公共文化服务水平，保障城乡居民就近便捷享受公共文化服务的需求，每一位城市市民出门15分钟内、每一位农村居民出门10公里内，就能到达一个满足求知、求美、求乐、求健等多种需求的文化活动场所。

打造全国性的公共文化建设示范区。积极挖掘、抢救文化遗产资源，有效保护并传承具有历史和科学价值的文化遗产。到2020年，形成服务优质、覆盖全社会的公共文化服务体系。”这些直接体现了广东在公共文化服务体系建设的成就，也间接反映了广东文化建设发展水平。广东文化强省建设，更多选择了一些“润物无声”的方式，通过加大基础文化设施投入和开展群众文化活动，从根本上提升广东人的文化素质，进而培养符合要求的“广东公民”。因此，广东公共文化服务体系建设，很大程度上反映了广东“文化民生”建设的水平。

总之，公共文化服务体系建设，最根本的目的就是为了满足人民群众的文化消费需求，为了保障最广大群众的基本文化权益，但从另一角度来看，则成为检验一个地方文化建设成效的衡量标准之一。因此，公共文化服务体系建设是无时无刻不在进行的文化建设的重要任务。

二、经验：广东公共文化服务体系建设的几点做法

中共十六大以来，广东公共文化服务体系建设遵循满足最广大人民群众最基本的文化消费需求、保障人们的基本文化权益角度出发，在公共文化基础设施建设方面、公共文化资源共享方面、群众性文化活动建设方面以及现代文明城市文明村镇建设方面都取得了令人瞩目的发展成就。

1. 保障文化民生，加大对公共文化基础设施建设的投入

费孝通说过，“文化是人为的，也是为人的”。文化民生是指文化层面的人民生计。获得安身立命之道，得到精神激励和智力支持，接受教育，享受体育和卫生服务，广播影视出版消费、旅游休闲以及参加各种文娱活动展览等，都属于文化层面的民生。文化民生首先要解决的就是满足广大人民群众的精神文化需求。“十一五”期间，广东各级财政文化投入491.5亿元，用于保障人民群众文化权益，满足人民群众精神文化需求。①2003—2009年的6年间，即从文化大省到文化强省提出前，广东省财政投入20多亿元用于广东省博物馆、中山图书馆等一大批重点文化设施建设，大大提高了全省公共文化服务的层次；同时又投入3亿多元，扶

① 汪洋：《坚持社会主义市场经济改革方向，扎实推进幸福广东建设》，《求是》，2012年第15期。

持经济欠发达地区建立各类文化场馆1284个，推动了全省公共文化设施的均衡发展。截至2011年年底，广东建成县级以上公共图书馆133个、文化馆（群艺馆）145个、国有博物馆153个、乡镇（街道）文化站1594个；城乡公共文化基础设施进一步完善，全省建成的文化广场5000多个、村（社区）文化室和农家书屋16 139个[①]；基本形成省、市、县、乡镇（街道）、村（社区）五级公共文化设施网络，群众文化生活日益丰富；相继开放省博物馆新馆、广州大剧院、深圳图书馆、东莞玉兰大剧院等一大批标志性文化设施。

目前，广东在公共文化服务体系上收获了许多可喜的成绩：2011年年底，提前9个月实现"农家书屋"覆盖全省所有行政村的总目标，并且超额完成建设1521家；农村电影放映工程全年总放映296 509场，观影人次超过7210万；全省县级以上公共图书馆达标107个、文化馆102个，县级以上博物馆58个，乡镇综合文化站1159个，城乡社区"五个有"[②]文化站6328个。全省每万人拥有室内公共文化设施面积达到800多平方米，总体上广东公共文化设施的面积总量处于全国前列。其中，中山市农村文化室全覆盖项目被文化部命名为"国家公共文化服务示范项目"，东莞市被文化部列为"创建国家公共文化服务体系示范区"。备受群众关注的"三馆一站"免费开放工作进展顺利，目前广东省副省级城市以及珠三角地区县以上"三馆"（公共图书馆、文化馆、美术馆）已实现了免费开放，其他地区将于今年底前基本实现免费开放。[③]已免费开放的"三馆"机构，取消了基本的服务项目收费，降低了非基本服务项目的收费标准。这样的文化民生，超越了经济发展的单一取向和财富积累的唯一尺度，寻求的是生活的色彩斑斓，是幸福的阳光普照。广东省新闻出版局到粤西调研的结果显示，"农家书屋"建设得好的地方，赌博的人少了、吸毒的人少了、侃大山的人少了，读书的人多了。在城市中，更是涌现出"举牌哥"、"口罩男"、"剃头哥"等诸多急公好义、有着强烈社会责任感的良好社会公

---

① 郭珊：《全省城乡低保户将获文化消费补贴》，《南方日报》，2011年12月2日。

② "五个有"工程主要是指：有一个不少于200平方米的综合文化活动室，有一个社区（村）图书馆或农家书屋，有一个不少于500平方米的文体广场，有一个文化信息共享服务网点或公共电子阅览室，有一批文化活动和体育健身器材。

③ 郭珊：《文化立法：让群众乐起来》，《南方日报》，2011年11月27日。

民。实践证明，越是文化建设好的地方，文明之风吹得越强劲，人际关系越融洽，社会越和谐。因此，文化投入是一笔看不见盆满钵满却又一本万利的明白账。

2. 实现公共文化资源共享，打破文化发展的区域、城乡差别

公共文化资源共享，借助现代信息技术、网络技术以及流通手段，将各种类型的公共文化资源通过覆盖全省各地的文化信息资源网络传输系统，实现公共文化资源的共建共享。公共文化资源共建共享可以消除不同地区在获取文化资源上的不平等，使老少边穷地区人民群众也能享受到优秀文化精品，满足基层老百姓的文化需求。为解决文化设施建设区域不平衡的问题，推动文化资源向农村、基层倾斜，促进城乡、区域文化一体化发展，广东率先创建了流动服务网络。“十一五”期间，广东省扶持东西两翼地区文化设施建设项目345个；公共文化流动服务进一步向基层拓展和延伸；文化信息资源共享工程基本完成；“农家书屋”蓬勃兴起；农村电影放映工程基本实现一村一月放映一场电影的目标；广播电视“村村通”工程和无线覆盖网建设完成了第一期建设任务，全省城市广播电视人口覆盖率达99%，70%以上的农村人口能通过无线方式接收到2套至3套广播电视节目。打破文化发展的城乡、区域发展不均衡，推动公共文化服务均等化。全省建立67个“流动图书馆”，“流动博物馆”网络覆盖全省，“流动演出服务网”为基层群众送戏2万余场。从2010年起，广东陆续启动“网上图书馆”、“网上博物馆”、“网上剧场”、“群众文化活动远程指导网”等，多渠道向城乡基层配送文化资源，[①]“流动图书馆”、“流动博物馆”、“流动演出服务网”、“群众文化活动远程指导网”等实现公共文化资源共享，摸索出完善公共文化服务体系的新路子。

流动图书馆。根据现代物流原理和货币流通原理，通过在粤北、粤东、粤西等贫困地区县图书馆建立分馆，由广东省财政每年拨500万元给中山图书馆为各分馆购置1.2万册图书，省馆统一购置分配，分别送到加盟的县级图书馆。这些图书在各分馆每半年流动一次。其中根据图书的批次、品种、数量、分布的区域以及各分馆的距离，在适当的时间，以适当的方式和适当的成本，进行地级市区之内的流动和在周边范围内的流动。

① 王楚，刘泰山，贺林平：《广东倾心构筑“文化民生”》，《人民日报》，2010年9月24日。

每年对各分馆图书进行一次剔旧，补充进数量大致相同的新书，确保常换常新。花小钱办大事。10年的时间，政府投入5000万元，这本来只能建一座1万平方米图书馆的钱，建成100个“流动”分馆，等于每年投入1亿元的效益。这些流动图书馆的文献信息在全省范围内实现共享。到2006年4月，中山图书馆就在全省30个县建成“流动图书馆”，接待读者286万人次，阅览图书405万册次，在基层群众中掀起读书热潮。

展览协作网。2004年广东省文化厅在全省启动的“博物馆陈列展览协作交流网络”。网络以广东省博物馆为中心，整合全省的博物馆陈列展示资源，组织、策划和制作一些具有较高水平的展览，在全省各级博物馆巡回展出。以前“困守家门”的各基层博物馆的一些颇具地方特色的展览因常年不换脸孔而“门庭冷落”，如今通过这一网络，以一“换”多。展览网络启动后，受惠人数达到4000万人。迄今为止，已有70多家博物馆申请加入了该网络。每年制作10多个展览在全省各地博物馆巡回展出，预计覆盖的山区县人数达到1000多万人。

公共文化资源共享，提高了公共文化服务水平，满足城乡居民的精神文化需求，特别是有效缓解了农民看书难、看戏难、看电影难，丰富了农民群众的精神文化生活，有效抵制了腐朽没落文化，培育了文明乡风。目前，广东省基本建成了资源丰富、技术先进、服务便捷、覆盖城乡的公共文化资源服务体系，成为公共文化服务体系建设的重要组成部分，使得最广大人民群众都享受到了公共文化服务。

3. 推动群众性文化活动的开展，提高文化活动的吸引力、感染力和影响力

随着基础文化设施的配套齐全，广东人的文化生活丰富多彩，群众的参与文化活动热情高涨。例如，2011年6月举办的第十届“百歌颂中华”歌咏活动，共有2000多支合唱队、近20万人参加，观众达110万人次，规模和水准均创历届之冠。2011南国书香节暨羊城书展盛况空前，广州主会场7天内总入场人数达81.6万，累计销售额近4000万元，展场面积、入场人数、活动项目、图书销售等多项指标均创历史之最，已跃升为全国规模最大、入场人数最多的图书展。首届粤港澳青年电影盛典巡回展映了40部优秀国产影片，共为大学生和外来工放映204场，惠及观众近20万人次。2011年举办的首届广东社区文化节以“幸福广东、和谐家园”为主题，开展了一系列植根社区、服务社区的特色文化活动，把公共文化服务的链条从城市延伸到基层镇村。佛山市开展“魅力佛山”系列文化活动，实施高雅艺术展演补贴计划，以低票价拉近百姓与高雅艺术的距离。羊城国际粤剧节、汕头潮剧节、中国（梅州）国际客家山歌文化节和广东禅宗六祖文化节等，成为各地弘扬传统优秀文化，展示岭南特色文化的新名片。全省定期举办“百歌颂中华”合唱大赛、广东省群众艺术花会等大型群众文化活动，丰富了基层群众文化生活。随着公共文化设施和公共文化服务网络的完善，广场文化、社区文化、校园文化、老年文化、少儿文化、休闲文化、公园文化等不断兴起，城乡群众文化生活已经走上了多层次、立体化的快车道。

广东省将进一步加大投入力度，确保群众文化活动品牌建设的财力，省财政每年将分别对国际性、全国性和全省性等不同类别品牌创建工作，通过以奖代补的方式加大扶持力度，并计划每年定期开展文化活动品牌评选表彰奖励活动。此外，我省现有群众文化活动品牌将继续实施低票价、特定人群补贴或免费等惠民措施，提高群众的参与性和文化认同感，提升文化活动的吸引力、感染力和影响力。《广东建设文化强省规划纲要》提出要：打造群众文化活动品牌。广泛动员社会力量，组织开展丰富多彩的群众文化活动。继续办好大学生电影节、华语传媒系列盛典、中国音乐金钟奖、广东省艺术节、百歌颂中华、广东省群众艺术花会、广州国际粤剧节、中国（梅州）国际客家山歌文化节、汕头潮剧节、广东禅宗六祖文化节、连州国际摄影年展、阳江（中国）国际风筝节、中国江门华侨嘉年华活动、新世纪之星、“中山杯”华侨文学奖等文化品牌活动，举办粤港澳青年电影节、孙中山文化节、岭南民俗文化节、广东社区文化节等文化节庆活动，使之成为弘扬广东优秀文化、丰富群众文化生活的平台。开展对具有国内外重大影响、能代表广东文化形象的历史事件、重要人物、人文景观、文化传统、民间艺术的评选宣传活动，建设岭南文化地标。这些都为广东开展群众性文化活动的提供了奋斗方向。

以广东社区文化节为例，2011年6月22日召开的首届广东社区文化节，是建设文化强省的群众性文化活动品牌，主要活动项目为群众喜闻乐见，专业要求不高，浅显易行，让每个人都有展示自我才艺的机会。同时，要求以家庭或社区为单位参加，强调合作，打破城市化进程中形成的

"相隔咫尺却老死不相往来"的淡漠邻里关系，引导群众走出家门，敞开心扉，分享快乐，促进邻里和谐、和睦。同时，此次社区文化节在全省联动举行，直到7月底，全省各地根据自己的实际情况开展11项丰富多样的社区文化项目，包括农民文艺会演、社区健身舞蹈大赛、家庭才艺大赛、社区文化大讲坛、网络社区文化、残疾人系列文化活动、文化志愿者在行动、外来工子女夏令营等。本届社区文化节从策划至实施，始终坚持将城乡社区最基层的群众作为活动参与主体和主要受众，紧紧围绕"建设幸福广东、打造和谐家园"的主题，坚持"便民、惠民、利民"的宗旨，活动内容丰富，形式多样，贴近社区实际，贴近群众生活，有效地吸引了社区老、中、青、少各年龄阶段的人群参与，受到广大社区群众的普遍欢迎。以各级文化馆、站为主体开办的外来工子女文化夏令营活动，为广东省外来工家庭子女提供了免费接受艺术教育、免费观摩高雅艺术活动的机会；"残疾人系列文化活动"、"文化志愿者在行动"等活动的开展，并专门举办了残疾人文化节，组织了文化志愿者送戏下基层，将公共文化服务的重点对准残疾人等弱势群体，有效地改善了他们的文化生活质量，增强了社会各界文化扶贫的意识。

在省和市县财政的大力支持下，各级党政、文化部门充分调动各方积极性，通过制定政策、保障文化活动经费，建立机制、确保文化活动持续开展，打造品牌、确保群众得实惠等多项具体措施，从网络设施、活动内容、制度保障三个方面搭建服务构架，有效地推动了群众性文化活动的开展，不断提高公共文化服务能力和水平，保障了人民群众共享文化发展成果。

4. 加强文明城市和文明村镇建设

文明城市和文明村镇建设也是直接体现公共文化服务体系建设的成就。文明城市是指在全面建设小康社会，推进社会主义现代化建设新的发展阶段，坚持科学发展观，经济和社会各项事业全面进步，物质文明、政治文明、精神文明与生态文明建设协调发展，精神文明建设取得显著成就，市民整体素质和文明程度较高的城市。全国文明城市称号是反映我国城市整体文明水平的综合性荣誉称号。因而，全国文明城市称号不仅仅是一个城市发展的一种最高荣誉，而且还是市民文化生活质量的一种表现。评选全国文明城市的目的是提高市民的生活质量，提升人们的文明素质，促进人们的全面发展。根据三批全国文明城市（区）的数量统计，广东省的全国文明城市的数量与江苏省并列全国第一，最难能可贵的是，每一批全国文明城市数量都是两个，特别是前两批数量极其有限的情况下。这在一定意义上反映出广东城市文明建设发展的重要成就，同时体现了广东人民公共文化服务质量的水平和层次。深圳、中山、东莞、惠州、广州、江门是先后入选的广东地区全国文明城市。

2009年4月，广州市委、市政府制定出台的《广州市2009—2011年创建全国文明城市工作规划纲要》中明确提出要实施“文化惠民工程”，着力建设基层公共文化基础设施，进一步提高公共文化产品和公共文化服务供给能力，丰富群众文化生活，大力提高群众对公共文化服务的满意度。这体现了创建文明城市文明村镇与“文化民生”的紧密相连——文明城市文明村镇就是为了更好地让老百姓享受公共文化服务。2009年5月，广州市精神文明建设委员会、广州创建文明城市联席会议联合下发了《关于广泛开展创建全国文明城市主题月活动的通知》，决定将创建全国文明城市与“迎亚运、讲文明、树新风、促和谐”全民行动与“亚运广州行”市民素质提升教育系列活动等紧密结合起来，从2009年5月至2011年9月期间，在全市广泛开展创新全国文明城市主题月实践活动，围绕“微笑服务月”、“文明出行月”、“卫生清洁月”、“友爱互助月”、“志愿服务月”、“礼仪推广月”等17个主题组织开展系列活动。这种活动方式不仅在广州掀起了一轮轮群众文化活动高潮，而且也极大促进了市民文明素质和城市整体文明程度的提高。《广东建设文化强省规划纲要》指出：加大全国文明城市创建工作，推进全省文明城市、文明村镇建设，开展珠三角文明城市群创建活动，塑造富强、文明、和谐的文明新形象，力争到2015年，地级以上市创建省文明城市全部达标，文明村镇创建覆盖面达到80%以上，到2020年覆盖面达到95%以上；文明窗口行业创建覆盖面到2015年达到90%左右，到2020年基本全覆盖。

表二　全国文明城市（区）数量所在省市的数量（单位：个）

省　市	第一批12个	第二批14个	第三批27个	总　计
广东省	2	2	2	6
江苏省	1	3	2	6

（续表）

省　市	第一批12个	第二批14个	第三批27个	总　计
山东省	2	0	2	4
浙江省	1	0	2	3
内蒙古	1	1	1	3
上海市	1	1	1	3
北京市	1	1	1	3
福建省	1	0	1	2
重庆市	0	1	1	2
湖南省	0	0	2	2
新疆	0	1	1	2
四川省	0	1	1	2
黑龙江	0	1	1	2
河南省	0	0	2	2
辽宁省	1	0	0	1
天津市	1	0	0	1
广西	0	1	0	1
安徽省	0	1	0	1
吉林省	0	0	1	1
山西省	0	0	1	1
河北省	0	0	1	1
湖北省	0	0	1	1
宁夏	0	0	1	1
西藏	0	0	1	1
贵州省	0	0	1	1

资料来源：根据中国文明网三批全国文明城市材料统计而成。

2012年3月1日，在上海发布的“2011年全国公共文化服务综合指数”

显示，广东、江苏、浙江三地在2011年省级公共文化服务综合指数总量上领跑全国；上海、北京、天津三市虽然居人均公共文化服务指数的前三名，但公共文化投入绩效方面却居各省、市、区之末。报告显示，广东是“2011年全国31个省、市、自治区公共文化服务综合指数总量排名”中唯一一个按百分制得分超过80分者，上海、北京等一线城市均低于60分。①公共文化服务综合指数主要从“公共文化投入”、“公共文化机构”、“公共文化活动”、“公共文化享受”这四个评价维度进行综合评判的。广东全国排名第一，这在一定意义上反映了广东公共文化服务体系建设水平和成就，得到全国认可。

三、掣肘：广东公共文化服务体系建设所遇的瓶颈

虽说广东公共文化服务体系建设取得了许多重要成就，特别是近几年的文化大省建设更让广东在完善文化基础设施建设、健全公共文化服务网络、提升服务能力、创新运营机制、实施重点文化工程、丰富群众性文化活动等方面取得了明显的成绩。但不可避免地一定程度上也存在公共文化服务体系建设资金投入不足、城乡差距过大、建设设施参差不齐、服务质量不高等问题。目前广东公共文化服务水平明显的与广东经济大省的地位不相符。

1. 公共文化服务体系建设资金投入不足

邓小平曾指出：“经济发展和教育、科学、文化、卫生发展的比例失调，教科文卫的费用太少，不成比例。甚至有些第三世界的国家，在这方面也比我们重视得多。”②在我国，文化建设的资金投入一直不受重视，投入严重不足，导致了文化与经济发展存在着巨大差距，尤其是公共文化服务体系建设完全依靠于政府的财政投入。虽然广东是全国第一经济大省，总量居全国首位，但广东省公共文化资金的投入严重不足，投入经费只占财政支出的0.54%，排全国第8位；人均文化事业费开支21.9元，排全国12位。2005年全省公共图书馆的总藏量3119.4万册（件），全省人均藏书0.39册，人均购书经费0.94元。这与全国最富裕省份的地位相比不相

① 《公共文化综合指数广东、江苏、浙江位居前三名》，《人民日报》，2012年3月2日。

② 《邓小平文选》第2卷，人民出版社，1994年版，第250页。

符。特别是一些图书馆、文化馆、博物馆等公共文化场所免费开放之后，不仅导致了其创收来源的堵塞，而且由于免费之后，人数大增，所需购置公共文化设施又会增加，所需人手又会大增，这些都直接导致图书馆、文化馆、博物馆等公共文化单位经费缺口越来越大，所需投入的经费也大大增加。目前，广东公共文化服务体系建设的资金投入赶不上发展所需。

2. 公共文化服务体系建设城乡区域差距过大

城乡发展差距非今日之过，自有城市发展以来，就存在着城乡发展差距。城乡发展差距的一大表现就是公共设施的差别。就广东全省公共文化服务体系建设的状况来看，城乡发展差距依然明显。在广大农村地区，文化设施还比较落后，公共文化产品供给严重不足，农民群众、农民工等特殊群体的文化生活还很匮乏，实现和保障人民群众基本文化权益的任务十分艰巨。简单地说，城市里的图书馆、文化馆肯定要比农村的好很多。博物馆、档案馆、工人文化宫、青少年宫等公共文化设施在农村几乎是没有的。广东公共文化服务体系建设中城乡发展均等化建设的任务依然有很长的路要走。2007年，广东人均文化消费城乡之比为4.6396，东部地区为2.1969，全国为2.2599，高于全国和东部地区一倍以上，广东人均文化消费的城乡差距全国最高。①此外，广东公共文化服务体系建设的区域差别很明显。广东经济发展较好的地方主要集中于珠三角地区，粤东、粤西、粤北地区的经济发展水平处于十分落后的状态，因而，在公共文化服务体系建设方面，珠三角地区的建设水平比广东其他地区要好。因此，广东公共文化服务体系建设在城乡差距、地区差距方面的问题较为严重，这是公共文化服务体系建设的一大掣肘。

3. 公共文化服务体系建设设施参差不齐

广东公共文化设施建设因地区和城乡差别而导致了文化基础设施的不同水平。在公共文化设施建设方面，目前全省地市一级仍有6个群众艺术馆、2个图书馆未达标；县一级有6个文化馆、20个图书馆不达标；镇（街道）一级有342个文化站未达标，比例达21.5%；全省仍有15 772个城市社区和行政村没有建文化室，比例高达59.2%。基层文化室有一半以上都没有达到国家要求标准。可见，广东公共文化设施建设任务依然很重。此

① 《中国文化创新报告（2010）No.1》，社会科学文献出版社，2009年版，第145~146页。

外，经济发展水平较好地区在公共文化设施建设方面出手阔绰，公共文化设施建设得豪华气派，一些地方十分热衷于建设标志性的文化设施，但对这些金碧辉煌的文化设施如何有效地提供公共文化服务却关注不够。可以说，公共文化设施建设的“贫富差距”导致了公共文化服务体系建设设施参差不齐。因此，今后，广东应该大力发展公益性文化事业，实施文化惠民工程，优先安排关系人民群众切身利益的重大公共文化服务项目，解决人民群众收听收看广播电视难、看书难、看电影难的问题，基本满足城镇居民就近便捷享受公共文化服务的需求。

4. 公共文化服务体系建设服务质量不高

“文化馆里没文化。”目前，许多文化馆里的活动商业性的娱乐活动多，真正群众性的文化活动较少；大部分文化馆文化室人气不旺，文化活动大都属群众自发组织起来的；文化馆、博物馆、图书馆等文化公共设施由于近几年加速了建设步伐，在管理运营上明显滞后。表现在：公共文化服务机构活力不足、公共文化服务形式单一、公共文化服务内容不多、公共文化服务水平不高、公共文化服务体系管理运营机制不健全、群众参与公共文化建设的积极性不高、公共文化服务队伍整体素质偏低等。许多公共文化服务设施充当了地方政府的“文化形象工程”，硬件设施很完备，但软件设施很差，公共文化活动难以开展；公共文化资源闲置，公共文化服务停留在“守护财物”这样的低层次状况；公共文化场所违规出租、违规出借等现象此起彼伏。例如，一些博物馆、图书馆等公共文化设施出租出借，供各种展览展销之用，有些文化室形同摆设，搞形象工程和政绩工程，应付上面检查，骗取国家财政之用。毫无疑问，公共文化资源应遵循源于人民、服务人民的原则。以民族文化遗产为例，民族文化遗产属于公民共享共有的文化资源，人民群众享有参观、欣赏、研究的权利。

面对存在的问题，中共广东省委、省政府承诺保证人民群众的各项“文化民生实事”得到了有效落实，加大公共文化资金投入，加强各地城乡文化基础设施建设，提高公共文化服务水平和服务质量；同时，率先进行文化立法（如《广东省文化设施条例》），从制度上确保公民文化权益不受侵犯。

四、前景：广东公共文化服务体系建设的发展方向

广东公共文化服务体系建设取得如此重要的成绩，最主要就是通过各个具体指标体系加大对公共文化基础设施的投入，推动群众性文化服务水平提高，实现文化资源共享等方式，推动广东公共文化服务体系建设科学发展。

1. 加大对公共文化基础设施的投入是公共文化服务体系建设的基本保障

满足公共文化需求，提供公共文化服务，是现代政府的一项义不容辞的责任，也是衡量政府管理水平和能力的极为重要的指标。公共文化基础设施是推进公共文化服务体系建设的最基本保障。公共文化基础设施达不到要求，那么公共文化服务体系就成了无源之水无本之末了。广东公共文化服务体系建设取得了如此辉煌的成绩，主要在于政府加大了对公共文化基础设施的投入，特别是通过指标化的操作方式加强对各公共文化基础设施建设提出科学标准。比如，《广东省建设文化强省规划纲要（2011—2020年）》提出要构建普惠型公共文化服务体系，指出：实施基础文化设施全覆盖工程，出台《公共文化服务体系建设规划》，逐步完善省、市、县（市、区）、乡镇（街道）、村（社区）五级公共文化设施网络。到2013年，尚未建成乡镇（街道）综合文化站和行政村（社区）文化室的要如期完成。到2015年，全省市、县图书馆、文化馆、博物馆、乡镇综合文化站、行政村（社区）文化设施全部达标，珠三角地区文化设施达到全国一流水平；每个县（市、区）至少有1座多功能厅数字电影院，每个乡镇至少有1套以上数字电影放映机，20户以下已通电自然村通广播电视，广播电视综合人口覆盖率达到99%以上。到2020年，全省市、县（市、区）图书馆、文化馆达到国家二级馆以上标准，乡镇（街道）综合文化站达到省二级站以上标准，行政村（社区）按照“五个有”标准建成文化设施，全省每万人拥有公共文化设施面积（按常住人口计算，不含室外文化设施面积）达到1200平方米；文化信息共享工程服务网点和“农家书屋”覆盖到每个行政村；广播电视全面实现户户通，农村电影放映建立省、市两级财政保障机制，从2011年起，全面实现一村一月放映一场公益电影，有条件的乡镇和行政村逐步建立固定的电影放映点。

此外，针对公共文化服务单位免费对外开放所造成的资金缺口，广东也加大这方面的资金投入。从2011年起，广东省财政每年安排320多万元支持广东美术馆、广东省立中山图书馆、省文化馆率先实行免费开放。从2012年起，省财政每年安排5600万元奖补资金，按照县级馆每个20万元、乡镇综合文化站每个5万元的补助标准，分档次、按比例对欠发达地区91个县（市、区）级以下公共图书馆、文化馆、乡镇综合文化站实施免费开放给予专项补助。同时，参照中央对中西部地区乡镇综合文化站补助标准，从2012年起每年新增安排2300万元，对中西部地区乡镇综合文化站按照5万元/个的标准给予补助。“十二五”期间，全省公共文化设施免费开放专项补助资金将达到3.3亿元。因而，政府的公共文化投入，是保障实施重大公共文化工程、购买重要公共文化产品、开展重要公共文化活动所需经费的保障。今后，应吸引和鼓励社会力量投资兴办公共文化实体，建设公共文化设施，提供公共文化服务，形成以政府投入为主，社会力量积极参与的稳定的公共文化服务投入机制。

“十二五”期间，广东省、市两级财政设立专项资金，支持东西两翼和北部山区文化建设。其中：省财政每年安排基层公共文化服务设施建设专项资金1亿元，5年共5亿元，采取以奖代补方式，对欠发达地区县级图书馆、博物馆、文化馆三馆达标以及乡镇综合文化站、村（社区）文化室、农家书屋、文化信息共享工程建设等项目达标县给予补助，加快推进公共文化服务体系建设，确保2015年实现全省基层公共文化机构全达标的目标。近期，根据省委、省政府决策部署，从2012年至2015年，省财政将在每年安排基层公共文化服务设施建设专项资金1亿元的基础上，再新增安排1亿元，4年共4亿元。“十二五”期间，省财政支持基层公共文化服务设施建设资金将达到9亿元。这不仅让远离城市的农村和不发达地区人民享受高端公共文化服务，而且直接使得公共文化资源得到最充分的利用。

2. 提高群众性文化服务水平，让民众享受文化发展成果是公共文化服务体系建设的根本目标

提高群众性文化服务水平，是广东建设文化强省的一个重要目标。汪洋指出，“进一步推进文化强省建设必须坚持以人为本，充分发挥人民群众在文化建设中的主体作用，切实提高公共文化服务水平”，“要不断扩

大群众性活动的覆盖面，扩大文化公共服务”，“最大限度地调动人民群众参与文化建设的积极性和主动性，让人民群众在文化建设中当主角、唱大戏，真正做到群众关心文化、参与文化、享受文化，真正做到文化发展为了人民、文化发展依靠人民、文化发展成果由人民共享”[①]。近年来，广东群众性文化服务水平的发展成绩有目共睹。以“九五”与“十五”期间的发展成绩对比情况来看，群众文化活动丰富多彩。“十五”期间，群艺馆、文化馆、文化站积极开展群众文化活动，累计举办展览3.39万个，比“九五”时期增加0.26万个，增长8.4%；组织文艺活动11.37万次，比“九五”时期增加0.88万次，增长8.4%；举办培训班6.9万班次，比“九五”时期增加1.08万班次，增长18.6%。基层文化队伍不断壮大，群众文艺创作涌现出一大批精品，在全国文化系统评奖中连续取得好成绩。“百歌颂中华”合唱活动、“广东省群众艺术花会”、“广东省老年文化艺术节”等导向性、示范性、制度化的大型群众文化会演，促进了社区文化、农村文化、校园文化、老年文化、少儿艺术、广场文化的发展。

文化强省不仅是指在经济转型中提升文化产业的贡献比例，也不仅仅是指动用巨资打造文化产业链条，它同样指的是文化富足、文化富省，让民众分享到文化建设的成果。满足最广大人民群众的基本文化需求是文化强省建设的最终目的。广东公共文化服务体系建设通过具体指标和数据规定了全省人民公共文化最低消费标准，让公共文化服务体系建设惠及到所有人。如从2011年起，全省每人每年有一次观看文艺演出或参观博物馆、美术馆、科技馆等各类文化活动，并逐年提高次数；到2015年，努力实现全省人均拥有12册以上公共藏书、每月观看1场以上电影、每季度观赏1场以上文艺演出和参与1次以上群众文化活动，每半年参观1个以上文化展览的目标。

同时，广东省也拿出部分资金，专门针对农村弱势群体及农村文体协管员以及民间文化公益机构进行文化补贴。2012—2015年，省财政安排文化惠民专项资金7.75亿元。其中，农村文体协管员专项资金1亿元，鼓励民办博物馆免费开放奖补资金0.25亿元，低保户等弱势群体文化消费补贴专项资金4.5亿元，支持群众广场文化活动专项资金2亿元。

① 《进一步掀起文化强省建设新高潮》，《南方日报》，2011年11月29日。

因此，各级政府要认真履行公共文化服务职责，强化服务、改进管理、明确责任、提高效能。根据图书馆、博物馆、文化馆、电视台等公共文化服务机构的特点，分类制定建设标准和服务标准，加强绩效评估。针对承担公共文化服务工作的文艺辅导员、文化指导员、讲解员、基础文化骨干、文化能人、义务文化管理员等，政府应建立健全以培养、使用、激励、评价为主要内容的政策措施和制度保障，实行职业资格管理制度，加强对从业人员的规范化管理，运用多种方式加大培训力度，提供公共文化服务队伍的思想政治素质和业务素质，形成一支扎根基层、服务基层、热爱基层工作的专职兼职公共文化服务队伍，从而提高群众性公共文化服务水平，让民众更好地享受文化发展成果。

3. 实现公共文化资源共享是提升公共文化服务体系建设水平的重要手段

由于公共文化资源存在着地区、城乡发展不平衡性这一根本性问题，广东在公共文化服务体系建设上充分发挥公共文化资源公共性、共享性这一特点，创新出“流动图书馆”、“流动博物馆”、“流动演出服务网”、“群众文化活动远程指导网”等形式，更好地实现了公共文化资源的共享，从而使得民众都能分享到最好的公共文化服务水平。“十五”期间，广东省创新思路，借鉴现代物流原理，以资源共享为目标，首创了“流动图书馆”、“流动博物馆”、“流动演出服务网”等文化工作服务模式。广东流动图书馆、流动博物馆、流动演出服务网分别以广东省立中山图书馆、省博物馆、省群众艺术馆为龙头，整合全省图书、文博、群众文化资源，每年送书、送展览、送戏到山区和东西两翼等地区，在全省开展流动文化服务。广东流动图书馆于2003年11月成立，至2005年年底，全省已在28个县（区）设立了流动图书馆分馆，各分馆累计阅览达196.78万人次，阅览图书380.68万册次。到2008年，在欠发达地区建成了约60个分馆的流动图书馆，未来力争建成约100个流动图书馆，覆盖粤北山区及东西两翼欠发达地区图书馆，惠及广东数千万欠发达地区的人民群众，达到阅览图书超亿册的流动效益，真正解决基层群众读书难的问题。广东流动博物馆于2004年年初建立，至2005年年底共制作了21个专题展览，举办巡回展览41场次，覆盖了全省大部分地区。“流动博物馆”以资源参与、责任共担、相互协助、协商调配为原则，策划组织一系列反应广东地方特

色，并有较高水平的展览流动展出，同时引进国内外高水平展览以丰富城乡广大群众的文化生活，形成中心辐射、多级多点的流动博物馆网络，真正解决基层老百姓看展览难的问题。“广东流动演出服务网”2005年建立，以省群众艺术馆为龙头，组织各地群艺馆、文化馆（站）的节目在省内流动演出，受到群众的欢迎。文化信息资源共享工程初见成效。该工程自2003年8月实施以来已建成了文化信息资源共享工程广东省分中心，全省19个地级市建立了市级基层中心，300多个县区（乡镇）图书馆、文化馆（站）等建立了基层中心，基层信息服务达到4500多个；解答网上咨询60万例，远程传递文献184万篇（册）。广东每年由省专门为基层群众组织流动演出达2400多场次，由各地组织的流动服务演出达8400多场次，两项加起来，每年在基层演出突破10 000场次，真正解决基层群众看戏难的问题。

根据广东省文化厅的数据显示：截至2008年年底，广东全省共有39个县级图书馆加盟“流动图书馆”，配送新书40多万册，借书达400多万人次，阅览图书600多万册次；有52个成员单位加盟“流动博物馆”，组织制作了28个展览，共展出75场次，观众达230多万人次；全省各地群艺、文化馆（站）组建了1800多支流动演出队伍加入“流动演出网”，每年为基层送戏15 000多场次，受到了广大人民群众的高度赞扬。广东省图书馆、博物馆、文化馆等资源打破了条块分割的现状，整合优化盘活了公共文化资源，形成了整体的服务流通，很好地解决了公共文化事业经费不足、城乡区域文化资源分布不均、文化资源配置不合理等问题。公共文化资源是公共文化服务体系建设的基础和前提，通过整合公共文化资源，实现了公共文化资源有效互通与合理流动，达到了公共文化资源的优化配置，从而实现了公共文化资源的增值和共享，促进了公共文化服务体系建设的目的。

总之，广东公共文化服务体系建设的实践与成就给予了我们诸多启示，具体就是：公共文化服务体系建设要加大公共文化基础设施的投入，提高群众性文化活动的服务水平让民众享受文化发展成果，实现公共文化资源共享等。只有从基本保障、根本目标、实现手段等角度来推进公共文化服务体系建设，才能真正实现公共文化服务体系建设顺利开展和走向完善。

第三章　百花齐放：广东文化精品创作的繁荣

文化建设要以文化精品为支撑，文化繁荣要以文化精品为引领，文化竞争要以文化精品为标志。文化精品反映了一个国家或地区文化创新能力和文化创造水平的高低。因而，文化强省建设必须大力实施文化精品工程，打造文化精品。广东是全国性文化精品创作的发源地之一。曾经，以《情满珠江》、《外来妹》、《公关小姐》等为代表的“广派电视剧”成为当时一个响当当的名头，红遍大江南北。如今，从文化大省迈向文化强省的征途上，广东依然领跑于全国，成为生产创作文化精品的重要基地。

一、狂欢：广东文化精品创作的发展成就

胡锦涛指出：“文艺历来是陶冶人们道德情操、抒发人类美好理想、丰富人们艺术享受、推动社会发展进步的一个重要领域。”[①]20世纪八九十年代，广东影视圈一度辉煌，以“广派电视剧”为代表的广东文艺浪潮曾让广东一度占据了全国文艺潮流排头兵的地位，各种影视经典剧目生动再现了改革开放初期广东这片热土上翻天覆地的巨变，以及巨变中人物情感跌宕起伏的命运，至今仍为人们所津津乐道。

1. 影视精品大放异彩

从近年来广东省荣获中宣部精神文明建设“五个一工程”奖（第1~11届）作品类别统计结果看出：理论文章占10%、电影16%、电视19%、动

① 《十六大以来重要文献选编》（下），中央文献出版社，2008年版，第751页。

画片1%、戏剧17%、广播剧10%、歌曲13%、图书10%、理论文献电视片4%。[1]从这些获奖作品类别中我们可以看出，影视剧精品地占据了绝大部分。广东所产的影视剧精品中无论是在改革开放前期还是改革开放的现在都成为广东文化建设的一个发展亮点。近年来，在广东建设文化大省的目标下，一大批同属"广东制造"的影视剧精品开始再度席卷全国。粤产电视剧诸如《亮剑》、《下海》、《潜伏》、《五星红旗迎风飘扬》都获得了较高的收视率和较大的影响力。电视剧《潜伏》和《马文的战争》在今年上海电视节白玉兰奖上大放光芒，包揽了除最佳导演之外的所有奖项。除了《潜伏》和《马文的战争》两部电视剧之外，电影方面，《秋喜》男主角孙淳获得2011年金鸡百花奖的最佳男演员奖。数字电影故事片《等郎妹》荣获法国第21届兰斯国际电视节最佳女演员奖等多个奖项。电影《五颗子弹》在全国公映，同样受到业界好评。电影《秋喜》、《沙发舞曲》两部电影以及电视剧《大清商埠》、《过番》、《下南洋》、《容闳》、《终结于2005》、《岁月长歌》、《孔子》等入选2009年广东文艺精品创作项目。影视精品的繁荣标志着近年来广东影视走向全国，重振广东品牌获得重要突破。

由中国人民大学舆论研究所、中央电视台《对话》栏目、京报集团《北京晚报》共同举办的月度舆情分析报告于2009年6月11日推出了"电视剧大众传播全效评估体系"以及据此得出的5月份电视剧全效指数排名，《潜伏》等电视剧榜上有名。以《潜伏》为例，在评价体系中通过数据采集计算，媒体报道的消息数7600条，转载3837条，媒体评论数达到198条，其中有代表性的观点为"男观众看职场谋略，女观众看婚姻爱情，老年人回味历史，中年人体悟人生，年轻人联想当下"；网友评论数达到了207 363条，其中以支持的正面评价占绝对主导地位。同时，网民对历史背景展开了一定讨论。总体看来，无论是搜索率、发帖数以及各视频网站的评论回复数，《潜伏》都占据了全效指数排名的首位。而排名第十的《大国医》，媒体报道的消息数1400条，转载362条，媒体评论数150条，网民评论数只有81条。"白玉兰"评委会给予《潜伏》极高的评价："这是一部在全国产生巨大影响以及受广大观众喜爱的连续剧，精彩的情节与鲜明

---

① 《广东文化群体性繁荣调查：打造伟大时代的精品力作》，《光明日报》，2011年10月3日。

的人物塑造很好地结合在了一起，把此类题材的电视剧提到了一个新的高度。”国家广电总局领导、国内权威影视专家都对该剧给予高度评价，认为《潜伏》在政治性和艺术性上达到了高度的和谐统一，成为谍战剧新的里程碑，是近几年来国内最成功的电视剧之一。

2. 戏剧精品百花齐放

戏剧，是指以语言、动作、舞蹈、音乐、木偶等形式达到叙事目的的舞台表演艺术的总称。戏剧的表演形式多种多样，常见的包括话剧、歌剧、舞剧、音乐剧、木偶剧等，是由演员扮演角色在舞台上当众表演故事情节的一种综合艺术。广东戏剧精品形式多样，主要有粤剧、潮剧、雷剧、人偶剧、芭蕾舞剧、舞剧、音乐剧、杂技剧、话剧等。

2009年，第九届“相约北京”艺术节进行得如火如荼，由广东省歌舞剧院倾力打造的“都市情景舞剧”——《骑楼晚风》成为艺术节邀请的两台地方大戏之一，凸显了广东艺术创作的实力和岭南文化的魅力。这个作品由获得第十届广东艺术节一等奖的《王阿婆与许老头》改编而成，以看上去“舞不动”的老年人为主角，以戏带舞，以舞入戏，民族舞蹈与现代舞蹈完美结合，好评如潮。在建设“文化大省”的背景下，广东艺术院团大力改革，艺术生产和市场演出能力不断提高，一系列佳作与一批文艺人才获得“五个一工程奖”、“文华奖”、“梅花奖”等，舞剧《风雨红棉》、杂技剧《西游记》、音乐剧《星》、芭蕾舞剧《风雪夜归人》摘得了全国艺术最高奖“文华大奖”，扩大了广东文化的影响力和竞争力。几年来，广东专业艺术表演团体共获国际性、全国性重大艺术奖项178项，话剧《十三行商人》、潮剧《东吴郡主》等作品入选国家舞台艺术精品工程30强。[①]第九届中国艺术节，广东一举夺得11个“文华奖”，占全国获奖剧目的1/6。2008年，广东全年在国内国际各重大艺术赛事中共获奖35项，并且多项获奖作品均为立足本土、勇于创新之作。杂技剧《西游记》获文化部第12届“文华大奖”及编导、音乐创作、舞美设计、服装设计、灯光设计6项文华单项奖，第二次全国杂技比赛金奖，第七届中国杂技“金菊奖”，入选2007—2008年度国家舞台艺术精品工程（二期）重点资助剧目，实现了广东省在国家级舞台艺术精品剧目评选实现零的突破。在

① 《广东倾心构筑“文化民生”》，《人民日报》，2010年9月24日。

第七届中国民间艺术节暨"山花奖"中国民间飘色（抬阁）艺术展演与评奖活动中，《赛龙夺锦》、《一举夺冠》、《古镇神韵》等三板色同获中国民间飘色（抬阁）艺术展演金奖。音乐剧《蝶》在全国引起了轰动。广东东莞制造的大型音乐剧《蝶》在韩国首尔连续演出6场，3000人的剧场场场爆满，拉开了《蝶》剧全球巡演的帷幕。音乐剧《蝶》在中国各地成功巡演后，2008年7月曾应第二届韩国国际音乐节邀请赴韩演出，并获得组委会颁发的最高奖项——评委特别奖。该剧年内还将赴中国港澳地区和新加坡、美国、法国、加拿大等地进行巡回演出。

广东粤剧《大明悲歌》于2005年获第九届广东省艺术节多项金奖。在广东省第十届艺术节举办期间，一批广受群众喜爱的舞台艺术作品也涌现出来，舞剧《王阿婆与许老头》、山歌剧《桃花雨》、潮剧《还官记》、芭蕾舞剧《阳光下的石头》、人偶剧《八层半》、雷剧《雨仔落泱泱》等作品在艺术节中崭露头角，深受广大观众喜爱。人偶剧《八层半》还获得第六届全国儿童剧优秀剧目展演最高奖项特等奖。音乐剧《六祖慧能》、话剧《仰望高楼》、舞剧《南海一号》等入选2009年广东文艺精品创作项目。

3. 文学精品喜事不断

文学是指以语言文字为工具形象化地反映客观现实的艺术，包括诗歌、散文、小说、剧本、寓言、童话等，是文化的重要表现形式，以不同的形式表现内心情感和再现一定时期和一定地域的社会生活。建设文化大省以来，广东文学界佳作迭出。尤其是纪实性、报告文学类作品，获奖频繁。2004年12月28日，鲁迅文学奖评奖办公室正式揭晓第三届鲁迅文学奖获奖名单。在全部七个类别的奖项评比中，广东省作家摘取两项桂冠：鄢烈山杂文集《一个人的经典》荣获全国优秀散文、杂文奖，杨黎光长篇报告文学《瘟疫，人类的影子——"非典"溯源》荣获全国优秀报告文学奖。这是近年来广东作家在这个文学大奖中的重大收获。吕雷、赵洪历时4年创作完成的《国运——南方记事》在2009年6月出版后，被认为是目前反映中国改革开放史料最翔实、场面最宏大的优秀作品。由李春雷创作的报告文学《木棉花开——任仲夷在广东》，被认为是近年来最引人入胜的报告文学作品。深圳作家李兰妮创作的长篇纪实文学《旷野无人》被《南方周末》等国内多家媒体评为年度好书。在小说散文方面，杨黎光的长篇小说《园青坊老宅》被列为第七届茅盾文学奖的入围奖；塞壬散文《转身》获2008年度“人民文学奖”、“优秀散文奖”；吴君小说《亲爱的深圳》获《小说选刊》首届小说双年奖；吕雷的《满树繁花三十年》获人民文学杂志社、中国作家网联合举办的大型征文“我与新时期文学”优秀作品奖等。在2010年，广东共有四位作家问鼎全国文学大奖，分别是曾小春的小说《公元前的桃花》荣获中国作协第八届全国优秀儿童文学奖；王十月的中篇小说《国家订单》、盛琼的短篇小说《老弟的盛宴》、熊育群的散文集《路上的祖先》荣获中国作协第五届鲁迅文学奖，这是广东省在中国作协鲁迅文学奖历届评奖中获奖最多的一次，也是本届获奖较多的团体单位之一。

这里不得不提下王十月的《国家订单》，它是“打工文学”的一个典型代表。这个集子的题材分两部分，一是描写乡村生活的《烟村故事》，二是描写打工生活的《国家订单》、《白斑马》等中篇小说。王十月的乡土小说，继承了沈从文、汪曾祺一脉的抒情小说传统。在烟村故事系列中，作者倾心描绘了优美的田园风光和生活在那一片水土上的生灵，抒写着人性中的温爱与美好。作者笔下的乡村，自然不是当下的农村，也不是过去的农村，而是一种理想化的乡村生活。作者在这里要努力告诉读者的是：我们还可以这样活。而反映打工生活的小说，有被《人民文学》以头条刊载的《国家订单》，有描写在金融风暴席卷下的普通中国工人命运的《九连环》，也有深入打工一族心理暗河的《白斑马》，更有文字中透着内心疼痛的《不断说话》……这组打工系列的小说与烟村故事相反，作者意在揭示一种存在的现实，告诉读者，我们正在怎么活。作者以文学救赎的态势和高超的语言技巧，秉持现实主义的审视态度，把自己融为一粒微尘，倾听底层人物的心跳，践行着一个具有良知和责任感的农民作家的使命。

4. 动画精品一枝独秀

动画是一种综合艺术门类，是工业社会人类寻求精神解脱的产物，集合了绘画、漫画、电影、数字媒体、摄影、音乐、文学等众多艺术门类于一身的艺术表现形式。动画是一门幻想艺术，更容易直观表现和抒发人们的感情，可以把现实不可能看到的转为现实，扩展了人类的想象力和创造力。谁也没想到，一部国产动画片有着如此魅力和影响力。动画电视片

《喜洋洋与灰太狼》一举囊括了全国“五个一工程”优秀作品奖、第六届金龙奖“最佳动画长片”奖及广东省文艺精品奖特别奖等众多奖项；电影《喜洋洋与灰太狼之牛气冲天》获第十三届中国电影华表奖最佳动画片奖；《羊羊运动会》在2008年度全国少儿节目精品及动画精品评审中获得优秀国产电视动画片二等奖等。电影《喜羊羊与灰太狼》被全国媒体一致评选为2008年度最适合全家观看的电影。此后，《喜羊羊与灰太狼》系列电影连续三年创下了中国原创动画片电影票房纪录。2009年的《牛气冲天》票房收入9000万元，2010年的《虎虎生威》票房收入1.3亿元，2011年的《兔年顶呱呱》则是1.5亿元的票房收入。《华尔街日报》曾刊载了一篇标题为《让喜羊羊来当中国的宣传大使？》的文章。文中建议把喜羊羊作为中国的国家形象大使——因为这部动画片已经在全球几十个国家放映，在亚洲几十个国家和地区也得到了孩子们一致的好评。一只狼和一只羊的故事，看似简单，却在无数孩子们心目中留下了标志性的文化符号，成为他们永远的童年记忆。

此外，《南海公主》、《汉字童话》作为动漫文艺精品入选2009年“广东文艺精品创作项目”。广州环海集团郑帅原创制作的动漫电影《南海公主》，就是以海上丝路文化为核心，通过“南海一号”沉船船主女儿小飞鱼跨越千年时空，拯救南海神鱼，打破南海封锁的故事，体现了广东沿海丰富的海洋文化以及南海跨越千年的海上丝路文化。《汉字童话》于2008年开始初创，并在同年荣获深圳市第四届“创意十二月”暨福田区第二届市民动漫创意大赛（2008年度）一等奖，被广东省委宣传部列为文艺精品创作项目。2009年我们参加了韩国SPP大赛，并入围了总决赛，成为中国唯一一部入围决赛的作品。

5. 歌曲精品风云再起

网络流行歌曲方面，全国绝大部分网络歌曲和网络歌手都属“广东制造”。如《老鼠爱大米》、《猪之歌》、《你到底爱谁》、《一万个理由》、《别说我的眼泪你无所谓》、《丁香花》、《月亮之上》、《自由飞翔》等都是红极一时的网络流行歌曲，带动了全国网络流行音乐的发展。由杨臣刚演唱的《老鼠爱大米》，在短短几年中就已经红到无人不知无人不晓的境地，曾经一度创造了天文数字的下载量和点记录的记录，至今没有一首歌能够打破。杨臣刚在2005年和2006年连续两年凭借《老鼠爱大米》荣登央视春晚，《老鼠爱大米》则为开启网络歌曲时代作出不可磨灭的贡献。由凤凰传奇演唱的2005年发行的《月亮之上》、2007年发行的《自由飞翔》都产在广东，这是由民营企业广东孔雀廊唱片公司包装打造出来的。以《自由飞翔》为例，该歌曲不仅为发行公司带来七千万彩铃神话，同时也红遍中国大街小巷，传唱率惊人，席卷内地所有KTV与商场等场所，同时也是这一年代山寨机的典范音乐，歌曲的亲民力和普及率值得作为文化现象研究探讨，作为当年具有标志性的流行金曲，登上央视歌声飘过六十年金曲代表和2008年央视元宵晚会。

广东创作的“旅游歌曲”引人注目。“唱响家乡”等四个组歌《梅开盛世——梅州组歌》、《追春——阳春组歌》、《天风海韵——虎门组歌》、《鹏程万里——深圳组歌》，在广东卫视和深圳卫视的黄金时间播出后，在全国也引起了广泛的影响，其中《追春》在中央电视台全国形象歌曲大赛中获得最佳作曲奖，《马兰谣》在文化部全国少年儿童歌曲评选中进入前十名，《欢乐深圳》在深圳电台《鹏城歌飞扬》2005年度颁奖晚会上获得十大金曲奖，《美丽之路》由陈思思拍摄成MV在全国各大电视台播出并参加了2005年央视元宵晚会、2005年国际民歌节等大型活动，《迎客来》由陈莉莉在央视多次大型活动中演唱，《阳春迎宾曲》也由郭春梅在央视多次晚会中演唱。以组歌的形式全方位地推介各地的旅游文化资源，使旅游歌曲的创作跨入了一个新的发展阶段。这种借助“旅游歌曲”推介当地文化的方式引起业界的极大反响。这一批“旅游歌曲”无论从整体布局，作品构思、理念创意、歌词定位、旋律创作到编曲包装以及演唱的风格要求，都具有浓郁的岭南特色、民族特色，充满时尚和时代气息。此外，2006年发行的具有浓郁地方特色的歌曲《唱好广州》是歌手东山少爷的一个专辑，收录了十首粤语作品，凉茶、西关、长堤等广州特色事物，都被写入歌中，更融合R&B、RAP、粤曲、广州童谣、数白榄等元素，使得无论是年轻一族，还是老广州，在倾听《唱好广州》的时候，都会感受到独特的味道。同时在主旋律歌曲方面，广东在全国也是不差的，人们耳熟能详的《春天的故事》、《走进新时代》、《灿烂的阳光下》、《情系人民》等作品都是产自于广东的。这些主旋律歌曲唱响全国大江南北，成为一个时代的经典歌曲。

6. 图书精品不断涌现

图书是人类用来记录一切成就的主要工具，也是人类交融感情，取得知识，传承经验的重要媒介，对人类文明的开展，贡献至巨。自建设文化大省以来，广东图书精品不断涌现，在全国乃至世界发挥了重要的影响。“十一五”期间，粤版出版物获得省级以上各类奖项共854个，图书精品不断涌现。2006年10月，广东省出版集团携200余种精品图书，走出国门亮相第58届法兰克福国际书展，受到国际出版同业的广泛关注。广东注重发挥特殊的地缘和人缘优势，积极利用国际、国内两个市场、两种资源，主动参与国际出版产业的合作和竞争，取得了明显的实效。在第13届北京国际图书博览会上，广东省出版集团输出版权98项，引进版权53项，首次实现了图书版权贸易顺差。2007年2月9日，由广东省新闻出版局、广东省出版业协会、广东省出版集团、广东新华发行集团主办的“2007广东省精品图书展”在香港新华书城开幕。此次图书展是广东省实施“中华文化走出去”的重点项目。此次广东省精品图书展重点组织了2005—2007两年出版的粤版精品图书1500种。在现场可以看到，香港新华书城在3楼为展览开辟了专门场地，参展的粤版图书琳琅满目，分医药养生、旅游地理、历史文化、社会科学、现当代文学、文娱音乐、美术、科技、少儿读物等种类。《向万科学习》、《学界泰斗陈寅恪》、《王蒙自传》、《其实你不懂广东人》以及南方日报出版社推出的《中国新闻图史》、《南方报业战略》等粤版畅销书都被放在醒目的推介位置。

在2011年南国书香节上，粤版精品图书集中亮相。《大英图书馆特藏中国清代外销画精华》、《岭南文化书系》、《岭南建筑经典丛书》、《话说中国海洋》丛书、《岭南画库》等一批粤版精品图书在书香节上集中亮相、举行首发式，引起了广泛关注和好评。《大英图书馆特藏中国清代外销画精华》首次公布并独家授权在广州出版。该书全方位记载和反映了岭南历史风情，具有很高的文献价值、研究价值和收藏价值。《岭南建筑经典丛书》和《岭南文化书系》对岭南建筑和岭南文化进行完整的梳理和记录，有极大的文化积累价值。《话说中国海洋》丛书的出版，为推动广东乃至全国的海洋经济建设，使我国在更高层次、更宽领域参与国际合作与竞争，发挥了一分力量。这批精品图书的推出，有力地提升了粤版图书的影响，推动了岭南文化的挖掘和保护。

2012年8月19日，《广东历代书家研究》和《新世纪文库》两部新书在南国书香节首发。《广东历代书家研究》由广东省书法家协会策划并组织编写，岭南美术出版社出版发行。该丛书以广东历代书法家为研究对象，第一辑收入《陈献章》、《康有为》、《叶恭绰》、《容庚》、《商承祚》等11部岭南书法名家的传记体式研究论著。《新世纪文库》由广东新世纪出版社策划并出版，是一套讲述人类文明演进历程的人文思想丛书。首批包括《人类大百科》、《华尔街史诗》、《帝国兴亡：罗马帝国的六大转折点》、《文明的力量：人与自然的创意》等10多部图书。除此之外，《新世纪文库》特别编录岭南文化特辑，对广东本土文化的弘扬也是一大亮点。

当然，在看到广东文化精品创作成就的同时也要看到其发展不足的一面。广东文化精品创作所生产出来的文化产品以及提供文化服务的数量、质量、品种与人民群众日益增长的精神文化需求不相适应，文化产品的国际竞争力还不强，与国际文化精品创作相比差距仍很大。今后，应在“文化大发展大繁荣”这一背景下着力打造经得起市场考验、具有国际竞争力的、人民群众喜爱的、更多更好的文化精品。

二、源泉：广东文化精品创作的动力

文化精品，重在为快速发展的中国提供一种精神，为“文化大发展大繁荣”提供一种模式，为“推动文化产业成为国民支柱性产业”提供一种力量。这就需要以一种开放的理念去发掘好点子。广东文化精品创作正是在这种开放的理念下走出了一条具自身发展特点的创新之路。

1. 既要得奖，又要市场

广东影视产业近年来最突出的特征在于，除了作品本身被一致叫好、产生社会效应之外，还能够产生巨大的经济效益。除了《喜洋洋与灰太狼》、《潜伏》等剧之外，孙周导演的《相思树》也被多家电视台反复播出。而由长篇小说《岭南烟云》改编的反映改革开放题材的26集电视连续剧《深圳湾》，在广东、辽宁、陕西、江西等4家省级电视台卫视频道播出，反响同样热烈；《画之缘》、《敌营十八年》、《马文的战争》等电视剧，也取得不俗的市场业绩。广东电视台的系列短剧《外来媳妇本地

郎》播出近9年共1600余集，平均收视率达15个百分点，成为我国播出集数最长、常年收视率最高、经济效益最好、延伸产品最多的电视系列短剧。在24届中国电视金鹰奖评选中，电视连续剧《七十二家房客》获“中短篇电视剧最佳作品奖”，成为广东人最喜爱的电视剧之一。《七十二家房客》第一单元从2008年7月初开始播出后，收视率就一直高居南方电视台收视排行榜前列，即便是奥运会期间，该剧仍保持了极为良好的势头。紧接着推出的第二单元的收视率比第一单元稳步上升，据统计，截止到2009年4月30日，平均收视率更达到了3.6。估计第二单元120集全部播出以后，收视率有望达到4的高水平。纪录片《囚犯生死大转移》获2007年第九届四川国际电视节“金熊猫奖”入围奖，获2007年中国纪录片国际选片会“十佳纪录片”大奖，获中国广播电视协会全国城市电视台社科专题一等奖，获第24届中国电视金鹰奖电视纪录片奖优秀电视纪录片奖等，取得了良好的社会效益。广州杂技团大型原创杂技剧《西游记》，实现了以“剧”的形式来演杂技的突破。该剧精选了“大闹天宫”、“三打白骨精”等原著剧情，融入了荡爬杆、技巧造型、抖空竹、蹦床钻圈、双人对手顶等高难度杂技节目，并综合了音乐、舞蹈、武术、木偶、投影和动画等艺术元素。该剧获得6项文化大奖，2009年春节，该剧在北京连演15场，场场爆满，获纯利润达150万元。

2. 立足本地，面向全国

打造文化精品，必须依据各种文化资源为依托。作为“岭南文化的发源地、近现代中国革命的策源地、海上丝绸之路发祥地、改革开放前沿地”的广东，其文化精品创作首先应充分挖掘广东丰富的历史、人文、革命、旅游、传媒等文化资源，系统梳理文化发展脉络，倾力打造体现“广式、广派、广味”的文化精品，注重广东题材。如以广州十三行历史为背景的连续剧《大清国商》剧本，体现出广东本土化的发展特色，在重视广东海洋文化特色的背景下，这是全国独一无二的，因此，文化精品的很多素材都与海洋有关，如《下南洋》、《南海一号》、《容闳》等影片，通过影视作品，介绍广东。只有深深植根于中国大地和依靠人民的力量，面向现代化、面向世界、面向未来，才能创造出无愧于伟大时代的社会主义文化。[①]

打造具有全国乃至世界影响力的文化精品，需要借助他地文化资源。例如美国曾经就借助中国元素打造像《花木兰》、《功夫熊猫》等具有世界影响力的文化精品，获得成功；好莱坞的很多经典影片都是借助世界上各国文化元素来打造传播美国核心价值观的。近年来，广东精品力作不断，产生了诸如电视剧《亮剑》、《潜伏》、《五星红旗迎风飘扬》，音乐剧《蝶》、《爱上邓丽君》，流行歌曲《一万个理由》、《月亮之上》，动漫作品《喜羊羊与灰太狼》等一大批优秀作品，同时也涌现了慕容雪村、当年明月等当红网络写手……然而，人们在这些作品中却很少能看到“广东本土”的文化元素。不拘泥于文化资源的地域属性，博采全国文化资源，乃至世界文化资源，实行有效的资本运作的做法有效地推动了广东省文化精品的创作和传播，也成为近年来广东省文化精品百花齐放、发展繁荣的重要原因之一。

3. 树立品牌，发挥影响

动画片《喜羊羊与灰太狼之牛气冲天》，以500万元的投入，创下了9000多万元的票房奇迹，创造了“一只羊的文化北伐”。作为中国最富影响力的原创动漫《喜羊羊与灰太狼》的成功曾被业界视为一个奇迹，同时也被认为是一个不可复制的个案。今天，我们看到了这个属于广东的奇迹正在发挥它的“羊群效应”，诞生更多的奇迹：“喜羊羊之父”黄伟明的新作《开心宝贝》系列继承了喜羊羊的精神基因，同样大获成功；喜羊羊的衍生产品救活了深圳一家大型玩具厂，使之得以转型升级……经过几年的实践，《喜羊羊与灰太狼》这部动画最终实现了文化创意产业最核心的功能：融合与提升。事实上，动画片必须通过衍生产品的开发才能实现盈利，这也是国外动漫产业的行规，比如《狮子王》投资约4500万美元，票房收入约7亿美元，而其衍生产品的收入达到20亿美元。“我们以前有试过自己开发衍生品，但并不成功。比如，做毛绒玩具我们不懂区分黑心棉和品质棉，不知道哪些材料容易掉毛，也不知道配件去哪里采购，根本做不好。”广东原创动力文化传播有限公司总经理卢永强说。如今他们已经明确了方向，依靠品牌授权获利，据动漫业内人士估计，喜羊羊的品牌价

① 《江泽民文选》第1卷，人民出版社，2006年版，第160页。

值已经超过10亿元。这种“各司其职”的方法还带来了附加效应：如同那个被救活的玩具厂一样，上下游产业被动漫产品盘活，实现了制造业向高附加值产业的转化。

4. 孕育市场，引导消费

人们的文化消费具有不同的层次，需要合理引导，帮助人们提高对各类文化产品的理解力、领悟力、辨别力、感染力和认同力，帮助人们选择更有价值更有意义的文化产品加以选择和消费。东莞市根据自身精品艺术创作现状，在引导扶持动漫、音乐、话剧、影视等热门艺术门类发展的同时，并没有盲目与北京、上海、广州等大城市争夺艺术门类的文化发展战略，而是重点选择目前国内艺术界相对“冷门”的音乐剧作为突破口，整合国内外音乐剧创作、生产、营销资源，吸引国内外著名音乐剧艺术家在东莞创作、生产和推出精品佳作，力争使东莞获得中国艺术界的“音乐剧之都”的称号，使东莞成为“中国音乐剧”的代名词。为此，东莞大手笔投入了6亿多元启动建设玉兰大剧院。这种大手笔的文化投入，曾使许多重商务实的东莞人民产生了疑惑，一些市民对“音乐剧之都”的建设提出了深深的质疑：质疑为什么拿这么多钱投入到很难看到经济效益的冷门艺术上？谁去大剧院看音乐剧？甚至很多市民都不知道音乐剧是什么。

事实上，这项举措最终逐渐得到了市民的认可。经过几年发展，东莞音乐剧建设的成果有目共睹：《蝶》、《爱上邓丽君》、《三毛流浪记》等多部精品力作走上舞台。以音乐剧《蝶》为例，《蝶》就是东莞这个城市的一张名片。《蝶》三年多的演出，不仅在改变着人们对音乐剧的看法，更逐渐改变着一座城市的气质。而城市文化氛围的日益浓厚，也为更多音乐剧精品的出现打下了良好的群众基础和市场基础。截至2011年已在国内外累计商业演出150多场，观众17万人次左右，上座率达90%，实现票房收入4000多万元。音乐剧《爱上邓丽君》由东莞市文化广电新闻出版局、东莞市塘厦镇人民政府、北京东方松雷音乐剧发展有限公司采取“政府扶持、企业投资、院线营销”的模式，费时3年、耗资超过三千万打造的音乐剧。它汇集了美国、加拿大、中国台湾地区的艺术家近300人参与制作，是一部集高品质的音乐、舞蹈、舞台表演于一体的艺术精品，也是广东省委宣传部确立的省第二批重点文艺项目之一。该剧此前已在中国大陆、中国香港、韩国巡演约60场，均受热捧，并在第五届韩国大邱国际音乐剧节中摘得评委会最高大奖。这种以文化精品本身营造大众精品消费氛围的做法，让东莞人实实在在体会到了文化的好处。除了可以经常性地看到各种高档次的音乐剧表演外，东莞国际音乐剧节等艺术节展的举办也有力地活跃了东莞的文化生活，提升了东莞的国际知名度。

因而，可以说，孕育市场，引导文化消费就是要注重以先进文化来引导多样化的文化消费。主要包括两个方面：一是引导人们认识和了解真正优秀的文化精品是什么，二是怎样引导人们正确地消费优秀的文化精品。不可否认，即使具有丰富文化修养的消费主体，也难免在文化消费中对一些美的形态存在偏爱。这种偏爱在文化消费活动中只要不发展为偏见，就应该允许存在，而且还应得到充分的尊重。因此，引导人们正确地消费文化精品就是在尊重文化消费的个人偏爱的同时，引导人们区别文化产品的先进与落后。只有建立在这种科学鉴别的基础上的文化消费偏爱，才是值得尊重的。

总之，广东文化精品创作无论是获得荣誉、树立品牌、走出本土化，还是在引导消费等方面都一直坚持走文化精品创作的市场化道路，既要社会效益又要经济效益，既要获奖又要市场，立足本土、放眼世界，树立品牌、发挥影响，孕育市场、引导消费，走出了一条具有广东特色的文化精品创作之路。

三、冰点：广东文化精品创作存在的问题

近年来，广东文化精品创作取得了十分辉煌的业绩，无论在创作成果、创作形式上，还是创作路径上都走出了一条独特的发展道路。但广东文化精品创作中也存在着诸多问题亟待解决。

1. 广东文化精品创作的经典作品不多

在人类文化发展史上，那些经久不衰、启迪人类智慧、荡涤人类灵魂、推动人类进步的文化产品都属于经典的文化作品。经典文化作品实际上就是一种文化品牌，一个文化符号。以广东民乐《步步高》为例，《步步高》是广东音乐名家吕文成的代表作，是广东音乐中最具有代表性的歌曲中的一首。创作大胆采用了新的表现手法，依情谱声，并且大量采用了乐挥反复的手法以积聚力量，或渐次高涨，或渐次下落，有张有弛，表现

了一种步步高深的意境。《步步高》曲如其名，旋律轻快激昂，层层递增，节奏明快，音浪叠起叠落，一张一弛，音乐富有动力，给人以奋发上进的积极意义。《步步高》最终已发展成为广东一个重要文化符号。如今，广东文化精品创作成果中，经典精品力作很少，较难见到对全国乃至世界具有重大影响意义的经典作品。尽管这两年也出现了诸如《亮剑》、《潜伏》、《喜洋洋与灰太狼》等在全国具有重要影响力的文艺精品，但这样的文化成果更多是文化产业发达的一种表现，不能体现一个地区的文化底蕴，且像这样的成果并非种类繁多。在戏剧、文学等传统文化精品创作上还未创作出具有重大影响力的经典作品。尤其是文学，自建设文化大省以来，较少出现过十分畅销且引领文学风尚的优秀文学作品；茅盾文学奖、鲁迅文学奖获得者广东籍人士更是少得可怜。因此，经典最主要就是彰显精品中的“精”，广东文化精品创作就是要走精品之路，凸显精品的社会引领作用。

2. 广东文化精品创作的文化自觉不足

文化自觉借用费孝通先生的观点就是指生活在一定文化历史圈子的人对其文化有自知之明，并对其发展历程和未来有充分的认识。换言之，是文化的自我觉醒，自我反省，自我创建。广东文化精品创作很大程度地依赖市场，重视经济影响，缺乏文化自觉行为。影视文艺精品、动漫文艺精品、戏剧文艺精品、歌曲精品等创作直接以市场为导向，满足市场需求为目的的，这样，追求经济效益的文化精品创作在一定程度上扼杀了文化特有属性，违背了文化自身发展规律。其实，文化是靠逐渐积累沉淀的，而不是靠一下子强行做出来的。文化创造也是慢慢积淀的结果，在保存巩固原有文化面目，保护文化积淀的基础上，通过创新等手段慢慢地积累。文化精品创作更多是靠公民文化自觉。如王十月的《国家订单》就是通过作者亲身经历，反映打工人们生活现实的优秀文学作品，是一种文化自觉行为的创作结果。因此，文化精品创作一定要尊重文化自身发展规律，通过多样化的题材体裁、艺术形式和表现手法，把积极的人生追求、高尚的情感境界、健康的生活情趣传递给人民，给人以向上的力量。正如李长春所指出：“文艺出版工作要坚持弘扬主旋律和提倡多样化的统一，坚持思想性、艺术性和观赏性的统一，把尊重市场规律和尊重精神产品创作规律结合起来，把提高和普及结合起来，推动文化创新，多出群众喜爱的精神产品，满足人民群众日益增长的多方面、多层次、多样性的精神文化需求，更好地实现用优秀的作品鼓舞人。”①

3. 广东文化精品创作群众基础不牢

有人说，广东人在文化消费上很吝啬，不像北京人和上海人在文化消费上很舍得。据统计，2007年，北京人均文化消费是1408.36元，上海是1383.12元，广东人均文化消费为840.80元，远远低于北京和上海的人均文化消费。②同时，北京、上海人在听歌剧、交响乐等高雅艺术上毫不吝惜，出手阔绰，众多演出主办方都能赚得盆满钵满，而在广东则时常遭遇“滑铁卢”，陷入“叫好不叫座”的尴尬。相比而言，广东人文化消费则集中在大众文化消费方面，例如，为了看小沈阳半个小时的演出，广东有人愿意为1680元天价门票买单。因而，在影视、歌曲、动漫等文化精品创作上广东动力很强，而在高雅文化精品创造上群众基础不牢，创作动力不强了。因此，广东在文学、戏剧等创作上表现明显不佳。例如，东莞人在创造音乐剧《蝶》时，一开始就遇冷，随着启动“文化消费补贴”政策，以及不断的宣传，最终拉来了一些观众；人们一开始走进大剧院，对《蝶》的欣赏，更多是关注眼前舞台表演艺术或技术了，而对其文化意义把握则并不在意。这在一定意义上，反映了广东文化精品创作缺乏强有力的群众基础作后盾。因而，文化精品创作要适应群众的接受能力，深入浅出、循序渐进，因势利导、循循善诱，生动丰富、润物无声，入耳入脑、可亲可信。

总之，广东文化精品创作由于其缺乏高端作品、缺乏文化自觉、群众基础不够扎实等不足之处，因此，在实际工作中，应针对这些问题加以应对解决，为广东文化精品创作扫清道路，提高广东文化精品创作生产能力。

四、突破：广东文化精品创作的经验思考

自文化大省建设到文化强省发展以来，在打造文化精品的方向、方式和方法上，广东已找到了一条具有自身特点的文化精品创作之路，即要

① 《十六大以来重要文献选编》（上），中央文献出版社，2005年版，第544页。

② 《中国文化创新报告（2010）No.1》，社会科学文献出版社，2009年版，第145页。

用先进的文化理念、新颖的文化产品、健康的文化活动，满足人们消费需求，提升公民整体素质，在经济发展方式转变中发挥独特作用，从理念、路径和效益上勾勒出“文化粤军”的前进蓝图，为打造具有影响力的文化精品提供了借鉴。

1. 精品创作要把握方向，彰显精品的凝聚力

胡锦涛指出：“进步文艺，刻写着一个民族的希望，昭示着一个国家的未来，深深影响着一个民族的精神和一个时代的风尚。”①文化精品创作要把握发展方向，就是要求文化精品的创作必须坚持正确的文化发展方向，最为关键的在于对先进文化方向的把握，体现时代发展要求，符合文化本身发展规律。如果把握不了正确的文化发展方向，肯定成为不了文化精品。《广东建设文化强省规划纲要（2011—2020年）》提出要“全面实施文艺精品战略，构建科学的文艺创作生产体制机制，使广东成为引领时代潮流的文艺精品生产基地”。精品之所以“精”，首先在于其把握了艺术发展与创作的规律，艺术水准达到了一定高度。江泽民指出：“历史上的一切优秀文艺作品，都是反映人民最深刻的心灵呼唤和时代最迫切的前进要求的作品，都是隽永艺术魅力与现实社会进步相结合的结晶，都是文学艺术家们的思想感情与创作灵感为时代和生活深刻感召的产物。”②其次，精品的“精”，是因为其顺应了当时社会发展的规律和趋势，满足了人民群众日益增长的精神文化需求，有效地引导了文化风尚。文化精品的魅力在于其创意、创新和创造，富于创造性，就是要在传统文化资源中融入时代元素，使得文化产品与时俱进，让人耳目一新，赢得群众，占领市场。电视剧《亮剑》、《五星红旗迎风飘扬》、《潜伏》等文化精品就是很好地把握了时代发展要求和文化发展规律，富于创造性地弘扬主旋律，在社会效益和经济效益之间达到平衡，这是目前很多文化作品所欠缺的。因而，只有在文化精品创作上体现时代性、把握规律性、富于创造性，才能经得起竞争日益激烈的市场考验。

2. 精品创作要博采众长，增强精品的影响力

邓小平指出：“在正确的创作思想的指导下，文艺题材和表现手法要日益丰富多彩，敢于创新。要防止和克服单调刻板、机械划一的公式化概

① 《十六大以来重要文献选编》（下），中央文献出版社，2008年版，第754页。

② 《江泽民文选》第3卷，人民出版社，2006年版，第401~402页。

念化倾向。”[①]文化精品的创作生产是没有地域和时间限制的，既要推陈出新，又要博采众长；既要“梁山伯”，又要“朱丽叶”。优秀的传统文化资源和西方文化发展成果都可进行“文化拿来主义”，并不意味着就要抛弃当地的文化资源，而是要依托本地文化，敞开胸怀，拥抱世界。“中国的和外国的，两边都要学好。半瓶醋是不行的，要使两个半瓶醋变成两个一瓶醋。”[②]此外，通过创意和资本连接起文艺作品创作、生产和传播的所有环节，整合一切可以整合的力量来发展自己。广东文化精品创作没有局限于广东当地已有文化资源，而是博采众长，放眼世界，不仅赢得本地人的喜欢，也在全国发挥其重要影响力。正如东莞，面对自身文化底蕴不足的现实，没有盲目去追求艺术的传统项目，而是因地制宜、因时制宜将“音乐剧”这种外来艺术与本地优势资源相嫁接，孕育了一个文化丰收的“新东莞”。只有跳出本地文化的藩篱，博采众长，摆脱“为文化所累”的包袱，才能找到群众文化需求的共性因子，抓住市场的需求，创作出既叫好又叫座的文化精品，这样的精品才能走出本地，走向全国甚至走向世界。因此，一定意义上文化精品成为扩大国家影响力、提升民族美誉度的重要窗口和媒介。

3. 精品创作要大胆创新，提高精品的吸引力

创新是文化发展的源泉，也是文化精品创作的生命。没有创新，文化作品就没有生命力，更谈不上精品。音乐剧《蝶》其实就是讲述人们已经熟知的古代爱情故事，借助现代舞台表演艺术和灯光影像技术，使得原本家喻户晓的爱情故事增添了现代魅力。改版后的音乐剧《蝶》，在剧中加入全息影像技术，这也是音乐剧史上开天辟地的头一遭，代替演员和LED（“发光二极管”，全书简称LED）大屏幕动画出场的将是重生一般的全息虚拟造像，无论从哪个角度来看，效果都将事半功倍。混合现实技术是通过计算机产生影像，提供给观众一个可以感观的虚拟客观世界的一种技术。这种技术不仅为《蝶》添加了更多环保因素和科技含量，也给传统的舞台技术和娱乐方式带来了革命性的创新。因此，文化精品创作一定要树立创新意识，大胆开展创新实践，不仅要在文化体裁、题材、形式、手段上求新求变，更要在文化观念、内容、风格和作品内涵上寻求突破，把创

① 《邓小平文选》第2卷，人民出版社，1994年版，第211页。

② 《毛泽东文集》第7卷，人民出版社，1999年版，第82页。

新贯穿到精品创作的各个环节，嫁接现代传播技术手段，融入现代生活元素，孕育新的文化形态，推出新的文化样式，努力使文化精品创作更具时代感和吸引力。

4. 精品创作要尊重市场，挖掘精品的竞争力

文化精品的意义，就在于能否为人民群众提供一种经典的文化消费产品，文化精品只有被消费了，才能体现出价值。从一定意义上讲，精品更是商品。在新的市场经济条件下，精品就是品牌，品牌就是效益，效益就是金钱。付出大量劳动和心血的文化精品，不仅仅是为了获奖，更应该在品牌的号召下，走向市场，充分挖掘文化精品的市场竞争力。珠江电影集团在这方面已经摸索出了一条成功的道路。体制改革后的珠影集团，并不希冀仅仅通过精品直接产生经济效益，而是以文化精品创作为龙头，通过精品形成一定的品牌，将文化精品的品牌影响力和个性魅力发挥到极致，以品牌带动其他辅助产业的发展，赢取其中的商业利润。之后，再将其中的一部分利润投入到精品的制作中去，形成良好的产业循环。因此，开展文艺精品创作活动，既要坚持把社会效益放在首位，也要遵循市场经济规律，要努力追求社会效益与经济效益的有机统一，努力创作出一批既“叫好”又“叫座”、既获“奖杯”又得“口碑”的优秀作品，实现社会效益与经济效益的双丰收。

5. 精品创作要走进群众，激发精品的生命力

胡锦涛指出：“历史和现实一再表明，真情热爱人民、真正了解人民、真诚理解人民，才能创作出深受人民欢迎、对人民有深刻影响的优秀作品。”[①]文化精品的创作不是无源之水，无本之木，文化精品更不是足不出户的“小家碧玉”，而是要能走出厅堂的“大家闺秀”。因而，它需要在厚重的文化土壤中孕育，需要有高水平的创作者去打磨，更需要懂得欣赏的观众去呵护。因此，文化精品要走进群众，对观众群体的培养尤为重要。没有群众基础的文化精品，再好的精品也会被束之高阁。广东星海演艺集团每年拿出一定的经费举办免费或低票价音乐会，普及交响乐知识，传播交响乐文化。尤其是近年来，他们秉持“交响乐的普及需要从娃娃抓起”的思路，以专业的交响乐团作为班底，创办了附属青少年交响

① 《十六大以来重要文献选编》（下），中央文献出版社，2008年版，第755页。

乐团。东莞市在培育音乐剧的群众土壤时，也通过各种节庆会展活动、免费或低价的音乐剧欣赏活动，让普通百姓走进艺术，走进文化精品，使得"阳春白雪"的高雅艺术在广大群众中获得持久的生命力。他们之所以这么做，首先还是为了自身发展需要，因为，文化精品没有群众就没有生命力。广东演艺市场的盛况表明，随着居民收入的增加、消费观念与习惯的改变、文化娱乐设施的日趋完善以及市民文化素质的不断提高，广东的文化消费水平已明显提高，文化娱乐成为广东人新的消费时尚。

因而，在文化精品创作之时，心中放着群众、心中想着群众、心中为了群众，把镜头对准群众、把版面留给群众、把快乐带给群众，多用群众语言、多讲群众故事、多让群众参与，一切从人民群众的利益和愿望出发，得民心、顺民意。把群众的满意不满意、高兴不高兴、赞成不赞成作为文化精品创作工作的出发点和落脚点。

中共十七届六中全会指出："文学、戏剧、电影、电视、音乐、舞蹈、美术、摄影、书法、曲艺、杂技以及民间文艺、群众文艺等各领域文艺工作者都要积极投身到讴歌时代和人民的文艺创造活动之中，在社会生活中汲取素材、提炼主题，以充沛的激情、生动的笔触、优美的旋律、感人的形象，创作生产出思想性艺术性观赏性相统一、人民喜闻乐见的优秀文艺作品。"[①]总之，文化精品创作既要把握方向，又要博采众长；既要尊重市场，又要走进群众，借助文化精品创新，提高文化精品的凝聚力、影响力、吸引力、竞争力和生命力。

① 《中共中央关于深化文化体制改革推动社会主义文化大发展大繁荣若干重大问题的决定》，《人民日报》，2011年10月26日。

第四章　实力竞技：广东文化产业发展的崛起

文化与产业的连接，就是要发挥出文化发展所具备的文化生产力、文化创造力、文化竞争力的作用。文化产业是一项朝阳产业，文化产业发展是文化建设中提升软实力、推动硬发展的重要表现。广东文化产业发展有着深厚的发展基础，文化产业发展水平处于全国领先位置。国家推动文化体制改革以来，广东借助国家文化产业发展政策的东风，开拓创新，培育了文化产权市场，提高了文化产业的发展质量，加快了文化产业的发展速度，推动了文化产业发展的崛起。

一、内涵：文化产业的界定及地位

文化产业是一个新的概念，对其认知，无论是学术界还是政府，无论是文化领域还是工业领域，都有着自己的认识，存在不同的观点和见解。但随着文化产业规模的扩大以及对社会发展的影响力越来越大，人们对文化产业的认识开始趋于一致。

1. 文化产业的界定

文化产业这一术语产生于20世纪初。最初出现在霍克海默和阿多诺合著的《启蒙辩证法》一书之中。它的英语名称为Culture Industry，可以译为文化工业，也可以译为文化产业。文化产业是一种特殊的文化形态和经济形态，因而，不同国家都从不同角度对其作出了不同的解释。

其一，联合国对文化产业概念的界定。联合国教科文组织参照工业标准来对文化产业进行界定，认为文化产业就是生产、再生产、存储以及分配文化产品和服务的一系列活动："文化产业这个概念是指那些包含创作、生产、销售'内容'的产业"，"一般包括印刷、出版、多媒体、视听、录音和电影制品、手工艺品和工艺设计等行业。在一些国家，这个概念也包括建筑、视觉和行为艺术、体育运动、乐器制造、广告和与文化有关的旅游业"。目前，韩国、加拿大等过使用"文化产业"这个概念。

其二，英国对文化产业概念的界定。英国将"创意产业"定义为："源于个人创造性、技能与才干，通过开发和运用知识产权，具有创造财富和就业潜力的行业。"强调创意产业有别于传统产业，具体包括广告、建筑、艺术品与古董市场、工艺、设计、流行设计与时尚、电影及录像带、休闲软件与游戏、音乐、表演艺术、出版、软件及计算机服务、广播电视等行业。英国、新加坡、新西兰等国使用"创意产业"这一概念。

其三，美国对文化产业的界定。美国没有文化产业的提法，一般只说是"版权业"。"版权业"具体分为四类：一是核心版权产业，指创造享有版权的物品，包括电影、电视、录音、音乐、书报刊、软件、广告等。二是部分版权产业，如纺织品、玩具、建筑等。三是边缘版权产业，指版权产品的有关运输、批发与零售等。四是交叉版权产业，其所生产和发行的产品与版权物品配合使用，如计算机、收音机、电视机等。其四，香港、台湾对于文化产业的界定。我国香港、台湾使用借用英国的"创意产业"而提出"文化创意产业"这一概念。2005年香港特区政府提出："在全球化的新竞争年代，要提升产品和服务的附加值，便要通过设计、包装、形象和广告等手段，实际上是凝结和体现文化的无形价值"，并将"创意产业"改称为"文化及创意产业"。[①]我国台湾也借鉴英国创意产业发展经验，提出发展文化创意产业，注重创意或文化累积，具体包括视觉艺术、音乐与表演艺术、电影、广播电视、出版、广告、数字休闲娱乐、创意生活、建筑设计等13个产业。日本则认为与文化相关联的产业都属于文化产业，日本叫内容产业，这与我国对文化产业理解的较为相似。

一直以来，我国人民对文化产业发展的理解，还只是停留在改革开放初期对物质文明和精神文化关系的方式去解读文化发展的意义，即为社会主义现代化建设提供精神动力和智力支持。并未发现文化产业对经济发展

① 《我国文化产业发展的实践与思考》，《红旗文稿》，2012年第17期。

的重要贡献，未能理解文化产业本身的经济意义。长期以来，人们对于文化理解就是一种对政治、经济和社会直接反映的观念形态，未能真正体会文化是可以直接创造生产力意蕴。我国一开始认为文化产业是相对于文化事业而言，强调的是文化经营性。2003年9月，文化部发布了《关于支持和促进文化产业发展的若干意见》指出："文化产业是指从事文化产品生产和提供文化服务的经营性行业。文化产业是与文化事业相对应的概念，两者都是社会主义文化建设的重要组成部分。"2004年，国家统计局在与中央宣传部及国务院有关部门共同研究的基础上，制定了《文化及相关产业分类》，结合中国实际情况，将文化及相关产业概念界定为：为社会公众提供文化、娱乐产品和服务的活动以及与这些活动有关联的活动的集合。因而包含的范围和内容就很广，如为社会公众提供实物形态的文化产品和娱乐产品的有书籍、报刊出版、制作、发行等；为社会公众提供可选择的文化服务和娱乐服务的广播电视服务、电影服务、文艺表演服务等；提供文化管理和研究服务的文化遗产保护、图书馆服务、文化社团活动等；提供文化娱乐产品自身所需的设备、材料的生产和销售活动的印刷、文具等；与文化、娱乐相关的其他活动的工艺美术、设计等活动。这个概念也基本上把与文化相关的生产和服务都界定为文化产业范围。

2. 文化产业发展的影响

文化产业并不排斥文化的公益性，两者并不矛盾。如报刊出版发行，不仅可以让老百姓进行文化消费，还可以通过报刊引导社会舆论，规范社会行为等；健康有序和谐的文化产业，能更好地满足人民群众日益增长的文化需求。广东报刊很早就开始了市场化的运作，不仅发挥了报刊的公益性作用，满足了人们多样化的文化需求，而且还带来了较好的经济效益，直接创造了生产力。在改革开放初期，内地报刊完全死守计划经济体制运作模式，管理因循守旧、故步自封，报刊版面死板、形式单一、毫无生气，人们阅读报刊更多是一种政治需求，而不是文化需求，更不用说带来经济效益了。文化市场化的方向带来了文化产业集聚的经济效益，满足了人们不同层次的多样化的文化消费需求。

美国的文化产业十分发达，文化产业的发展不仅满足了美国人民多样化的文化需求，还带来了巨大经济效益。同时，文化产业发达带来了强大的文化辐射力，进而提升美国的国际影响力。作为文化产业头号强国，美国拥有1500多家日报、8000多家周报、12 200种杂志、1965家电台和1440家电视台，还拥有美国广播公司、哥伦比亚广播公司、全国广播公司三大电视巨头以及全球最具影响力的电影生产基地好莱坞。文化产业大概占美国国内生产总值的10%。全世界56%的广播和有线电视收入、85%的收费电视收入、55%的电影票房收入都来自美国。美国文化产业大概占其国内生产总值的10%。充分的市场竞争使美国文化产业具有极强的竞争力。在全球文化产业市场，来自美国的文化产品占了相当大比重。在全球放映的影片中，好莱坞电影占85%。即使在重视市场保护的欧盟，来自好莱坞的大片也占据80%以上的市场份额。自1987年以来，美国表演艺术、体育和博物馆创造的产值几乎翻番。据美国全国艺术基金会的最新统计，目前全美国共有1500多家专业戏剧演出团体、1800多家交响乐团、120家歌剧团和500多个作家协会。在世界影都好莱坞所在的洛杉矶，从事电影制作和发行的企业共有4767家。2009年，美国文化产业总共创造了2787亿美元的产值。文化产业是美国主要支柱性产业，推动美国经济社会的发展。

2007年，中共十七大明确提出要发展文化产业："深化文化体制改革，完善扶持公益性文化事业、发展文化产业、鼓励文化创新的政策，营造有利于出精品、出人才、出效益的环境。"[①]2009年9月，我国第一部文化产业专项规划《文化产业振兴规划》由国务院常务会议审议通过。这是继钢铁、汽车、纺织等十大产业振兴规划后出台的又一重要产业振兴规划，标志着文化产业已上升为国家战略性产业。2010年10月18日，中共十七届五中全会通过的《中共中央关于制定国民经济和社会发展第十二个五年规划的建议》中提出要"繁荣社会主义文化市场，推动文化产业成为国民经济支柱性产业"[②]。把发展文化产业作为国民经济支柱性产业的高度来抓，反映出文化产业在国民经济的地位越来越凸显，影响越来越重要。

① 《十七大以来重要文献选编》（上），中央文献出版社，2009年版，第28页。

② 《十七大以来重要文献选编》（中），中央文献出版社，2011年版，第994页。

二、辉煌：广东文化产业发展的社会影响

丘吉尔说过："不伴随气力的文化，到明天将成为灭尽的文化。"广东省已连续多年保持经济总量全国第一，为我国改革开放创造了大量的宝贵财富和经验。与此同时，广东自2003年列入全国文化体制改革综合试点省以来，广东文化产业在文化创意、影视制作、出版发行、广告设计、演艺娱乐、文化会展、数字内容、动漫等九大文化产业发展上更进一步，取得了十分骄人的成就。广东省文化产业规模总量一直居全国第一[①]，2010年，广东省文化产业实现增加值2533亿元，约占全国1/4强，占全省GDP的比重5.5%左右，高于全国平均水平近一倍。文化新业态蓬勃发展，数字出版业产值占全国的1/5，动漫和网络游戏产值约占全国的1/3，网络音乐产值约占全国的1/2，游艺游戏设备产值约占全国的2/3。广东文化强省战略，将各个层面的文化生产力的潜能解放出来了，极大地推动了文化生产力的发展。

1. 新闻出版业独占鳌头

新闻出版业一直是广东文化产业最值得骄傲的行业。2011年9月15日，新闻出版总署发布了《2010年新闻出版产业分析报告》，广东省新闻出版业成绩骄人。2010年全国31个省、自治区、直辖市中，广东新闻出版业总体规模继2009年后再度蝉联全国榜首。在全国地区综合评价11项排名中，广东获9项第一、2项第二。根据国家统计局网站公布的2010年中国统计年鉴的数据：2010年广东地区出版物发行机构数和网点数14 487个，摇摇领先全国其他地区，全国总数为167 882个，占全国8.62%。"广东军团"再展雄风，报刊类集团实力突出，在总体经济规模前10位中，广东省占了3家，比2009年多一家，分别是位居第二的广州日报报业集团、位居第七的南方报业传媒集团和位居第十的深圳报业集团。而在出版类集团排名中，广东省出版集团总体规模与2009年相比，排名从第11位上升到第9位。其中，平均期印数超过100万份的报纸全国有23家，广东有5家，占

---

① 《广东文化产业规模全国居首，增加值连续8年居各省市第一》，《南方日报》，2011年3月30日。

21%，《广州日报》、《南方都市报》、《南方周末》上榜。这得益于广东身处改革开放前沿地的历史背景、体制改革较早、市场化程度高、信息化基础好等因素，尤其是在数字出版业、新闻出版、报刊和图书等方面坚持科学发展、先行先试，形成、总结出一批值得推广的"广东经验"。

广东新闻出版业的另一大亮点就是数字出版产业。目前，广东门类齐全的数字出版产业体系已初步形成。从赢利模式成熟度和市场占有率来看，以广州和深圳为两大中心的网游动漫产业发展尤为突出，拥有网易、腾讯、金山、华强等多家龙头企业。2009年全省数字出版总收入增至150多亿元，同比增长50%，约占全国数字出版产业总量的1/5，2010年超过200亿元，2011年达到250亿元。2009年在第三届中国数字出版博览会上，广东企业获得数字出版年度奖14项，并囊括了被业界认为难度最大的"创新技术奖"过半奖项，成为该届获奖最多的省区；今年在第四届中国数字出版博览会上，广东继续成为获奖最多的省区；在第六届深圳文博会数字出版展示交易会上，广东展区荣获"优秀展示奖"。2010年广东省成立了广东数字出版产业联合会，这也是全国第一个也是目前唯一的数字出版社团组织。

2. 文化创意产业全国领先

在经济全球化的背景下，文化创意产业对于国家综合国力的竞争和经济的持续发展具有举足轻重的作用。一些发达国家通过大力发展文化创意产业，使国民经济主体从单一实体经济向多种经济的复合形态变化，从而实现产业结构的整体升级。统计表明，全世界创意经济每天创造价值220亿美元，并以5%的速度递增，在一些创意经济的先发国家，增长的速度更快，他们以独创的文化和特色建立起了自己的产业强势。

广东在动漫产业方面具有良好的市场基础和人才优势，已初步形成以广州为中心的网络游戏产品研发、人才培养、产品运营、产品展示、产品出口、电子竞技的产业链。广州拥有天河软件园这一国内软件产业聚集度最高、发展最成熟、规模最大的国家级网游动漫产业基地。广东省动漫产业已经形成相当规模，以2010年为例，全省动漫总产值达106.26亿元，约占全国动漫产业产值的35.32%；这一年，全省共生产电视动画片54部，

30 660分钟，位居全国第三。[1]广东是国内电子游艺设备最大的生产基地，由省内企业自主研发制造的电子游艺设备约占全国总量的60%，产品除内销以外，大量出口到美洲、中东以及东南亚等国家和地区，出口市场份额占六成以上。

2011年广东网络游戏总产值达250亿元，整个“十一五”期间，广东文化产品出口年均增长超过20%，扎堆在广东的从事网络游戏生产和经营的企业对广东的文化产业发挥了引擎龙头作用，成为广东新文化产业的领军行业。广东省网络文化及相关数字互动游戏产业年收入占全国1/3，居全国第一，其中拥有自主知识产权游戏的收入占全国1/2，海外营业额超过100亿元人民币。广东拥有腾讯、网易、21CN、火石、中青宝等近百家网络游戏企业，此外还有数字互动游戏相关企业近3000家，其中仅中山以及番禺两地数字互动游戏产业就占据全球超过65%的市场份额，并基本形成研发、生产、销售一条龙服务的产业群。广东还是全国网络游戏用户最多的省份，约占全国12%。广东高度重视以游戏产业为代表的文化创意产业，从2005年起重金打造以广州为核心的国家级网络游戏动漫产业基地。

科技与文化相结合的文化创意产业。腾讯QQ是在深圳创办并迅速崛起，一个以高科技为支撑的文化创意产业，休闲游戏全国第一。除了“门户”之外，腾讯推出的网络游戏《QQ幻想》、《凯旋》、《华夏》、《战国英雄》等网上风靡，以几何级的扩张。因为创意，腾讯以QQ.com这一“门户”平台，联动起了互联网向互动娱乐服务、网络内容服务、电子商务等三个方向几何级扩张。目前QQ注册账户总数达4.3亿，最高同时在线账户数达1600万户；“QQ游戏”门户最高同时在线账户达144万。在互联网即时通信领域，腾讯已经排名世界第二、亚洲第一，休闲游戏门户国内排名第一。

文化创意推动文化产业基地的聚集规模发展。深圳市为推动建立有规模的油画市场而广罗艺术家建立起的“大芬油画村”，细致分工“各司其职”。画家专心作画，引进经纪人拓展市场。文化产业运作变为动态的追逐和寻找。大芬村与深圳外贸集团合作，利用其在海外的土地、房产资源，建立了一个欧洲批发、展示、销售中心。大芬村是全国最大的油画生

① 《广东动漫总产值占全国三成以上》，《深圳晚报》，2011年8月17日。

产基地，产品销往东南亚、欧美、非洲、澳洲等的几十个国家和地区；一年售出的“行画”多达600万张，年销售额达1.4亿元。美国的行画市场，中国占70％市场份额，而其中80％来自大芬村。

3. **文化会展业集聚规模**

广东已形成具有国际水平的文化会展产业带，涵盖了文化产业发展的各个领域，打造了文化产业的发展平台，造就了一系列的文化会展品牌。诸如：中国（深圳）国际文化产业博览交易会、中国国际影视动漫版权保护和贸易博览会、广东国际广播影视博览会、中国（中山）国际游戏游艺博览交易会、中国（东莞）国际印刷技术博览会、广东国际旅游文化节、南国书香节、中国（广州）国际纪录片大会、广州国际艺术博览会等具有很强的国际影响力，成为中国国际文化会展的品牌。

2004年首次在深圳举办的中国（深圳）国际文化产业博览交易会（以下简称“文博会”）由中华人民共和国文化部、国家广播电影电视总局、中华人民共和国新闻出版总署、广东省人民政府和深圳市人民政府联合主办，由深圳报业集团、深圳广播电影电视集团、深圳出版发行集团公司、深圳国际文化产业博览会有限公司承办的唯一国家级文化产业博览交易盛会，每年5月在深圳举行。2012年的深圳文博会吸引了海内外上千家文化企业参展，交易功能更具有实质性，交易功能更显实效，合同成交首次远超意向成交，成为最主要的交易方式，总成交额达1432.90亿元，增长15.05%。其中，成交额达875.62亿元，占总成交额61.11%，同比增长45.82%；意向成交485.82亿元，占总成交额33.9%；零售交易63.62亿元，占总成交额的4.44%；拍卖成交7.84亿元，占总成交额的0.55%，文化产业核心层成交金额256.09亿元。

表三　历届深圳文博会的交易金额

届别	第一届	第二届	第三届	第四届	第五届	第六届	第七届	第八届
成交金额	356.9亿元	275.40亿元	499.13亿元	702.32亿元	880.69亿元	1088.56亿元	1246.85亿元	1432.90亿元

资料来源：根据文博会官网数据统计而成。

4. 印刷复制业全国第一

改革开放三十多年来，广东印刷复制业通过不断扩大对外开放，不断提高对外开放水平，内联外合、自主发展，竞争力不断增强。自文化大省建设以来，广东省按照中央在文化体制改革中提出的“繁荣事业、壮大产业”的改革目标，深化对印刷复制产业“两种属性”的认识，通过印刷业界全体同仁的共同努力，广东印刷业凭借活跃的外向型经济，良好的经济发展环境、强劲的市场需求和强大的产业配套能力，得到了快速发展，产业规模和生产能力持续扩大，生产总值不断增长，印刷技术和印刷设备迅速进入国际先进水平，区域性的印刷产业带已基本完成，珠江三角洲地区已成为全国印刷业发展最快的地区之一。全省印刷数量从2005年的17 838家，增加至2009年的19 294家，占全国总量的19%；以平均每年3%左右的速度增长，超出了其他工业平均发展的水平。工业总产值也从2005年的1100亿元发展到2009年的1482亿元，约占全国总量的1/3强；从业人员从2005年的72万人增加至2009年的100多万人，约占全国总量的1/4。“走出去”战略取得明显成效，2009年，有2000多家印刷企业承接50多个国家和地区的印刷品，品种达40 000多个，加工产值达400多亿元。2010年广东印刷复制业总产出1991.22亿元，占全国24.35%，“增加值”、“资产总额”、“营业收入”等重要指标均占全国近1/5，总体规模在全国居第一位。目前，广东省的印刷业无论是企业的规模、质量效益、工业总产值，还是从业人员总数来看，均已走在全国的前列，这一趋势还必将保持相当长时期。

近年来，广东更是加快了转型升级的步伐，印刷复制业出现了资本密集化、企业规模化的发展趋势，全省注册的印刷复制企业总计有2万多家，其中投资超过1个亿的有300多家，如深圳劲嘉彩印股份有限公司已经上市，鹤山雅图仕公司、深圳鸿兴印刷公司，年产值都超过10亿元，光盘复制业生产能力和市场占有率占全国的60%，成为中国音像制品制作、复制、发行的三大主要基地之一。雅昌集团主营印刷业，但其开创了“传统印刷＋IT＋文化艺术”新模式，建立了中国艺术品拍卖市场行情发布系统，全球最大。深圳雅昌集团自主研发的“中国艺术品拍卖市场行情发布系统”，即中国艺术品拍卖市场、艺术家作品、书画印鉴、画谱收录的数据库。雅昌指数，一定程度上可等于艺术市场的“风向标”。这一系统包括国内外最重要的60多家专业艺术品拍卖机构从1993年中国首场艺术品拍卖会至今的几乎全部拍卖数据，成为行内公认的艺术品交易的标准指数。“雅昌系统”目前已收录1300多个专场、50多万件中国珍贵艺术品的图片及拍卖信息，2万多名古今艺术家的作品行情走势。十几年间，雅昌创造了显赫的业绩，先后为60多家拍卖企业服务，印制1300多种图录，占到了这一市场95%以上的份额，垄断了这个行业。

5. 文化产品和设备制造业迅猛发展

文化产品和设备制造业发展较快。广东文化产品和设备制造业在2003年、2004年和2005年实现的增加值分别为622.54亿元、753.25亿元和902.13亿元，占全省GDP的比重分别为3.9%、4.0%和4.0%，占全省文化产业增加值的比重分别为60.7%、61.3%和62.9%。在文化产品和设备制造业中，家用视听设备制造业增加值所占比重最大，其余依次是印刷、工艺美术品制造、玩具制造、文化办公用机械制造等。

2003—2010年，广东省文化产业增加值年均增长率为12.6%，高于同期全省GDP增长水平。文化产业增加值占全省GDP比重保持在5.5%以上，约高出全国平均水平一倍。2010年，广东文化产业增加值为2524亿元，占全省GDP比重5.6%，占全国文化产业比重超过1/4，已连续8年位居各省、市、区首位。以深圳为例，2010年深圳文化产业增加值为637.23亿元，占GDP比重达到6.7%，成为继高新技术、金融、物流产业之后的第四大支柱产业。2011年11月，中国人民大学文化创意产业研究中心发布了“中国省市文化产业发展指数（2011）”显示，北京、广东、上海分列文化产业发展综合指数前三位，广东超过上海位居第二，2010年广东排列第三。主要反映全国各省、市、自治区的文化产业发展情况和发展实力。

从目前文化产业发展速度和规模来看，广东文化产业的快速发展还将延续。为进一步促进文化与经济社会协调发展，广东省委、省政府提出了建设文化强省、加快提升文化软实力的明确目标，出台了有关实施意见。可以预见，“十二五”期间，广东文化产业必将迎来新的辉煌。《广东省建设文化强省规划纲要（2011—2020年）》指出：今后10年，全省文化及相关产业增加值实现年均增长12%以上。到2015年，全省文化及相关产业增加值超过4500亿元，占全省生产总值的比重超过6.5%。到2020年，全省文化及相关产业增加值超过8000亿元，占全省生产总值的比重达到8%。文

化产业成为广东省的重要支柱产业和战略性新兴产业，广东成为全国乃至全球具有较强竞争力的文化创意产业中心。

三、亮点：广东文化产业发展的基本特点

广东文化产业规模总量迅速扩大，连续多年位居全国首位。文化产业已成为广东重要支柱性产业，对整体经济发展的支撑作用显著增强。广东的平面媒体、广播电视、数字出版、印刷出版等产业规模均位居全国首位。尤其是文化新业态蓬勃兴起，更在全国占据重要地位。广东文化产业的这种发展水平、规模和速度，使得广东文化产业发展呈现了许多新的特点。

1. 现代文化市场体系初步形成

广东省经济基础雄厚，产业体系完善，资本市场活跃，工业制造业较发达，国际贸易体系完善。同时，广东文化产业门类较齐全，产业链完整，拥有一批具有较强实力和竞争力的产业主体。这是建立完善现代文化市场体系提供了良好的发展条件。十六大以来，广东积极培育构建统一、开放、竞争、有序的现代文化市场体系，建立了门类齐全的文化产品市场和文化要素市场，繁荣城乡文化市场，培育大众性文化消费市场，从而更好地满足了人民群众的精神文化需要。

在文化产品、服务和要素市场建设方面，以图书报刊、广播影视节目、电子音像制品、演艺娱乐、工艺美术、文具玩具、艺术培训、信息和旅游服务为重点的文化产品和服务市场初具规模。版权、资本、人才、技术、资源等文化要素市场得到全面提升，以互联网为载体的新兴文化市场集聚规模。随着广东文化体制改革取得新进展，经营性文化事业单位转企改制步伐加快，文化市场日益活跃，为此还成立了南方文化产权交易所，搭建文化产权交易平台。广东省南方文化产权交易所（南方国际版权交易所）于2010年11月8日在广州成立，标志着广东省文化产权交易平台正式搭建起来，向完善现代文化市场体系迈出了坚实的一步。广东省南方文化产权交易所股份有限公司（南方国际版权交易所）是广东省委、省政府批准设立的综合性文化产权交易服务机构，由南方报业传媒集团、南方联合产权交易中心、广东新金基投资公司、南方广播影视传媒集团、广东省出

版集团、广东中凯文化传媒公司联合投资创立，力争建成全国最大、最具影响力的文化版权产业集聚区和示范基地，旨在打造成为立足南方、连接港澳台、服务全国、面向世界的文化产业权益性资本市场。文化产品、服务和要素市场的建设，打破条块分割、地区封锁、行业垄断和城乡分离的格局，形成以珠三角区域为中心，辐射全省，面向国内外的统一、开放、竞争、有序的现代文化市场，推进了泛珠三角区域文化发展合作，建立了公平开放的区域文化市场体系。

在发展现代流通组织形式，完善现代文化流通体系方面，广东省通过对国有文化流通企业的扶持，支持广东新华发行集团股份公司等大型国有发行企业进行跨地区、跨行业、跨所有制的资产重组和混业经营，推动了现代文化流通体系的规模扩张，实现做强做大，并形成设施齐全、功能强大、技术先进、立足本省、辐射周边省市以至全国的出版物物流体系。同时，社会资本投资兴办文化流通企业或参与国有文化流通企业改组改造，打造了一批具有较强竞争力的大型文化流通企业集团，推进了连锁经营、物流配送、电子商务和电影、演出院线建设，建立了文化产品和服务的现代市场营销体系，通过建设文化物流配送中心，完善了城乡一体的物流配送网络，借助国家“万村千乡”市场建设试点工程的实施，使得文化产品和服务纳入乡村连锁店的经营范围。

在文化市场中介机构和行业组织建设方面，培育和完善了经纪、代理、评估、鉴定、推介、咨询、拍卖等文化中介机构，其中版权代理、知识产权评估、演艺经纪、信息服务、法律咨询、工艺美术品拍卖等文化中介行业得到重点发展；同时，广东秉承“一手抓建设，一手抓管理”的方式加强对文化中介机构的管理，推动了文化中介机构依法依规向规范化、品牌化、规模化方向健康发展；规范发展文化行业组织，完善自律、协调、监督、服务和维权职能，充分发挥了文化行业组织在规划行业发展、维护行业利益、制订行业规范、专业资质认证、组织行业交流、开展招商引资等方面的作用。

在扩大文化消费市场方面，为适应城乡居民消费结构变化的趋势，广东创新文化产品和服务，培育消费热点，提高了公共文化产品和服务供给水平，特别是进一步提升城乡居民的文化素质和欣赏水平，鼓励和提倡文化消费，合理引导广大人民群众的消费习惯和趋向，从而提高了文化消费

在城乡居民日常消费结构中的比重，增加文化有效需求，扩大活跃了文化消费市场。

2. 现代文化产业体系逐渐完善

“十一五”期间，全省现有文化（创意）产业园区120多个，入驻企业超过10 000家，形成了文化创意、新闻服务、出版发行和版权服务、广播影视、文化艺术、演艺娱乐、文化会展、网络文化服务、文化产品和设备制造等门类比较齐全、产业链比较完整的文化产业体系。文化产业已成为广东重要的产业门类，广东文化产业已形成了新闻服务业、出版发行和版权服务业、广电服务业、文化艺术服务业、娱乐业、会展业、广告业、旅游业、电子信息业、文化产品制造业等比较齐全的文化产业体系。可以说，广东已初步形成了现代文化产业体系。以文化服务业、文化产品贸易业和文化产品制造业的三大产业门类划分，构建了新闻服务业、出版发行和版权服务业、广电服务业、文化艺术服务业、娱乐业、动漫游戏业、会展业、广告业、旅游业、电子信息业、文化用品、设备及相关文化产品的生产和销售的文化产业体系。2010年各门类规模总量均居全国前列，其中，数字出版、动漫、网络游戏等几大重点领域产值在全国占比均超过20%。

随着演艺业、娱乐业、音像业、电影业、网络文化业、文化会展业、文化旅游业、工艺美术业、动漫业、文艺培训业等行业的迅速发展，广东文化产业格局显现出投资主体多元化、融资渠道社会化、投资方式多样化、项目建设市场化的特点，尤其是民营企业发展迅速，成为广东省文化产业的重要组成部分。同时，以文“化”产业，推进文化与其他产业的深度融合，创新思想观念、思维方式和工作方法，加快推进产业技术化和产业文化化，使得文化产业融入到现代产业体系之中，你中有我，我中有你。因而，现代文化产业体系的形成，必将推动广东文化产业整体向前迈进。

3. 文化新业态成为新的增长点

经过几年的培育，广东已经初步形成了门类齐全的文化新业态产业体系，而在网络音乐和游艺娱乐方面，“广东制造”的总产值更是在市场上占据半壁江山，成为领跑全国的“火车头”。除了在全国占据领先地位，一个更为深远的变化在于，这些具有高技术含量和新媒体特性的新兴产业正在悄然改变着广东文化产业的格局。“十一五”期间，文化新业态蓬勃发展，数字出版业产值占全国的1/5，动漫和网络游戏产值约占全国的1/3，网络音乐产值约占全国的1/2，游艺游戏设备产值约占全国的2/3。以2010年为例，广东数字出版产值年均增长超过30%，网络游戏、网络音乐产值年均增长超过20%，动漫业增长更是达到了42%，而全省文化产业的年均增速仅为12.6%。这意味着新兴业态已经成为推动广东文化产业发展的"加速器"和新的增长点。[①]

与传统文化产业相比，发展文化新业态前期投入大、市场前景不确定、经营存在较大风险，这些不确定因素成为文化新业态企业发展的制约因素。虽然广东拥有一批在全国知名度较高的新业态企业，如广东奥飞动漫文化公司作为"中国动漫第一股"，已形成内容设计、市场营销完整产业链；深圳腾讯公司运营34款游戏，同时在线用户达140万，2010年游戏收入95亿元；南方报业传媒集团向全媒体集团转型中发展了数字传媒系统、电子阅报系统、LED联播网、手机报等新业态等。但是文化新业态对市场拓展的空间是十分广阔。现代信息技术对传统文化产业的渗透力逐步增强，信息技术的推广应用为文化新兴产业群的生长提供了新的技术基础，并对一些传统文化产业领域产生了深远影响。为此，广东省推动了南方广电传媒集团、南方报业传媒集团、南方出版传媒集团、珠江电影集团与省广电网络公司等合作建设面向全省的文化新业态数字内容集成制作综合平台，为广大中小文化企业提供服务，提高数字内容的附加值，加强与电信运营商合作中的地位。同时，还推动了数字出版、数字影视、网络音乐、流媒体动漫等探索建立清晰、合理的盈利模式，并且借鉴境外成功经验，探索建立网络运营商和内容提供商之间更公平的合作体制，实现内容制作商的可持续发展。

此外，为推动文化新业态的发展，广东建设和完善了一批产业研究基地和产业集聚示范区，依靠高新技术积极培育新兴产业和业态，不断拉长产业链，拓展产业发展空间；争取实施一批重大的先导性项目，以大项目带动大发展；切实加快文化企业"走出去"步伐；积极培养各类人才，为文化产业发展提供智力支持，从根本上保障文化新业态的发展，去除文化新业态企业发展中存在的不确定因素。

① 吴敏：《新业态：让广东文化再领先》，《南方日报》，2011年11月28日。

四、困局：广东文化产业发展的挑战

尽管广东文化产业发展取得了这么多骄人成绩，但广东省文化产业发展也面临许多严峻挑战，比如说，文化产业布局和文化产业结构不尽合理，文化产业规模化、集约化发展程度不是很高，大型文化骨干企业和知名文化品牌不是很多，核心文化产品和服务“走出去”能力不是很强等。与此同时，国际国内文化产业竞争全面展开，西方国家把文化产业作为软实力输出的趋势日益明显，国内文化产业跨地区重组整合的竞争态势正在形成。

1. *广东文化产业布局和产业结构不尽合理*

虽说广东文化产业总量位居全国之首，发展势头猛，但文化产业布局和产业结构不是很合理。这就影响了文化产业发展的质量和效益，严重制约了文化产业的发展后劲。在目前的文化产业布局上，广东的文化产业主要集中在以广州、深圳为中心的珠江三角洲地区，粤东、粤西、粤北地区的文化市场发展水平较低，文化产业仍很落后，文化产业的区域布局处于很大程度的失衡状态。珠三角地区集中了全省文化企业总数的70%以上，而粤东、粤西、粤北地区的文化企业则难以与珠三角地区形成各具特色、功能互补、各展优势、协调发展的文化产业发展布局。在文化产业结构方面，广东文化产品和设备制造业所占比重过大，而新闻出版、广播影视、文艺娱乐业等文化服务业方面则相对滞后。而面对文化市场的多样化、多层次、个性化的需求，低端层次的文化产业难以为继，高质量、高品位、符合市场发展要求的文产产品和服务却严重缺乏，优化文化产业势在必行。

2. *广东文化产业规模化和集约化程度不是很高*

总的来说，广东文化产业主体仍处在“小、弱、散”的发展状态。广东文化产业经营单位众多、规模偏小、资源仍很分散、经济效益和经营产业组织集约化程度不是很高，总体竞争力不强，这已成为广东文化产业发展的当务之急。此外，各地区均不同程度地存在文化产业发展的急功近利、重复建设现象，这种不顾自身条件盲目上项目的局面，很大程度上导致了资源发展的严重浪费。不顾文化产业发展在法律、资金、人才等方面还未打好基础的情况，为了当地利益纷纷上马文化产业园区，甚至不惜浪费资源搞无效的重复性建设。这既收不到明显的社会经济效益，也浪费了宝贵资源。如一个地区建设好几个文化创意产业园，但进驻企业有限，甚至有一些企业常常在这个产业园享受完两三年的政策优惠后，又转到另外的产业园享受政策优惠。

3. 广东大型文化骨干企业和知名文化品牌不是很多

虽然目前广东已经坐拥了像广州日报报业集团、南方报业传媒集团、广东省出版集团、深圳华强文化科技集团等大型文化企业。即使它们在全国都算是行业的佼佼者，但也难以与国际上的大型文化企业集团相比。当今世界上大的文化企业和文化品牌都是多元化经营的跨国集团，综合了资金、技术、人力、经营、品牌等多方面优势，同时还把经营触角渗透到相关领域中去。比如说，默多克的新闻集团是一个庞大的传媒帝国，它是当今世界上规模最大、国际化程度最高的综合性传媒公司之一。目前，该新闻集团已经覆盖了所有的媒体领域：在英国，40%的报纸都由它控股，6张发行量最大的报纸其中包括《泰晤士报》、《每日电讯》、《镜报》、《卫报》等日总发行量达到2500万份；在澳大利亚，该新闻集团也控制2/3的报纸；在美国，它拥有20世纪福克斯电影公司、福克斯网络和35家电视台，占全美电视台总数的40%；在拉美，默多克与3家电视台合作，通过卫星播送150套节目；在欧洲，默多克有天空电视台；在印度，有EETV；在中国，3500万个家庭可以通过卫星收看到默多克的电视节目。现在，默多克的新闻集团可以用7种语言、通过40多个频道向亚洲53个国家和地区提供娱乐和信息节目。与默多克的新闻集团相比，广东现有文化企业无一家能与之媲美。因而，培育发展大型文化骨干企业，创造广东文化品牌，任务十分艰巨，还有很长的一段路要走。

4. 广东核心文化产品和服务“走出去”能力不是很强

广东文化产品和文化服务的整体竞争力不足，开拓国际市场的步伐有待加快。近年来，虽然广东文化产品和服务出口数量有所增长，但文化贸易逆差的现象仍未得到根本的改变，文化产品和服务出口渠道还比较狭窄，输出的文化产品价格还远远低于引进的同类产品。目前广东的文化产业从内容到形式，从市场到营销虽然在国内处于领先地位，但同西方发达国家相比还有很大的差距。根据中国文化软实力研发中心等机构联合发布

的《文化软实力蓝皮书：中国文化软实力研究报告（2010）》介绍，在世界文化市场中，美国独占43%的比例，欧盟占34%，而广东文化产业份额不足6%。显示出了广东文化产品和服务的国际竞争力仍然不足，对于国外市场的开拓步伐仍有待进一步加快。广东文化产品国际贸易处于顺差地位，是建立在文化用品和文化设备等文化制造业大量出口的基础上的。而诸如新闻出版、版权服务、广播影视、文化艺术服务等为核心内容的文化产业却存在着巨额贸易逆差。广东文化内容产品中的图书、期刊、报纸、音像、电子出版物等处于进口大于出口的逆差状态。广东文化产品出口企业以中小规模企业为主，缺乏骨干文化企业和知名文化品牌、体现广东文化元素的原创作品、产品核心创意、具有自主知识产权和品牌创新的项目，出口价格远远低于进口的同类产品，文化产业规模实力还有待进一步壮大。创新型文化产品和服务不多，许多文化产业单位死守过去市场，常年在相同的文化产品和服务上激烈竞争，而不能不断推陈出新，开辟新的市场。同时，技术设备更新换代速度太慢，许多文化单位技术设备水平相当落后，这些都阻碍了广东文化产品和服务“走出去”的进一步发展。

5. 广东文化市场培育和市场管理不是很全

目前，广东文化市场上存在着较多问题，主要表现为：地方文化政策法规不配套、不健全，“有法不依、执法不严”的现象屡屡发生；报业之间竞争白热化，不遵守市场规则现象屡屡出现；音像制品盗版现象严重，非法出版物在市场上大行其道，制假售假、倒买倒卖、非法运营等屡禁不止；文化娱乐场所藏污纳垢屡教不改。同时，文化产品、服务、要素市场建设滞后，文化资源开发利用不够高，条块分割、地区封锁、行业垄断、城乡分离、区域不均等格局尚未打破。此外，文化投资管理机制在市场发展要求方面尚不适应，文化产权流转和保护机制尚未建立，文化产业融资渠道尚未发挥，文化产业规划和建设尚存重复，统一、开放、竞争、有序的现代文化市场体系尚未实现。因此，构建现代文化市场体系任重道远。

总之，广东文化产业发展必须优化文化产业布局和文化产业结构，走规模化、集约化的发展道路，培育大型文化骨干企业和文化品牌，实施核心文化产品和服务“走出去”，构建统一、开放、竞争、有序的现代文化市场体系。

五、启示：广东文化产业发展的主要经验

中共十七大报告指出："大力发展文化产业，实施重大文化产业项目带动战略，加快文化产业基地和区域性特色文化产业群建设，培育文化产业骨干企业和战略投资者，繁荣文化市场，增强国际竞争力。"①"运用高新技术创新文化生产方式，培育新的文化业态，加快构建传输快捷、覆盖广泛的文化传播体系。"②这些要求和做法在广东文化产业发展中得以淋漓尽致的体现，因而，广东文化产业发展为全国文化产业发展提供了经验启示。

1. **构建现代文化市场体系，提高文化产业竞争力**

所谓现代文化市场体系，是指文化产品、文化服务市场和各文化要素市场在相互联系和相互作用中形成的文化市场有机整体。构建现代文化市场体系，既是深化文化体制改革的必然要求，也是文化市场健康繁荣发展的根本保证。当今时代，文化产业越来越成为民族凝聚力和创造力的重要源泉，越来越成为综合国力竞争的重要因素。提高文化市场在国民经济中的比重是加快社会主义现代化的内在要求，建立适应现代市场经济体制下的现代文化市场体系是提升我国综合国力的迫切需要，是构建和谐社会的重要内容。文化市场体系作为一个独立的经济形态，对整体市场经济体系的成长起着强大的支撑和带动作用。我国现代文化市场体系建设，是文化产业发展的重要内容，建立健全完善的现代文化市场体系，对于促进文化产品生产，扩大文化消费内需，引导文化产品外销都将产生直接的引擎作用。

随着我国文化体制改革不断深入，文化机构长期面临的市场渠道窄、交流机制不灵活、交易方式匮乏等痼疾亟待破解。这是全国文化市场发展中存在的通病。广东省近年来文化产业链条建设的一大着力点在于，让众多文艺机构和文化消费需求之间拥有有效的对接平台、让文化产品和销售有效对接、刺激民众的文化消费等。首先，在构建文化中介服务平台

① 《十七大以来重要文献选编》（上），中央文献出版社，2009年版，第28页。

② 同上。

方面，广东为解决文化产业与资本市场之间的障碍，相继成立了深圳文交所和广东省南方文交所，两个文交所倾力打造供各类资本挑选的文化产业“项目池”，为文化产品信息沟通和点对点交易提供了平台。截至目前两大文交所征集到的项目都超过4000个。由于文交所具有较强的市场公信力，它所挑选出来的项目，容易得到资本市场的信任。电视剧《画皮》剧组就通过深圳文交所成功找到“婆家”。《画皮》剧组为什么能在文交所找到合作项目呢？最主要的原因就是深圳文交所提出了以版权质押为核心的风险控制手段，使对方投资风险降到了最低。

其次，广东文化会展是广东文化市场体系中沟通产销的一个重要交易平台。一直以来，文化产品走向市场的机制并不十分畅通，“产销脱节”在很大程度上制约了文化产业的发展壮大。针对文化体制改革中的这一难题，广东通过打造深圳文博会、广州艺博会、中国（广州）演交会等大型展会平台，畅通文化产品的流通渠道，使很多文化产品在市场流通中实现经济效益与社会效益的双丰收。

此外，广东正在大力探索“文化消费补贴计划”和“国民文化消费卡工程”试点，对人民群众看电影、看戏、看有线电视和购买书籍与音像电子产品等基本文化消费进行补贴，拉动文化消费，从而建设文化服务的可循环消费市场。目前，文化消费计划已在广东一些地区开始探索试行。比如，2010年起，中山市启动了“爱心电影卡”工程，采用“政府补贴＋企业购卡”形式，象征性收费 1 元／张的“爱心电影卡”，企业员工凭卡到指定电影院免费换取电影票观看电影；一些地方尝试对群众的基本文化消费进行直接补贴。从2011年起，东莞市桥头镇连续5年、每年安排1000万元作为文化建设专项资金。只要有当地户籍或居住证，就能享受到每人上限200元的“文化消费补贴”。而作为广东省首个“文化改革发展综合试验区”，佛山市南海区也于今年开始试行“文化消费补贴计划”，通过对文化产品的供给方给予补贴，引导群众培养良好的文化消费习惯。只有拉动了群众的文化消费，才能繁荣文化市场，刺激文化生产，推动文化产业发展。

当然，现代文化市场体系的构建涉及内容多方面，包括文化产品市场和综合交易平台、文化产品流通网络、物流基地和流通中介组织、连锁经营、物流配送、电子商务等现代流通方式的发展。不过，对于通过“转企改制”和“资本准入”进入文化市场的文化企业而言，“面向市场”的真正含义是“步入市场”，它需要面对人民群众日益增长的精神文化需求去转变文化生产方式，需要面对现代信息科技广泛应用的新趋势去抢占文化发展的前沿阵地，需要面对全球化进程中全面开放的文化市场去提高文化生产和产品的竞争力。

如今，想要做强文化，就得加快文化体制机制的创新，按照创新体制、转换机制、面向市场、增强活力的要求，在加快经营性文化单位转企改制，稳步推进公益性文化事业单位改革同时，构建出统一、开放、竞争、有序的现代文化市场体系，加快培养具有思想性、创新思维的文化市场人才，推进文化管理和人才队伍的建设，努力以创新劳动带动传统劳动，以创新思维带动传统文化观念的革命，提高文化竞争力，增强国家文化软实力，让文化成为中华民族伟大复兴的强大的精神动力和增强国家经济发展的支柱产业。

2. 推进文化产业转型升级，抢占文化产业发展制高点

要实现文化产业转型升级，首先文化产业发展模式要从产业链短小、单向化经营向规模化、集约化、专业化转变。国内外的发展经验表明，文化产业集群具有产业关联、结构匹配、功能互补、多向协作等特点，能够形成资源共享、促成规模经济、引领产业结构升级。

文化产业自身也需要调整产业结构，推动文化产业转型升级。中共十七大报告指出：“大力发展文化产业，实施重大文化产业项目带动战略，加快文化产业基地和区域性特色文化产业群建设，培育文化产业骨干企业和战略投资者，繁荣文化市场，增强国际竞争力。”[①]中共中央政治局委员、时任广东省委书记汪洋指出，要充分运用现代科技推动传统文化产业改造升级，大力发展绿色印刷、新一代大容量高清光盘、新型影院系统、数字多媒体娱乐设备、多功能集成化音响等，推动我省具有传统优势的文化产品和设备制造业提高创新能力。[②]因而，推动文化产业转型升级，一方面要着力提高文化产业的科技含量，积极利用高新技术改造传统文化产业，推动文化产业与高新科技的融合，加大高新技术在报刊、出版、印刷、影视等传统产业的运用，努力推进文化领域的科技创新。正如

① 《十七大以来重要文献选编》（上），中央文献出版社，2009年版，第28页。

② 《像扶持科技企业一样扶持文化企业》，《南方日报》，2011年11月29日。

汪洋所指出："要促进文化与科技融合发展，突破和掌握一批文化产业核心技术，抢占文化产业发展的制高点。"[①]另一方面要着力提高文化产品的文化含量，大力推动文化产业核心层的发展，重点发展影视产业、动漫产业等"内容产业"，打造完整的产业链。大力提高文化产品制造业的文化含量和产品档次，积极推动文化产业与旅游、制造、电信、交通、房地产等产业相融合。

加强文化产业基地建设，培育文化产业集群。依托国家高新区、国家级文化产业示范园区、国家可持续发展实验区、国家级现代服务业产业化基地等，推动建设"科技与文化融合示范基地"，促进文化产业的集群式发展，培育文化服务的产业链，提升文化产业的竞争力，通过进一步加速互联网、多媒体、物联网等先进技术的转化和应用，培育文化产业核心竞争力。这些都是广东文化产业发展的成功做法和经验启示。

3. **推动文化与科技融合，培育新的文化业态**

文化与科技历来如影随形，文化产业的发展从来都离不开科技的支撑，科技元素的多少足以决定一个文化企业核心竞争力的高低，没有以强大的科技为后援的创意也不可能是真正的创意。中共十七大报告指出："运用现代科技手段开发利用民族文化丰厚资源"，"运用高新技术创新文化生产方式，培育新的文化业态"。[②]从这个意义上讲，推动文化与科技融合，培育新兴的文化业态，将引领中国文化产业的方向。那么，广东作为改革开放的前沿阵地，又如何突破和掌握文化产业核心技术，催生文化新业态？催生文化新业态，政府当红娘，撮合文化与科技企业合力谋发展。广东省委书记汪洋指出，要积极培育文化新业态，在土地使用、税费减免、资金投入、人才引进等方面享受高新技术企业优惠政策。[③]正是在这样的政策驱动下，深圳华强、雅昌、A8音乐、迅雷、腾讯、金山等一批文化科技型企业，最终走出了"文化+科技"发展创新之路。

深圳华强文化科技集团公司连续入选2010年、2011年和2012年度中国文化企业30强，同时，入选了商务部"2011—2012年度国家文化出口重点企业和重点项目"名单，并连续多年入选"中国500强企业"、"广东

① 《进一步掀起文化强省建设高潮》，《南方日报》，2011年11月29日。

② 《十七大以来重要文献选编》（上），中央文献出版社，2009年版，第27~28页。

③ 《像扶持科技企业一样扶持文化企业》，《南方日报》，2011年11月29日。

省50强企业”等。深圳华强的主题公园是文化内容产品及服务的综合展示平台，直接面对公众展示具有公司自主知识产权的文化科技主题项目。正在研发的大型音乐舞蹈史诗《嫦娥奔月》，从后羿射日、嫦娥奔月一直演绎到“神舟”飞天，巨大的历史跨度对科学技术的考验可想而知。这一作品采用的各种高科技表现手段，将使中国的演艺形式上升到一个全新的高度。华强特种电影系统也已成功走入国际市场。迄今已有“环幕4D影院”系统出口到美国、加拿大、意大利等40多个国家，每年有20余部配套电影租赁出口。华强动漫作品除在国内屡创佳绩外，更蜚声海外，已累计出口10万分钟，覆盖美国、意大利、俄罗斯等100多个国家和地区，部分作品还登陆全球知名的尼克儿童频道。创意设计是推动文化产业最重要的动力之一，也是华强文化科技集团产业的生力军，主导着整个产业的发展。迄今为止，集团已拥有150项国内外专利、180项商标、200多项著作权和软件产品登记。深圳华强最让人羡慕的是拥有一个由全国顶尖创意人才组成的创意策划中心，可以源源不断地提供大量创意设计。它们专门成立了文化科技研究院，下设自动控制、舞台技术、机器人等九大研究所，确保对创意策划所要达到的艺术效果提供技术支撑，让文化产业与科技产业在产业结构上得以完全融合。科技创新是文化产业发展和演化的第一推动力。华强已形成了文化科技主题公园、特种电影、数字动漫等颇具国际竞争力的拳头产品，在国际市场上建立强势的中国文化科技品牌，成为推动文化与科技融合，培育新的文化业态的典型。2010年，深圳华强文化科技集团实现销售收入11.2亿元，利润5.1亿元，动漫产量位居全国第二。2011年8月，胡锦涛在视察深圳华强文化科技集团时提出：华强要坚持以市场需求为导向，以创新创意为动力，进一步打造具有更高知名度和更强竞争力的自主品牌，争当文化产业发展的领头羊，向广大群众提供更多更好的文化产品，为推动社会主义文化大发展大繁荣作出积极贡献。①

新兴文化业态区别于传统的、常规的文化产业业态，是利用现代高新科技手段发展出的具有跨领域、综合性发展、创新型等特征的文化业态，是真正可以加快引领中国文化产业发展走出去的重要载体。

① 《胡锦涛总书记殷切寄望广东》，《南方日报》，2011年8月17日。

4. 加强政府的组织领导，引导文化产业健康发展

加快推动文化产业健康发展，政府承担着十分重要的角色。在广东文化产业发展崛起过程中，政府加强对文化产业的领导和规划，深化文化体制改革，推进文化产业转型升级，制定和落实文化产业政策法规，拓宽文化产业投资融资渠道，起到了不可替代的作用。

比如说，在对文化产业的领导和规划方面，2003年10月下发了《中共广东省委、广东省人民政府关于加快建设文化大省的决定》；2006年11月出台了《广东省文化产业发展“十一五”规划》；2007年，《广东省文化产业发展“十一五”规划》出台，明确提出在“十一五”期间实现全省文化产业增加值力争实现年均增长15%以上、到2010年达到3000亿元的总目标；2010年7月，广东省委十届七次全会通过《广东省建设文化强省规划纲要（2011—2020年）》，提出今后10年广东文化产业的发展目标。这些做法表明了政府对文化产业发展的领导和规划，成为文化产业健康有序发展不可缺少的组成部分。

在文化产业发展融资方面，政府也担负着十分重要的角色。2003年以来，作为国家首批“全国文化体制改革综合试点省”之一，广东拥有“放活体制”和“投入经费”的双重优势。国家文化发展战略让广东获得了更多底气，也让广东文化产业发展有了更多的政策支持。2004年年底，《广东省引导社会资本投资文化产业指导目录》首发。2006年，《广东文化产业投资指南》面世，为建立健全文化市场准入政策、吸收社会资本投入文化建设提供指导意见。同时，为了鼓励和扶持广东省优秀文化企业充分发挥示范、辐射和带动作用，推动全省文化企业规模化、规范化发展，实现全省文化产业持续快速健康发展，2007年7月24日，广东省政府发布了《广东省文化产业示范基地认定暂行管理办法》，公布了首批入选广东文化产业示范基地有20家文化名企。文化服务业：南方报业传媒集团公司、羊城晚报报业集团、广州日报社、广东南方国际传媒控股有限公司、深圳天威视讯股份有限公司、广东省出版集团有限公司、广东高等教育出版社、家庭杂志社、环球数码媒体科技研究（深圳）有限公司、广东奥飞动漫文化股份有限公司、广东原创动力文化传播有限公司、广州网易互动娱乐有限公司、深圳腾讯计算机系统有限公司、珠海金山软件股份有限公司、广东省电影公司、广东省广告有限公司；文化制造业：中华商务联合印刷（广东）有限公司、鹤山雅图仕印刷有限公司、深圳雅昌彩色印刷有限公司；文化批发零售业：广东新华发行集团股份有限公司。

除此之外，2009年，“广东省文化产业发展专项资金”又开始设立，每年投入2亿元支持重点文化产业项目，从2011年起每年增加4000万元，到2015年专项资金规模将增至4亿元。为治好“融资难”这个致命伤，广东从财政支持破题改革文化产业的投融资体系。2011年广东省扶持文化产业发展的专项资金达到1.2亿元，预计2015年将达到4亿元的规模。由于文化产品的价值难以量化评估，在起步阶段很难获得市场青睐，政府财政支持实际上起到了“风向标”的作用，给文化产品权威担保和市场评估，引导社会资金的投入。在政府财政对投融资市场的“撬动”下，“抛砖引玉”的效果开始呈现，各金融机构加快了文化投融资体制的研究和开发。人民银行广州分行等部门在全国率先下发了《支持文化企业发展与繁荣工作实施意见》，多元化、多渠道的文化金融服务平台逐步建成。2010年以来，广东省国有经营性文化资产监督管理办公室（以下简称广东省文资办）等文化单位分别与工商银行广东分行等四家银行签订“广东文化与金融战略合作协议”，广东省文化产业授信总规模已达1340亿元。除了传统金融机构争相关注文化，广东还加快探索社会资金对文化产业的进入渠道。2011年3月17日，广东文化产业第一只投资基金组建正式启动，整体规模为50亿元，将重点扶持文化企业兼并重组、股改上市、重点园区和重大项目建设等。广东一系列文化扶植政策，涉及体制，更指向深层次的改革，这一切就好像均是“政策下的蛋”，这也说明了为什么广东省的文化产业发展一直走在全国的前列。

因而，针对文化产业发展应坚持一手抓发展、一手抓管理，发挥政府在文化产业发展中的组织领导作用，建立促进文化产业发展的保障体系，实现政府扶持与市场运作的良性互动；同时，也要着眼于维护国家文化安全，促进建立健全文化产业法律法规，完善相关管理办法与措施，确保文化产业发展健康有序。

第五章　涅槃重生：广东文化遗产保护的开创

我国文化遗产蕴涵着中华民族特有的精神价值、思维方式、想象力，体现着中华民族的生命力和创造力，是各民族智慧的结晶，也是全人类文明的瑰宝。保护文化遗产，保持民族文化的传承，是连接民族情感纽带、增进民族团结和维护国家统一及社会稳定的重要文化基础，也是维护世界文化多样性和创造性、促进人类共同发展的前提。加强文化遗产保护，是建设社会主义先进文化，贯彻落实科学发展观和构建社会主义和谐社会的必然要求。充分发挥文化遗产在传承中华文化、提高人民群众思想道德素质和科学文化素质、增强民族凝聚力、促进社会主义先进文化建设和构建社会主义和谐社会中的重要作用。因而，文化遗产保护则成了必然之举。

一、概念：广东文化遗产及其保护

文化遗产在概念上分为有形文化遗产和无形文化遗产，具体包括物质文化遗产和非物质文化遗产。物质文化遗产是具有历史、艺术和科学价值的文物；非物质文化遗产则指各种以非物质形态存在的与群众生活密切相关、世代相承的传统文化表现形式。根据《保护世界文化和自然遗产公约》，有形文化遗产，包括历史文物、历史建筑、人类文化遗址。物质文化遗产包括古遗址、古墓葬、古建筑、石窟寺、石刻、壁画、近代现代重要史迹及代表性建筑等不可移动文物，历史上各时代的重要实物、艺术品、文献、手稿、图书资料等可移动文物以及在建筑式样、分布均匀或与环境景色结合方面具有突出普遍价值的历史文化名城（街区、村镇）。根据联合国教科文组织《保护非物质文化遗产公约》，无形文化遗产，是指被各群众、团体、有时为个人视为其文化遗产的各种实践、表演、表现形式、知识和技能及其有关的工具、实物、工艺品和文化场所。非物质文化遗产包括口头传统、传统表演艺术、民俗活动和礼仪与节庆、有关自然界和宇宙的民间传统知识和实践、传统手工艺技能以及与上述传统文化表现形式相关的文化空间。

文化遗产是不可再生的珍贵资源。随着经济全球化趋势和现代化进程的加快，我国的文化生态正在发生巨大变化，文化遗产及其生存环境受到严重威胁：不少历史文化名城（街区、村镇）、古建筑、古遗址及风景名胜区整体风貌遭到破坏；文物非法交易、盗窃和盗掘古遗址古墓葬以及走私文物的违法犯罪活动在一些地区还没有得到有效遏制，大量珍贵文物流失境外；由于过度开发和不合理利用，许多重要文化遗产消亡或失传；在文化遗存相对丰富的少数民族聚居地区，由于人们生活环境和条件的变迁，民族或区域文化特色消失加快。因此，加强文化遗产保护刻不容缓。地方各级人民政府和有关部门要从对国家和历史负责的高度，从维护国家文化安全的高度，充分认识保护文化遗产的重要性，进一步增强责任感和紧迫感，切实做好文化遗产保护工作。

2011年2月25日，十一届全国人大常务委员会第十九次会议审议通过了《中华人民共和国非物质文化遗产法》（以下简称《非物质文化遗产法》），同年6月1日正式实施。《非物质文化遗产法》是中国特色社会主义政治、经济、文化、社会四位一体战略布局中的一部重要法律，不仅体现了党和国家对文化建设的高度重视，丰富了我国法律体系的内容，而且是我国履行国际公约义务的重要体现，为促进世界非物质文化遗产保护、维护人类文化多样性作出了积极贡献。《非物质文化遗产法》的出台为非遗保护政策的长期实施和有效运行提供了坚实的法律保障。从此，我国的非遗保护工作进入了依法保护的新阶段。自2006年起，每年6月的第二个星期六为中国文化遗产日。这为我国开展文化遗产宣传和保护提供了契机。

物质文化遗产保护要贯彻“保护为主、抢救第一、合理利用、加强管理”的方针。非物质文化遗产保护要贯彻“保护为主、抢救第一、合理利用、传承发展”的方针。坚持保护文化遗产的真实性和完整性，坚持依法和科学保护，正确处理经济社会发展与文化遗产保护的关系，统筹规划、

分类指导、突出重点、分步实施。通过采取有效措施，文化遗产保护得到全面加强。到目前为止，已初步建立比较完备的文化遗产保护制度，文化遗产保护状况得到明显改善。到2015年，基本形成较为完善的文化遗产保护体系，具有历史、文化和科学价值的文化遗产得到全面有效保护；保护文化遗产深入人心，成为全社会的自觉行动。

二、成就：广东文化遗产保护的状况

文化遗产保护主要包括文化遗产的发掘、保存、维护、传承以及打击破坏、盗取、从事非法买卖文化遗产等行为。广东文化遗产保护情况可从物质文化遗产保护、非物质文化遗产保护以及文化遗产的司法保护。

1. 物质文化遗产的保护

广东是岭南文化发源地、海上丝绸之路发祥地、中国近现代民族民主革命策源地，保存的历史文化遗产颇为丰厚。全省现有国家历史文化名城6座①，国家历史文化名村2个②，省级历史文化名城16座③；全国重点文物保护单位48处，省级文物保护单位269处，市、县级文物保护单位2000多处；全国近现代优秀建筑9处；未公布为文物保护单位的古遗址、古墓葬、古建筑、近现代重要史迹及代表性建筑、石刻等不可移动文物万余处。2003年发掘的南汉康陵、德陵分别被评为当年的“全国十大考古新发现”。2007年，全省共有市县级文物保护单位2253处；全省国有博物馆150座，馆藏一级文物1255件，馆藏文物631 305件（套），非文物系统国有文物收藏单位12个。

最值得一提的就是开平碉楼申遗成功和“南海Ⅰ号”水下考古的重大发现。前者开创了广东文化遗产保护的新纪元，后者开创了全国文化遗产保护的新历史。2007年6月28日，“开平碉楼与村落”被列为世界文化遗产，成为中国第35处世界遗产、广东省第一处世界文化遗产，实现了广东

---

① 6座国家级历史文化名城分别是广州、潮州、佛山、肇庆、梅州、海康。

② 广东全国首批历史文化名镇（村）2个分别是佛山市三水区乐平镇大旗头村和深圳市龙岗区大鹏镇鹏城村。

③ 16座省级历史文化名城分别是高州、连州、新会、平海、佗城、碣石、揭阳、揭西、惠州、南雄、罗定、德庆、韶关、英德、海丰、东莞。

世界文化遗产“零的突破”。2007年，“南海Ⅰ号”成为全国最重大的水下考古发现项目，其水下整体打捞方法为世界首创。12月22日，“南海Ⅰ号”打捞出水，28日安全移入海上丝绸之路博物馆，开创了全新的水下考古和文物保护方法，实现了水下考古和海洋打捞工程的完美结合。无独有偶，2007年5月在汕头南澳海域发现了“南澳Ⅰ号”古沉船，开展抢救性考古调查工作，制定水下发掘工作方案，此项考古发现由于类似“南海Ⅰ号”，被称为“南海Ⅱ号”。

2007年是广东文化遗产保护最重要的最有成效的一年，不仅仅有“南海Ⅰ号”发现和开平碉楼申遗成功，在文物保护工程和文化遗址发现上也取得了重要成果。如满堂围中围一期工程、南雄许村塔、仁化县双水塔、张九龄家族墓地、广州圣心大教堂、人境庐民居——恩元第、荣禄第等文物保护单位的21项文物保护维修工程通过验收；全省配合路桥建设和基建工程开展了28个考古调查、勘探项目，抢救性发掘项目7个，古建测绘3个，调查面积近3000万平方米，发掘面积超过1.4万平方米；深圳咸头岭遗址和高明古椰鲤岗遗址被评为“全国十大考古新发现”和“田野考古发掘奖”二等奖（一等奖缺，全国二等奖二名）；普宁市洪阳镇等4个镇和汕头市澄海区隆都镇前美村等5个村作为全省第一批历史文化名镇（村），报送省政府审定；佛山顺德区被评为全国文物先进县；省文物鉴定站被评为全国文物进出境审核工作先进单位；完成了深圳大鹏所城、虎门炮台旧址（东莞部分）、曲江马坝—石峡遗址、叶剑英故居、蕉岭石寨土楼、广州公社旧址、广州农讲所旧址等文物保护单位的保护规划评审等。2009年6月，广州西湾路旧广州水泥厂东区进行的抢救性考古勘探和发掘中，清理西汉、南朝和唐代墓葬26座以及唐宋时期水井、灰沟及房屋柱洞等遗迹，近百件精美的青瓷器、铜镜等文物得以重建天日。2009年8月，考古人员在增城浮扶岭发现了一处商周至南越国时期的大型古墓群，这是迄今为止广州地区考古发掘面积最大的先秦古墓群，发掘清理出商周至南越国时期的墓葬350多座，出土文物1000多件（套）。这些古墓葬的发掘为研究广东地区的历史文化提供了珍贵资料。

1996年即被国务院公布为全国重点文物保护单位、2005年被国家发改委列为“十一五”期间国家重点保护大遗址、2006年列入中国世界文化遗产预备名单、《广东省建设文化强省规划纲要（2011—2020年）》中重点

建设的重大标志性文化工程项目的“南越王宫博物馆”已开工建设并取得阶段性成果。按照统一规划、分期建设原则，一期工程规划占地23 740平方米，总建筑面积约8704平方米，主要包括：南越国曲流石渠的保护和复原；南越国1号宫殿的复原；反映广州2000年城市历史遗迹的保护和复原展示；陈列馆等功能性建筑。2010年至2015年，将完成第二期，第三阶段则在2016年以后完成。南越王宫博物馆是以南越国宫署遗址（东起忠佑大街、西至北京路、南起中山路、北至广州大厦门前）为依托而建的大型遗址博物馆，将更好地保护和展示南越国遗迹，展现广州2000多年以来的发展史。据介绍，博物馆将以保护为前提，以考古发掘和研究为基础，以遗产本体为价值核心，服务于南越国宫署遗址世界遗产的申报工作。此前有报道称，该博物馆投资在5亿至7亿之间，是广州市投资较多的博物馆建设工程，也是迄今为止广东唯一在大型文物遗址上兴建的国字号博物馆。

总投资4亿元的广东海洋历史博物馆即将开建，广东海洋历史博物馆项目将建成广东历史馆、海洋科教4D影院、海洋运动俱乐部。广东海洋历史博物馆在反映广东海洋大省建设、保护海洋文化等方面具有重要意义，必将开创海洋文化遗产保护的历史新篇章。

广东省完成了第三次文物普查野外调查，登记的不可移动文物和新发现的文物数量均居全国前列。《广东省文化事业发展“十二五”规划》中提出要建设广东省文物保护科技中心、广东省水下文化遗产保护中心等代表广东文化形象的标志性文化工程。该规划明确提出，到2015年，争取全国重点文化保护单位达132处，省级文物保护单位达到500处。未来，广东物质文化遗产保护发展将蓬勃兴起。

2. 非物质文化遗产的保护

非物质文化遗产是各个群体和团体随着其所处环境、与自然界的相互关系和历史条件的变化，不断使这种代代相传的非物质文化遗产得到创新，同时使他们自己具有一种认同感和历史感，从而促进文化多样性和激发人类的创造力。因此，非物质文化遗产的保护与物质文化遗产保护一样具有深远意义。2011年7月29日，广东省第十一届人民代表大会常务委员会第二十七会次会议通过了《广东省非物质文化遗产条例》，对非物质文化遗产的范围给出了界定：“本条例所称非物质文化遗产是指各族人民世代相传并视为其文化遗产组成部分的各种传统文化表现形式，以及与传统文化表现形式相关的实物和场所。包括：传统口头文学以及作为其载体的语言；传统美术、书法、音乐、舞蹈、戏剧、曲艺和杂技；传统技艺、医药和历法；传统礼仪、节庆等民俗；传统体育和游艺；其他非物质文化遗产。”通过立法，广东将非物质文化遗产保护的成熟经验上升为法律，把广东省非物质文化遗产保护工作纳入到了法制化、规范化的发展轨道。

广东省非物质文化遗产资源十分丰富，拥有4万多个非物质文化遗产项目，广东省地级以上的市都成立了非物质文化遗产保护中心。目前分布在全省各地的著名的非物质文化遗产主要有：佛山狮头、佛山剪纸、石湾陶塑技艺、佛山木版年画、佛山木雕、佛山八音锣鼓柜、佛山彩灯、佛山香云纱、佛山广绣、云浮手指画、云浮石艺、云浮新兴花灯、云浮禾楼舞、揭阳阳美翡翠玉雕刻技、揭阳英歌舞、揭阳乔林烟花火龙、揭阳嵌瓷、揭阳木雕、潮州剪纸、潮州大吴泥塑、潮州麦秆剪贴画、潮州木雕、清远布袋木狮、清远瑶族刺绣、清远耍歌堂、清远瑶族长鼓舞、清远瑶族婚俗、四会古法造纸、高要红木雕刻工艺、肇庆端砚、信宜玉雕、茂名茂港单人木偶戏、化州跳禾楼、高州缅茄雕刻、电白高脚狮、电白鳌鱼、湛江舞鹰雄、吴川泥塑、湛江遂溪醒狮、湛江人龙舞、雷州石狗、湛江傩舞、阳江漆艺、阳江风筝、阳春根雕、阳江疍家渔民婚俗、新会陈皮、江门东艺宫灯、江门百年狮鼓、江门新会葵艺、珠海醉龙舞、珠海崖口飘色、珠海六坊云龙舞、珠海咀香园杏仁饼、中山黄圃麒麟舞、中山沙溪鹤舞、东莞望牛墩七夕贡案、东莞清溪麒麟、汕尾凤山祖庙炮会、汕尾河田高景、汕尾南溪滚地金龙、陆丰市皮影戏、汕尾正字戏布马、惠州渔家婚俗、惠州小金口麒麟舞、惠州瑶族舞火狗、惠东渔歌、惠州百草油、梅州青溪仔狮灯、大埔花环龙、梅州五华竹马舞、梅州平远船灯舞、梅州丰顺埔寨火龙、河源忠信花灯、河源忠信吊灯习俗、河源连平客家酿酒项目、韶关乐昌青蛙狮、潮剧、澄海灯谜、汕头内画、汕头大寮嵌瓷、汕头剪纸、珠海抢花炮、珠海锣鼓柜、珠海凤鸡舞、珠海三灶鹤舞、深圳沙头角鱼灯舞、深圳下沙祭祖习俗、深圳松岗七星狮舞、深圳南澳舞草龙、深圳大浪大船坑舞麒麟、深圳坂田永胜堂舞麒麟、广州牙雕、广式硬木家具制作技艺、广绣、广州戏服制作技艺、潘高寿传统中药文化、广州珐琅制作技艺、广州木雕、广州彩瓷烧制技艺、广州红木宫灯制作技艺、广州榄雕工艺、广州玉雕等。这些非物质文化遗产使得广东文化发展绚丽多彩，呈

现出百花齐放、争奇斗艳的发展局面。

广东在非物质文化遗产保护方面取得重要成果：完成了全省首次非物质文化遗产普查，初步建立起国家、省、市、县四级名录体系，建立了非物质文化遗产项目代表性传承人扶持机制，在全国率先完成了省级非物质文化遗产数据库的建设。梅州市被文化部认定为国家级文化生态保护实验区。2009年，由粤港澳联合申报的粤剧成功入选《世界人类非物质文化遗产代表作名录》，这是继昆剧之后，中国第二个被列入“世界人类非物质文化遗产”的传统剧种，表明粤剧艺术得到了国际社会的肯定和认同。这是广东非物质文化遗产保护取得的突破性成就。此外，广东的凉茶、香云纱等首批进入国家非物质文化遗产名录，为凉茶、香云纱等非物质文化遗产发展带了新的生机。因而，非物质文化遗产保护有利于我国传统文化和民族文化的多样性发展，有利于广东文化事业和文化产业的发展繁荣。2009年，广州与泉州、宁波、扬州、蓬莱五个城市联合将“海上丝绸之路”申报为世界“非物质文化遗产”的工作已经着手，举行了“2009年海上丝绸之路万人申遗启动仪式”，并成立了首个“海上丝绸之路文化研究中心”。从而，从全国的视角巩固“南海Ⅰ号”、“南海Ⅱ号”的发掘成果，扩大其影响力。

2011年10月1日，《广东省非物质文化遗产条例》正式实施，该条例是国家制订《非物质文化遗产法》实施后国内的第一部地方性配套法规，为广东开展非物质文化遗产保护、传承、传播工作，共同弘扬优秀广东非物质文化遗产提供了法律保障。目前，广东省正在积极筹建广东非物质文化遗产展示中心，将为全省优秀非物质文化遗产提供展示平台。广东省非物质文化遗产保护开发硕果累累。

3. 文化遗产的司法保护

文化遗产的司法保护，主要是指为保护文化遗产安全、打击文物犯罪，运用法律手段，与惩处破坏、盗取以及从事非法交易国家文化遗产等犯罪行为作斗争的过程。2007年，省打击文物犯罪工作协调小组快速侦破多起文物犯罪案件：侦破全国重点文物保护单位从熙公祠石雕构件被盗案，追回被盗的2块石雕构件，并查获汕头市被盗木雕一批；在韶关南雄破获一起盗窃恐龙蛋化石案件；在罗定现场侦破省文物保护单位文塔内的二件清代铁钟被盗案。多起破坏文物保护单位的事件被严肃处理：制止全国重点文物保护单位满堂围维修工程的擅自修改；对全国重点文物保护单位，沙面建筑群法国东方汇理银行旧址遭受严重破坏进行查办；对龙川学宫大成殿维修工程崩塌、下滑脱落的严重事故进行通报等。

广东在文化遗产保护上还得到国家文物局的表彰。2010年3月，国家文物局授予了广东省南澳县云澳边防派出所"文物保护特别奖"。2007年5月，南澳县云澳边防派出所在三点金海域连续查获两起盗捞水下文物事件，文物部门据此发现并确认了"南澳Ⅰ号"古船的准确位置。为保护水下文化遗产，云澳边防派出所官兵在广东省公安厅、公安边防总队的指挥下，在广东省文物部门的积极配合下，克服警力有限、执勤环境恶劣、经费不足等困难，以昂扬的斗志和饱满的热情为"南澳Ⅰ号"古船筑起一道钢铁防线，在保护文化遗产安全、打击文物犯罪等方面作出了突出贡献。

总之，广东在物质文化遗产保护、非物质文化遗产保护以及保护文化遗产安全、打击文物犯罪等方面走出了一条具有广东特色的文化遗产保护之路，取得了重要成就，特别是物质文化遗产和非物质文化遗产申遗的突破，为广东建设文化强省作出了不可磨灭的贡献。

三、鼎新：广东文化遗产保护的特征

实施文化遗产保护和开发工程是广东文化强省建设十项工程之一，可见，文化遗产保护在文化强省建设中的重要地位。广东在文化遗产的保护与开发中逐渐走出了具有自身特点的科学发展之路。

1. 从文物保护走向文化遗产保护

过去，针对文化遗产的保护单纯地把目光集中在几件文物上，发掘、保持、收藏文物成为文化遗产保护的主要工作。人们对于文化遗产的保护相对处于消极被动局面，很少关注去开发文化遗产；而针对非物质文化遗产则更是听之任之，任其在传承中消失。如今，广东文化遗产保护从单纯的文物保护走向了文化遗产的保护。如2007年，"南海Ⅰ号"成为全国最重大的水下考古发现项目后，立马建立了海上丝绸之路博物馆，并衍生了许多文化发展项目。从水下文物的发掘到水上博物馆的建立，海上丝绸之路博物馆形成了文物保护、协调环境、旅游开发的发展路子。一个小小的海底沉船通过文化遗产的保护，最终被打造成了一个文化象征。而南越王

宫博物馆是以南越国宫署遗址为依托而建立的大型遗址博物馆，是在遗址之上建立的国家级博物馆，在国内尚属首次，是从文物保护走向文化遗产保护的典型。

而对于非物质文化遗产的保护，则加大对非物质文化遗产的传播与传承。如《广东省建设文化强省规划纲要（2011—2020年）》指出“广东非物质文化遗产展示中心”作为推进重大标志性文化工程建设要重点建设，地级以上市要设立综合性的非物质文化遗产馆，有条件的县（市、区）可设立专题性非物质文化遗产馆或传习所。非物质文化遗产馆建设使得非物质文化遗产成为人们共享的文化资源，有利于非物质文化的传播，让更多的人去了解和接受，从而使得非物质文化遗产得以传承。广东拓宽保护领域，不仅保护古代文物，还保护近现代甚至当代遗产；不仅保护静态的文物，还保护动态的遗产；不仅保护单体文物，还保护文物片区，如历史文化名城、街区、村镇、文化景观、文化线路、文化空间等。

2. 从传统保护走向科技保护

广东文化遗产保护方式不断得以创新，通过运用现代信息技术手段保护与展示文化遗产，建立文化遗产电子档案和全省不可移动文物电子地图和数据库，实现文物资源数字化、文物管理和信息传播网络化，从而实现文化遗产保护共建共享机制。2004年，广东省成功启动了“流动博物馆”网络，举办了《珠联璧合——泛珠三角文物精华展》和《荆楚辉煌——湖北省楚文物精品展》等，成为打破区域分割、整合各类文化遗产资源、创新发展机制、提高省内及泛珠三角区域文化遗产保护与合作的成功实践。未来，广东将大力推进数字博物馆建设，借助科技手段，建立网络化的文化遗产博物馆。

3. 从文化遗产保护走向文化生态保护

从文化遗产保护走向文化生态保护，就是针对文化遗产集聚地区建立一个文化生态环境保护区，既是对文化遗产的保护，又是对生态环境的保护，更是一个地方文化发展的标志和名片，推动了在文化生态保护区里保护文化遗产，使得文化遗产保护走向科学发展之路。

《广东省建设文化强省规划纲要（2011—2020年）》提出：加大重点非物质文化遗产项目及其生态环境的整体性保护，建立广府文化、客家文化、潮汕文化、雷州文化、华侨文化、禅宗文化、海洋文化、少数民族文化等文化生态保护区，打造若干个国家级文化生态保护区，并规划设立韶关乳源瑶族自治县文化生态保护区、清远连南瑶族自治县文化生态保护区、清远连山壮族瑶族自治县文化生态保护区等。

梅州是客家历史文化遗产最丰富的聚集地，梅州客家山歌又是国家级非物质文化遗产。成为客家历史文化的重要特征客家文化生态保护实验区在梅州挂牌，这也是广东第一个、中国内地第五个国家级的文化生态保护实验区，给“世界客都”又增添了一块国字号的“金字招牌”，又有了一个崭新的开始。

4. 从文化遗产保护走向文化遗产开发

广东建设文化强省以来，文化遗产保护已走出了单纯的保护而不注重开发的老路了。“开平碉楼与村落”在被列为世界文化遗产、广东省第一处世界文化遗产时，人们本以为开平碉楼会成为人们关注的焦点，申遗成功后，一切似乎又回到过去时的平淡。反而，2010年，一部《让子弹飞》成就了开平碉楼，开平碉楼因成为《让子弹飞》的拍摄基地而名声大噪。此后，开平人似乎懂得了开发这个广东第一处世界文化遗产的重要意义。开平碉楼因其是重要文化遗产而获得丰厚的经济利益，反过来，促使开平人自觉地保护他们这个“宝贝”来。因此，文化遗产保护是保护与开发利用相结合的保护，是互动双赢而非单纯的保护。

总之，广东创新文化遗产保护理念，从文物保护走向文化遗产保护，从传统保护走向科技保护，从文化遗产保护走向文化生态保护，从文化遗产保护走向文化遗产开发。不仅保护物质文化遗产，还要保护非物质文化遗产，不断开创文化遗产保护新局面，有些保护项目居于全国甚至世界领先水平。

四、隐忧：广东文化遗产保护的困境

近年来，广东加大对公共文化基础设施的投入，包括在市县一级都建起了许多博物馆、文化馆、文化遗产展示中心等，广东在文化遗产保护方面投入很多。其实，文化遗产保护不仅仅限于建设几座博物馆、展览馆等之类的文化设施，这只是投入的开始，还需要文化遗产的管理、运作、开发等环节，需要公共财政的支持，否则难以长久为继。

1. 文化遗产保护的投入不足

文化遗产保护的基础设施投入只是文化遗产保护的一小部分。文化遗产中的文物维修与保护才是重头戏。以广州为例，2009年广州文化广电新闻出版局安排的文物维修与保护资金为726.78万元，仅占经常性专项支出的5.68%，而同期杭州市余杭区投入的文物专项维修资金就达2000万元，差距之大可见一斑。[①]政府并没有把文物的维修与保护资金纳入财政预算范围，不少文物单位要自行解决文物维修与保护经费问题。许多区县级政府至今还没有建立文物保管所，从而使得大量珍贵文物"流离失所"。例如，被评为2004年度全国十大考古新发现之一的南汉康陵和德陵至今仍没有得到有效的保护。由于资金的匮乏，许多文物建筑和遗迹在城市建设中遭到破坏和损毁，甚至湮灭。一些私人文物建筑由于得不到政府的维修资金支持，损坏得更为严重。有些文物单位为了解决自身经费问题不惜出租商用，甚至转让他人，最终灰飞烟灭。因而，加大经费的实际投入是文化遗产维修与保护的前提。

2. 非物质文化遗产后继乏人

由于非物质文化遗产是依托于人而存在的，非物质文化遗产的保护在于人的传承。目前，由于非物质遗产行业遭遇现代市场经济冲击而不景气；同时，这个行业学艺艰苦、待遇偏低、周期很长，从而把许多年轻人拒之门外了。此外，非遗传承的培养模式与现代学校的规模教育相差甚远，师傅带徒弟，没法成规模培养非遗接班人。这就导致了非遗面临着断代的危险。广东许多非物质文化遗产传承面临着后继乏人、青黄不接的境遇。像粤剧艺术家红线女已经80多岁高龄，广绣工艺大师陈少芳也年逾古稀。如果没有人的传承，非物质文化遗产将面临着"人死艺亡"的局面，等到那个时候就后悔莫及了。目前，广州市有国家级非物质文化遗产名录14项，却只有国家级"非遗"项目代表性传承人2人；省级25项，代表性传承人也只有19人。广州市工艺美术行业前年曾开展过一次大规模的技师认证工作，最后获高级技师资格证书者仅有6人。[②]如果不好好把非物质文化遗产传承下去，打一场中华民族文化基因保卫战，非遗危机将是文化认同的危机，更是民族文化的危机。当历史尘埃落定之时，一切归于沉寂的

---

① 《中国广州文化发展报告（2010）》，社会科学文献出版社，2010年版，第13页。

② 吴瑕，江少荆：《"非遗特工"与时间赛跑》，《信息时报》，2009年7月24日。

唯有文化留存下来，这种以物质的和非物质形态的文化不仅是一个民族的认定的历史凭证，也是这个民族得以延续并满怀自信走向未来的根基与力量之源。保护非遗就是保护人类自己。

3. 文化遗产开发的后知后觉

文化遗产是一笔宝贵的财富，充分挖掘和利用文化遗产中具有经济价值、文化意义的东西是保护和弘扬文化遗产的重要途径。文化遗产是一个地方的招牌，一张名片，一条广告，一种认同。充分开发利用文化遗产，是保护文化遗产的需要。因为，文化遗产投入经费不足，如果不去开发利用，没有经费维持，再好的文化遗产也会"胎死腹中"。同时，充分开发利用文化遗产，是弘扬文化遗产的需要。通过对文化遗产的开发，发掘其中有价值有魅力吸引人的东西，获得人们的认同，从而促进文化遗产的传承。广东逐渐认识到文化遗产保护的重要意义。其实，开发利用就是最好的保护，如果把所有优秀的文化遗产天天放在展览馆里，根本不能保证放上几十年、几百年时间还有人去看。像开平碉楼、客家山歌、广东凉茶、广绣等文化遗产都在开发利用中重焕生机。当然，文化遗产开发必须坚持"保护为主、抢救第一、合理利用、加强管理"的原则。

总之，广东文化遗产保护必须加大资金投入，使其得以完整保存；建立健全培养非遗文化传承人的体制机制，使得非物质文化遗产后继有人；合理开发利用文化遗产，使文化遗产重新焕发勃勃生机。

五、破解：广东文化遗产保护的启示

文化遗产保护不仅仅是对物质和非物质文化遗产的发掘、保存和维护，更重要的是发掘文化遗产中的文化价值。自然，文化遗产保护与经济发展、文化发展、旅游开发以及精神文明建设息息相关。因此，应借助文化遗产保护促进文化发展，促进经济发展，推动社会主义精神文明建设，走出一条文化遗产保护与经济社会发展互动双赢之路。合理开发和利用文化遗产中的经济利益，不但不会影响文化遗产的保护，反而会促进文化遗产的保护。

1. 借助文化遗产保护促进文化产业发展

文化遗产保护是文化建设的重要组成部分。借助文化遗产的展示或表

演，是推动文化发展的重要契机，更是经济发展的重要良机。以客都梅州为例，2010年12月17日晚，在一片悠扬的客家山歌声中，第四届中国（梅州）国际客家山歌文化节拉开了序幕。“客家山歌艺术之乡”举办的中国（梅州）国际客家山歌文化节已经成为梅州市展示客家文化的重要品牌和载体，前来参加活动的嘉宾游客多时达1500多人。广东省梅州市是久负盛名的“人文秀区”，是客家历史文化遗产最丰富的聚集地，梅州客家山歌又是国家级非物质文化遗产，因此成为客家历史文化的重要特征。这次举办客家山歌文化节，以“山歌”为媒，以文化唱戏，全面展示客家文化的魅力、“世界客都”的新貌，展绿色经济崛起的前景，对梅州经济、政治、文化、社会、生态的全面发展起到极大的推动作用。此次客家山歌文化节活动为期3天，举办了“客家山歌擂台赛”、“客家非物质文化遗产项目展演”、“客家山歌新秀幼苗表演赛”、“客家山歌海外选手演唱表演赛”、“第四届全球‘客家妹’形象使者大赛”、“客家文化发展战略高峰论坛”等系列活动。这次举办客家山歌文化节的目的是为展示客家文化搭建一个更好的平台和载体，全面展示客家文化的魅力和世界客都的新貌，同时也是推动梅州实现绿色经济崛起的主要动力。这次活动除了文化文艺活动外，还有一批重点工程项目落成剪彩、开工、签约；同时，在开幕式上，客家文化生态保护实验区正式在梅州挂牌，这也是广东第一个、中国内地第五个国家级的文化生态保护实验区。客家文化生态保护实验区无疑又给“世界客都”增添了一块国字号的“金字招牌”。目前，梅州正建立以客家文化资源为依托，以文化产业园区为载体，培育文化龙头企业为市场主体，以文化创意、新闻出版、演艺娱乐、文化会展、文化旅游等五大文化服务业为发展方向的现代文化产业体系，大力引进高端文化企业、旅游企业落地投资参与文化产业园区建设。到2020年，客都梅州力争创建国家级文化产业示范园3个，省级文化产业示范园区5个，产值超10亿元的园区2个以上，产值超3亿元的园区3个以上。中国（梅州）国际客家山歌文化节在传播客家文化、塑造客家形象、促进文化产业发展等方面很好地诠释了文化的科学发展之路。

2. 借助文化遗产保护促进经济发展

文化遗产是一种文化现象，宣传保护得好就会成为一种文化形象、文化品牌、文化时尚，引领文化的发展，进而成为一种广告效应，带动市场开发提高经济效益。作为一项文化遗产保护项目，“南海Ⅰ号”无论是从命名还是从其蕴涵的文化意义都十分引人瞩目。“南海Ⅰ号”是一艘中国南宋初期沉船，它通过海上丝绸之路向外运送精美的中国瓷器，而失事沉没于中国广东省阳江市南海海域。它于1987年最初被发现，但当时因技术及资金问题而延迟研究。它将为复原海上丝绸之路的历史、研究陶瓷史提供极为难得的实物资料，甚至可以获得文献和陆上考古无法提供的信息。2011年4月底，古沉船“南海Ⅰ号”完成第二次试发掘，为其整体发掘奠定了基础。广东海上丝绸之路博物馆于2005年12月28日动工兴建，博物馆主体工程由五大“关联舱体”组成，水晶宫是五大“关联舱体”中最大的一个舱体，“南海Ⅰ号”宋代沉船就是安放在水晶宫里，其水深12米，水质、温度及其环境都模拟沉船当时所在的海底环境参数人工合成建设。2007年12月23日，“南海Ⅰ号”整体打捞出水，2007年12月28日顺利进馆。广东海上丝绸之路博物馆将成为以“文物保护、协调环境、旅游开发”为出发点，以文物保护为核心，以注重环境和生态保护为原则，以“藏以文化底蕴，寓意时代意念，融以自然神韵”为目标的“世界一流、亚洲一流”的现代化专业性水下博物馆。在博物馆周边兴建有娱乐城、潜水俱乐部、风帆俱乐部、宾馆、海水浴场、海文化表演广场以及旅游娱乐商业街等辅助设施。项目设计将严格遵守以文物保护为核心、注重环境和生态保护的原则，确保建成后与博物馆主体相配套。因而，借助“南海Ⅰ号”这一文化遗产项目带动了旅游项目的开发，促进了当地经济的发展。

同样，许多非物质文化遗产项目通过市场的挖掘开发，重新焕发出更多的精彩。2006年，我国首批非物质文化遗产中的广东凉茶配置，借力国家非物质文化目录，凉茶一路锐不可当，产销量不断翻番，实现了从最初的几十吨到2010年全球产销量1200万吨，成为超过可口可乐全球产销量最大的饮料行业。广东的香云纱也是首批进入国家非物质文化遗产名录，在市场经济下重新焕发出了新的光彩，现在以香云纱为面料的衣服，在市场上最贵的都可以卖到7万多元一件。

如今，文化遗产的价值正在被越来越多的人所认识，其所蕴涵的市场价值，是解决文化遗产生存危机、走向保护开发利用的重要基础。因而，挖掘文化遗产的市场潜力，寻找文化遗产与现代市场经济的最佳契合点，在不破坏文化遗产的情况下，将其推向市场，赢得市场，占领市场，只有

解决了文化遗产的社会生存境况，才能更好地继承和保护。当然，对于那些不适应市场化发展的文化遗产则坚决以保护为主。

3. 借助文化遗产保护推动精神文明建设

文化遗产，特别是非物质文化遗产，是不脱离民族特殊的生活生产方式，是民族个性、民族审美习惯活的体现。它依托于人本身而存在，以各种艺术形式为表现手段，在人们的传承中得以延续。近年来，广东通过文化遗产保护让这些曾经濒临失传的文化艺术形式重新回到公众的视野、进入大众艺术的范畴，是近年来广东群众文化工作的一个突出特点。在广东省已经命名的123个民族民间艺术之乡中，就有88个属于表演类，这些表演项目现在都成为当地文化舞台上的“重头戏”，也是每个地方宣传自身文化特色的“名片”，例如东莞麒麟舞、中山飘色、湛江醒狮、潮州大锣鼓等等，都在一次次的表演中声名远播。老艺人新收了徒弟，年轻人走近了传统，群众文化不再限于动辄是大合唱或健身操的被动局面。

2005年，广东省第三届群众音乐舞蹈花会演出节目单的一个突出的特色就是“岭南味道”特别浓郁。信手拈来，双人舞《鸡公榄》、汉乐演奏《红山茶》、群舞《广之绣》等等，这些专门的“岭南民间艺术汇演”给人印象极为深刻；连演三天，观众超过20万人，饶平的布马舞、普宁的英歌舞、茂名的“跳禾楼”等，这些历史悠长、样式独特的民间文化遗产，又唤起了现代人对古老民族艺术的热情和信心。文化遗产保护需要群众的积极参与，群众的热情参与推动了文化遗产的保护，繁荣社会主义文化，促进了社会和谐，二者相互促进、相互提升。因而，借助文化遗产保护，推动社会主义精神文明建设，这是社会主义文化建设的题中之义。

总之，文化遗产保护在促进文化发展、经济发展以及推动社会主义精神文明建设等方面具有重要现实意义，特别是借助文化遗产保护，树立文化形象，打造文化品牌，彰显文化魅力，推动了经济的集约发展，文化的创新发展，促进了社会的和谐，反映出广东借助文化遗产保护、寻求科学发展之路的努力和尝试。

第六章　独领风骚：广东对外文化交流的拓展

随着经济一体化、信息化和网络化在全球范围内的快速推进，世界各民族文化的交流和沟通日益频繁，对外文化传播力作为国家和地区综合实力的重要组成部分，在全球化竞争中的作用和地位越来越突出。广东要建设文化强省，必须充分利用自身优势，挖掘本土资源，实施“走出去”战略，进一步加大对外文化交流的力度，丰富对外文化交流的形式，扩大对外文化交流范围，让更多的文化产品和文化活动进入国际市场，提升广东文化的世界影响力。

一、巅峰：广东对外文化交流的成果

中共十六大以来，广东充分利用国际国内两个市场、两种资源，主动参与国际合作和国际竞争，加强对外文化交流与合作，促进对外文化贸易，扩大对外文化传播，取得了巨大成就，扩展了广东文化的发展空间。

1. 广东对外文化交流居全国之首

开放的广东以更加开放的眼光看待世界，发展的广东将日新月异的面貌展现在世人面前。越来越多的外国人开始对广东更对阔步前进的现代化发展速度和成就产生浓厚的兴趣。他们开始通过各种方式、各种渠道与广东进行直接和间接的接触。据统计，“十五”期间，广东省进出境的各类文化交流团体4242批、58 396人次，总批数与人数均为全国之首；平均每年848批、11 679人次，比“九五”时期每年698批、9018人次分别增长21.5%、29.5%。“十一五”期间，广东省已与120多个国家和地区建立了文

化联系，对外文化交流批次和人数继续居全国首位。自2006年至今，广东省对外、对港澳台双向文化交流达4190批、60 672人次，平均每年过万人次。广东已成为中国重要的文化外事大省之一。

根据文化部最新统计数字，截至2010年12月底，全国有28个省（区、市）上报了2009年对外和对港澳台文化交流和涉外、涉港澳台营业性演出活动数据共2776条。其中，广东省上报数据993条，北京市上报250条，四川省上报203条，位居上报省（市）前列。根据数据显示，2009年广东、江苏、福建三省对外文化交流出访团组较多，分别是378项、101项和88项；来访团组中，广东、北京、四川以615项、237项和152项居前三位。广东的双向交流数字比位居第二、第三名的北京、四川之和还要多。2011年，广东省对外、对港澳台双向文化交流共989批14 651人次，继续位居全国首位。因而，广东对外文化交流继续领跑全国。

广东对外文化交流不但在批次和人次上超越全国其他省市，而且在层次和质量上也领先其他省市。自2000年以来，广东文化交流层次和质量有了较大幅度提高，各文艺单位积极参与“中国文化年”、“中国文化周”、“中华文化北非行”等活动。2002年，广东省在波兰成功地举办了“广东文化周”活动；2004年又分别在法国、西班牙、突尼斯成功举办“广东文化周”活动，并创建了中国（广东）国际音乐夏令营；2007年，“广东文化周”又赴俄罗斯进行文化交流活动。通过文化“走出去”，广东深化了与海外文化交流与合作。

国际友好城市在广东对外文化交流中发挥着十分重要的作用。2009年11月13日，备受瞩目的“2009年世界城市和地方政府联合组织（UCLG）世界理事会会议暨广州国际友城大会”在广州隆重开幕，出席会议的60多个国家的60位市长和500多位代表沿城市建设参观路线和历史文化参观路线充分领略广州城市风貌、广东文化风采会议成为展示广东文化形象的一个重要窗口和提升文化软实力的重要平台。广东各地市级的文化单位甚至地方民营文化团体积极响应文化“走出去”战略，加强对外文化交流。以揭阳市为例，2005年至今，仅仅揭阳市文化广电新闻出版局及下属事业单位、民营演艺团体开展对外、对港澳台交流演出就达3000多场次（包括潮剧、潮州音乐、民间艺术演出等），交流项目近100个，因公组织人员出国、赴港澳台地区开展文化交流450多人次。2007年，全市共有3个潮剧团赴国外或港澳台地区演出30场次，揭阳市潮剧团赴泰国暹逻揭阳会馆演出圆满成功，对提高揭阳知名度发挥了特殊的作用。此外，揭阳市的非物质文化遗产项目如普宁英歌、乔林烟花火龙、潮州锣鼓标旗队等应东南亚等国侨胞的邀请，出国参加游行表演，受到当地的普遍好评。这种自上而下的对外文化交流活动，使得广东对外文化交流主体呈现出多元化的特点。

不断深化与港澳台之间的文化交流与合作。在对台文化交流方面，广东佛山市2009年组织“传承与超越——佛山现代陶艺台湾交流展”赴台北和台中展出。2010年广东话剧院话剧《与妻书》赴台湾演出。2010年8月，由200多人组成的广东文化交流团赴台举办“台湾·广东周”大型文化交流活动，其中的主题晚会、名家书画展、孙中山历史图片展以及客家山歌晚会，均受到当地民众欢迎；活动期间，湛江粤剧团与台湾锦绣明珠曲艺社签订了合作交流协议。2011年广东省不断扩大对外对港澳台文化交流合作的规模和辐射力：组织文艺团组参加海外“欢乐春节”活动和赴南太平洋国家访问演出；承办粤港澳文化合作第十二次会议，签订了3个合作项目意向书，达成了48个合作项目；以纪念辛亥革命百年为契机加强对台文化交流，选派广州杂技团、广东民族乐团等多个艺术团体赴台演出，组织团队赴台参加“海峡两岸文化创意产业展”等活动。

广东省的对外文化交流工作，不论是官方的还是民间的，都向世界播撒了友谊与合作的种子，并且为实现多元、平等、相互尊重的国际文化关系，促进人类的沟通架构了桥梁。

2. 广东文化产品和服务出口全国第一

广东文化产品和服务出口总额位居全国第一，对外文化贸易持续增长，初步形成较完备的文化出口体系。自实施建设文化大省特别是文化强省建设以来，广东制定扶持文化出口优惠政策，积极鼓励文化企业产品和服务出口，重点培育了一批外向型文化出口企业和产业基地。抓好影视音像、影视动漫、出版物、文艺演出等国际营销网络建设，拓展与国际演艺、展览、电子出版中介机构和中介经纪人合作，鼓励和支持各种所有制的内容生产和服务类企业到海外开办分支、分销机构，举办演出、展览等。对外文化贸易取得了重要发展成果。2004年全省文化类产品进出口总额435.88亿美元，比上年增加78.71亿美元，增长22.0%。其中，出口金额361.02亿美元，比上年增长21.7%，进口金额74.86亿美元，比上年增长

23.7%。特别是2011年，全国出口文化产品187亿美元，比上年增长22.2%，其中，广东领先优势明显。2011年，广东出口文化产品73.5亿美元，增长0.4%，占同期全国文化产品出口的39.3%，为我国文化产品出口最大省份。同期，福建和浙江分别出口20.3亿美元和19亿美元，分别增长54.5%和12.2%，分列第二、第三位。广东是福建、浙江总和的近两倍，可见，广东对外文化贸易居全国领先水平。

近年来，广东还积极推进文化产业和文化产品"走出去"战略，大力培育外向型文化企业，重点扶持出版发行、广播影视、文艺演出、动漫游戏、工艺美术等各类文化企事业单位的文化出口贸易，扩大文化产品和服务出口，提高市场份额，在珠江三角洲布局建设一批外向型文化产品生产基地。鼓励和支持各种所有制的内容生产和服务类企业到海外开办分支、分销机构，举办演出、展览等，利用国际会展平台，扩大版权交易与合作规模，开拓国际文化市场。广州交响乐团、广东现代舞团和深圳天才少年演奏等艺术团体和演出节目已进入欧美主流社会高雅艺术殿堂，绚丽多彩的岭南文化已被越来越多的西方国家接受。2005年，由文化部门协调组派的首批深圳市20家民营文化企业及其产品和龙门农民画等也顺利走出国门，在韩国等地成功进行了展销，取得很好的效果。

针对国际市场，广东通过支持和引导各类文化企事业单位积极开发具有国际影响力和竞争力的文化品牌，扩大广东文化产品和服务在国际市场的份额；加强知识产权保护，维护文化产品和服务出口秩序，逐渐改变了文化产品贸易在国际上的被动局面，形成了以文化品牌为主体、扩大文化产品和服务的国际市场、推动广东文化产品和服务走向世界的对外文化贸易新格局。

3. 广东对外文化传播体系全国先进

《广东省建设文化强省规划纲要（2011—2020年）》明确提出"提高现代文化传播能力，增强广东文化辐射力"和"实施文化走出去工程"等具体目标、任务和要求。近年来，实施文化"走出去"战略，广东广播影视外宣频道和栏目建设取得重大进展。广东省充分发挥外宣工作优势，积极整合全省外宣资源，主动参与国际文化竞争，建构全方位、多层次、宽领域对外宣传和对外文化工作新格局，努力健全对外传播体系，全面提升广东对外传播能力，取得了积极成效。

实施重点新闻网站海外站点本土化战略，完成若干综合性外文频道建设，做大做强南方英文网、广州生活英文网、广东侨网等，目前广东网上外宣工作已经形成体系。由南方英文网、《广东通讯》电子英文周刊、广州生活英文网、深圳新闻网英文频道、广东电台英语节目网站等组成的一套系统的网上对外宣传体系，宣传效果不断增强。南方英文网已经成为众多海内外网民了解广东的首选英文网站，其点击流量在全国地方英文新闻网站中始终保持前三名。2008年，南方英文网共发稿件8000多篇，累计页面浏览量接近4000万页，海外访客超过689万次。南方英文网的原创稿件被新华社、中国贸促会网以及海外网站广泛转载，超过400个外国政府网站、新闻网站、学术网站对南方英文网的网页进行链接。依托南方英文网编辑的《广东通讯》电子英文周刊自2007年6月创办以来，每周精选省内经济发展、对外交流、社会民生、文化体育等多方面题材进行新闻采编，并制作成电子刊物发送到境外读者，发行量稳步上升。广州生活网自创办以来，发稿超过18 500条，日均签发稿约60条，其中约50%为自采自编的独家内容。广东电台英语新闻网刊登的内容多次被BBC等外国著名网站直接采用。

广州生活英文网是在广州市人民政府新闻办公室指导下，由广州市交互式信息网络有限公司（广州日报报业集团大洋网）承办并运营，网站于2006年5月30日正式开通。主要面向在广州及周边地区生活、工作、学习与访问的几十万境外人士，兼顾海外关注广州及广东的人士。网站致力于成为广州市主流的官方外宣网站，宣传和提升广州市国际化大都市的形象；同时成为本地领先的都市资讯英文门户网，为外国与涉外群体提供广州都市资讯服务。广州生活英文网站是全国各省市中首个集政府窗口、新闻频道、城市指南与文化索引于一体的全英文网站。网站口号是“活力广州、缤纷生活”。

成功开播广东国际频道，打造具有广泛国际影响力的对外传播平台。广东国际频道整合了广东卫视、南方卫视外宣频道、珠江频道海外版等全省外宣频道、栏目资源，节目以英文为主、汉语为辅，节目形式以新闻资讯和纪录片为主，并根据不同国家时区编排了美洲版、欧洲版、亚洲版，全天24小时滚动播放，是目前全国唯一一家以英文节目为主的省级电视国际频道。国际频道是广东着力打造的具有广泛国际影响力的对外传播平

台，目标受众主要是西方主流社会观众和海外华侨华人，目前节目信号已通过中国长城平台和美国麒麟电视落地美国，进入美国民众家庭，并通过与英国普罗派乐频道的合作，使欧洲的1000万订阅户都可以收看广东国际频道的节目。广东国际频道的成功开播，对于推动广东省对外传播能力建设、加快广东文化“走出去”具有十分重大的意义。

总之，自建设文化大省以来，广东积极发展对外文化交流活动，拓展对外文化交流渠道，加快对外文化贸易，加强对外文化传播，在文化友好往来、文化产品和服务贸易以及对外文化传播方面都取得了显著的成就，使得广东对外文化交流始终处于全国领先水平。

二、优势：广东对外文化交流的基础

广东充分利用自身独特的地缘优势、悠久的历史人文传统、丰富的华侨资源以及雄厚的经济实力，发挥在对外文化交流合作中的有利条件，坚持“走出去”与“引进来”相结合，在积极实施文化“走出去”战略的同时，广泛引进借鉴国外先进文化发展成果及经验，成为我国重要的对外文化交流中心和华人华侨文化交流中心。

1. 历史悠久：广东对外文化交流具有优良的人文传统

马克思曾指出，中国在鸦片贸易中的被打垮是由于其闭关锁国政策所导致的。“一个人口几乎占人类三分之一的大帝国，不顾时势，安于现状，人为地隔绝于以天朝尽善尽美的幻想自欺。这样一个帝国注定最后要在一场殊死的决斗中被打垮”[①]。广东是中国文化与世界文化最早的交汇区之一：明清时期，澳门作为外国商人的居留地，开始成为西方文化在中国的展览地，作为广东的桥头堡，西方文化通过澳门进入广东。广东省艺术表演团体赴国外演出历史悠久，17世纪中叶，广东一些艺术表演团体便借多种机遇，通过多种途径赴海外演出，并延续不衰。清初实行闭关锁国政策，但广州对外封闭的时间最为短暂。1757—1842年，全国仅广州口岸对外通商，清政府封闭了广州以外的所有通商口岸。这种做法，间接推动了广州与外部世界的联系，使得中外贸易均集中在广州进行，广州对外经

① 《马克思恩格斯选集》第1卷，人民出版社，1995年版，第716页。

济文化交流有了更快的发展进而使以广州为中心的广东对外文化交流得到了较大发展，在中国近代对外文化交流中起到了先锋作用。广东是我国最早接受欧洲近代科学文化的地区，因而在国内最先出现近代工业，创造出具有自己特色的岭南文化，造就了梁启超、康有为、孙中山等一大批民主革命的先驱。新中国成立后，广东逐渐发展成为中国的南大门。以广交会为例，自20世纪50年代开始一直持续到现在，发展从没间断过，即使经历了“文化大革命”时期也没间断过。广交会在第100届之前都是出口商品交易会，是我国最大的对外商品出口交易会，这在一定意义上，广交会也是广东对外文化交流发展的一个平台，广东对外文化交流活动自近代以来一直保持着良好的发展传统，这是广东对外文化交流的优势之一。广东这种对外文化交流的传统在改革开放年代得到了极致的发挥。改革开放激发了广东对外文化交流的热情，推动广东对外文化交流迅猛发展，进而一直走在全国的前列。

2. 毗邻港澳：广东对外文化交流具有天然的区位优势

广东，位于中国内地最南部，南邻南海，毗邻港澳，与东南亚地区隔海相望，海陆交通便利，自古就是中国的“南大门”。广东作为中外文化的交融点，对各种文化兼容并蓄，博采众长，且独具多元文化的奇幻特色。广东是中国社会变化的万花筒，其中展现的既有历史文化的源远流长，也有现代经济大潮和生活时尚的崭新表现，更有中国社会未来走向的演示。这片富庶之地早在秦汉时期就已经有了对外贸易和文化交流活动；到了近代，广东更是商业发达的地区。得天独厚的区位优势，使广东得改革开放风气之先，赢得对外文化交流之先机。广东毗邻港澳，与海外联系密切，历来是我国对外开放的窗口，因此在学习国外先进技术和经验、加强对外文化交流与合作、开拓海外文化市场、积极推进文化“走出去”战略等方面具有独特的区位优势。

2008年年底，中国文化部把广东设为全国唯一的对港澳文化交流基地后，粤港澳三地文化合作频繁，在演艺节目和人才、文物博物、粤剧艺术发展和非物质文化遗产保护、文化创意产业等六个方面的合作向纵深发展。广东省文化厅与香港特区民政事务局、澳门特区文化局签订了《粤港澳文化交流合作发展规划（2009—2013年）》以及《粤港澳文化交流合作示范点工作协议书》，使得广东与港澳文化交流与合作走向常态化：每

年举办粤港澳文化合作会议，设立了16个粤港澳文化交流合作示范点，举办了两届“粤港澳青年文化之旅”，开通了“粤港澳文化资讯网”。2012年，广东充分利用其区位优势，主动参与国家重大对外文化交流项目，以粤港澳文化合作机制建立10周年为契机，完善粤港澳文化交流合作机制，举办粤港澳艺术展演季，与港澳合力打造舞蹈诗《清明上河图》并赴美加巡演，取得了较大成功。这些对港澳文化交流活动，使得广东毗邻港澳的优势得到淋漓尽致的发挥。

3. 华侨众多：广东对外文化交流具有优良的人脉资源

海外华人在过去的岁月里取得了巨大成功，习得了纵横世界的本事，同时也与其他民族建立起了令人满意的关系。[①]因而，海外华人华侨是对外交流的重要人脉资源。广东省自古就是中国海上贸易和移民出洋最早、最多的省份，近代以后逐渐发展成为重点侨乡。在海外的广东籍华人华侨约2000万人，占全国的2/3，分布在世界100多个国家和地区。他们主要分布在东南亚的印尼、泰国、马来西亚、新加坡、菲律宾、越南、柬埔寨，欧美的美国、加拿大、法国、英国，南美洲的秘鲁、巴拿马、巴西、委内瑞拉，大洋洲的澳大利亚、新西兰，非洲的毛里求斯、马达加斯加、南非、留尼汪等国家和地区。其中，在北美洲的有约200万人，主要分布在美国、加拿大等地。此外，海外的广东籍港澳台同胞约600万人，台胞400万人。省内约有10.3万归侨、2000多万侨眷，主要集中在珠江三角洲、潮汕平原和梅州地区，其中广府语系地区的归侨侨眷约有800万人，潮汕语系地区归侨侨眷约有700万人，客家语系地区的归侨侨眷约有500万人。强大的人脉资源为广东对外文化交流提供良好的发展动力。

华侨文化、侨乡文化积淀深厚。华侨文化与侨乡本土文化结合，形成独特的侨乡文化。华侨文化、侨乡文化是岭南文化重要组成部分，2007年6月28日申报世界文化遗产获得成功的“开平碉楼与村落”是华侨文化和侨乡文化的典型代表。

侨捐项目众多、侨资企业众多。广东籍海外侨胞、港澳同胞素有念祖爱乡的光荣传统，一向关注支持家乡的经济文化建设和社会发展。改革开放以来，海外侨胞、港澳同胞捐赠折合人民币逾400亿元，捐建道路、桥

---

① ［美］理查德·刘易斯：《文化驱动世界》，李家真译，外语教学与研究出版社，2007年版，第144页。

梁、学校、医院、图书馆、体育馆等逾3.2万项，建立各种公益事业基金会近3000个。截至2010年年底，全省累计实际利用外资2500多亿美元，其中侨港澳资金超过1700亿美元；全省侨资企业总数55 511家，其中香港投资在册企业数47 755家，澳门投资在册企业数3256家，华侨华人投资在册企业数4500家。广东以侨为桥引进大量海外人才、先进科学技术和现代化管理理念。

涌现大批近现代著名华侨先驱人物。中国近现代历史上许多著名人物是广东籍。在政界方面，有康有为、梁启超、孙中山、叶剑英等；在实业界方面，有回国兴办第一家缫丝厂的南海籍华侨陈启沅，兴办“张裕葡萄酒公司”的梅州大埔籍华侨张振勋，兴办新宁铁路的台山华侨陈宜禧等；在商业界方面，有创建上海永安百货公司的华侨郭乐、郭泉兄弟，创建先施百货公司的华侨马应彪等；在教育界，有开创中国留学教育先河的珠海籍华侨容闳等。此外，还有“洪门元老、一生爱国”的著名华侨领袖司徒美堂，集实业家、慈善家、领事、侨领一身的珠海籍华侨陈芳，为汕头市政建设作出贡献的泰国米业大王澄海籍华侨陈慈黉等。他们对中国近现代文明发展作出突出贡献，他们的思想和精神是广东精神文明的重要组成部分。

在当代世界政治、经济、文化、科技发生深刻变化的大背景下，海外华侨华人社会亦发生许多新变化：华人新移民人数增多、实力增强、作用增大，对海外华社生态带来重大影响；华裔新生代、新华侨华人、社团新力量羽翼渐丰，各种商会组织、专业社团、校友会也日渐发展，逐渐成为华社主体和主导力量；华侨华人社团发展发生重大变化，逐步走向团结联合，国际化程度增强；华侨华人经济科技实力和政治影响力提高，对中国全面建设小康社会和拓展对外友好关系的作用加大；华侨华人与祖（籍）国和家乡关系更加紧密，合作发展愿望更加强烈迫切，内外依存度更高；华侨华人对祖（籍）国提出的新需求、新诉求增加，希望共享祖（籍）国改革发展成果，调整涉及其切身利益的法规政策；华侨华人对祖（籍）国的凝聚力、向心力增强，生存发展环境明显改善。“海外华人是中国与西方之间的理想媒妁。他们依然会是资本主义者，同时也依然是中国人。大

陆地区的中国人将日益明了两种身份并存的可行性。”①

4. 全国大省：广东对外文化交流具有雄厚的经济实力

一定的文化是一定社会的政治和经济在观念形态上的反映。②广东省已同120多个国家和地区建立了文化联系，在文化出访总量上近年来都在全国名列前茅。这体现了广东省雄厚的经济实力、深厚的人文资源和巨大的对外文化交流潜力。

广东这一以制造和第三产业为主的经济强省，一直走在中国经济改革开放的前列。连续十几年经济总量领先于中国其他省份，如地区生产总值、社会消费品零售总额、居民储蓄存款、专利申请量、税收、进出口总额、旅游总收入、移动电话拥有量、互联网用户、货物运输周转总量等。其中进出口总额年均占全国约1/4，从1985年至2008年连续23年居全国第一；年财政总收入占全国约1/7；累计吸引外商投资占全国约1/4；GDP从1989年至2011年连续23年居全国第一。2011年，地区生产总值突破5万亿元，达5.3万亿元，增长10.0%，成为全国唯一家超过5万亿元的省份，居全国首位；人均GDP为50 500元，增长8.0%，按年平均汇率折算达7819美元，跨入中上等收入国家或地区水平；地方财政一般预算收入达5514亿元，增长22.1%；广东出口5319.4亿美元，增长17.4%；进口3815.4亿美元，增长15%，2011年广东外贸顺差1504亿美元。三大产业趋于协调发展，服务业占比继续提升，全年服务业实现增加值23 966亿元，占GDP的比重为45.2%，比上年提高0.2个百分点。2011年广东省外贸进出口总值为9134.8亿美元，比2010年增长16.4%，跨越8000亿美元直接登上9000亿美元的新台阶，连续24年居全国首位，但与全国增幅的差距继续拉大，比全国22.5%的增幅低6.1个百分点，占全国进出口总值的25.1%。2011年人均GDP为50 500元，位居中国第四名，仅次于江苏、浙江、内蒙古。强大的经济实力，为广东对外文化交流与合作提供了物质基础，强大的对外贸易实力也是带动文化产品和服务出口的重要力量，强大的第三产业是推动广东对外文化传播的重要后盾。这是广东对外文化交流领先于全国的根本原因。

① ［美］理查德·刘易斯：《文化驱动世界》，李家真译，外语教学与研究出版社，2007年版，第144页。

② 《毛泽东选集》第2卷，人民出版社，1991年版，第694页。

因而，在对外文化交流中，应充分发挥广东文化建设的优势和长处，发扬广东历史文化底蕴深厚、敢为人先人文精神的传统文化优势；彰显毗邻港澳区位优势；调动全国华侨最多的人脉优势；发挥全国经济实力最强的经济优势，推动广东对外文化交流取得新的成绩。

三、问题：广东对外文化交流的缺点

广东省具备了天然的区位优势、良好的人脉资源以及对外贸易大省的经济地位，因而，从全国各省市对比的角度来看，广东对外文化交流取得了很高的成就。但从世界对外文化交流活动本身来审视，广东对外文化交流也存在着较多问题和不足。

1. 广东对外文化交流的渠道和形式较为单一

在广东对外文化交流渠道上，主要还是体现在官方行为多于民间对外文化交流，绝大部分对外文化交流活动都是在政府主导下进行的，如双方开展友好城市、友好省州活动、广东文化周活动等。真正民间对外文化交流活动由于限制较多，而表现平平。广东对外文化交流的形式主要体现在文化演出、文化会展、文化教育等，特别是送戏演出活动成为对外文化交流的主要形式。如今，对开展如火如荼的孔子学院和海外中国文化中心拓展和建设，广东也没能抓住机遇，相对落后一步，进展较慢。在对外文化宣传上，坚持一贯形成的重视“内宣”而忽视“外宣”的做法。使得对外宣传始终处于被动局面。有外国人士评论认为，中国对外文化交流主要停留在对中华悠久传统文化弘扬上。“假如中国一直都做类似杂技、书法、太极拳之类的表演……这都是非常好的东西，人们很喜欢，可是，把这么有意思的、全面的、复杂的中国，就用杂技和书法来解释是很可笑的”①；“中国一些官员在展示本国的文化时，却仍然习惯于选用那些老掉牙的戏剧、文打武斗的功夫和平淡无奇的茶叶，他们还未意识到如何充分利用当代中国的文化先锋”，“真正需要的只是简单的方式去了解今天的中国正在发生什么。所以，中国要加强与世界的沟通与了解，多谈谈国家的创新、不断涌现的新思想以及应对诸多问题的新举措，效果都要比古

① 张哲：《“我们表达的不是一个完美的德国”——专访歌德学院中国院长阿克曼》，《南方周末》，2009年6月25日。

老传统好得多"[①]，换句话说，当下对外文化交流，必须创新交流形式。

2010年10月18日，中共十七届五中全会通过的《中共中央关于制定国民经济和社会发展第十二个五年规划的建议》中提出要"加强对外宣传和文化交流，创新文化'走出去'模式，增强中华文化国际竞争力和影响力"[②]。因此，广东对外文化交流应积极拓展文化交流渠道，丰富文化交流形式，积极利用对外文化交流渠道，深化与境外文化机构的合作，扩大文化影响力的有效途径；创新体制，改变单纯由政府部门开展对外文化交流的现状，放宽限制，积极开展民间对外文化交流活动；同时，在对外文化交流中，要吸收那些既代表广东省文化特色，又能为国外受众喜闻乐见的民间项目参与，提高对外文化交流层次和水平。

2. *广东对外文化交流的对象和范围较为狭窄*

广东对外文化交流活动的次数之所以全国最多，一个重要的原因就是广东在对港澳、海外华侨的交流上占据了广东对外文化交流的大部分活动。由于广东具有毗邻港澳的天然区位优势，拥有全国2/3的华人华侨数量，这使得广东对外文化交流条件要比内地其他省市优越得多。近年来，广东省还不断深化粤港澳文化合作，积极落实《粤港澳文化交流合作发展规划（2009—2013年）》的合作内容，举办了粤港澳文化合作第十二次会议，达成了48个合作项目，签订了3个合作意向书。2011年，广东省的16个粤港澳文化交流合作示范点开展交流合作项目达100多项，成为对港澳文化交流的主力军。特别是非物质文化遗产领域的交流，深受港澳民众欢迎，仅广东粤剧院赴港澳交流及演出项目就多达数十个，广东粤剧学校全年为港澳同胞开设了五期粤剧粤曲艺术培训班，受训人数近300人。特别值得一提的是，广东为深化与海外、港澳台文化交流与合作，设立了对外文化交流资金，每年由省财政安排专项经费，用于统筹开展对外文化交流活动；加强与粤港澳台文化交流合作，加强对港澳文化基地建设，支持各类协会发展港澳会员、赴台进行各类文化交流；加强侨务外宣，继续开展南粤文化海外行，支持办好侨刊乡讯。这些措施在一定意义上加强了广东与港澳台以及海外华人华侨之间的交流与合作，为提高广东文化国际影响

---

① ［美］乔舒亚·库珀·雷默等：《中国形象：外国学者眼里的中国》，社科文献出版社，2006年版，第35页。

② 《十七大以来重要文献选编》（中），中央文献出版社，2011年版，第994页。

力作出了贡献。但在一定程度上，广东对外文化交流活动的对象和范围还略显不够。交流活动的对象主要集中于港澳台、东南亚以及其他国家和地区的华人华侨，交流范围相对集中在交流对象聚居的地方。这在一定意义上限制了广东对外文化交流活动的扩展，因此，应在继续发展对港澳、海外华人华侨文化交流基础上，积极拓展广东对外文化交流的对象和范围，扩大广东文化的海外影响力。

3. *广东对外文化产品和服务的竞争力较为低端*

李长春在文化体制改革试点工作会议上指出："文化产品有引导社会、教育群众的重要功能。如果不能尽快形成我们自己的文化优势，就难以在激烈的国际竞争中捍卫我国的战略利益，就有既守不住也打不出去的危险。"[①]相关数据显示，在世界文化市场中，美国占据43%的比例，欧盟占34%，而我国文化产业份额不足4%。这一差距显示海外市场的开拓步伐需要进一步加快，市场空间也很大。美国的文化产业占到整个GDP的25%，日本达到20%，而我国仅为2.5%。因而，从这些数据资料来看，在国际对外文化产品和服务出口方面我国根本没法与之媲美。2011年，全国出口文化产品187亿美元，其中广东出口文化产品73.5亿美元，占同期全国文化产品出口的39.3%，为我国文化产品出口最大省份。而同期广东的文化产业仅占整个全省GDP的5.6%左右，与美国、欧盟、日本相比明显处于劣势。作为全国文化贸易水平最强的省份，广东对外文化产品和服务的国际竞争力无法与国际上的文化强国比较。未来，在对外文化交流上不再把文化走出去仅仅局限在对外宣传和友好交流的框架内，而是要提高对外文化贸易的国际竞争力。目前，广东对外文化交流较多还是依赖数量和规模优势，集约化程度不高。因而，对外文化贸易应加快转型升级，提高出口文化产品质量和服务水平，打造一批文化名牌企业、名牌产品、名牌工程、名人效应，借助品牌战略树立广东国际形象，提升广东文化贸易水平。

4. *广东对外文化传播能力和影响力较为弱势*

当今世界，在全球化浪潮的冲击和影响下，一个国家对外文化传播能力的强弱直接决定了其文化能否成为世界的主流和价值的主导。广东省虽说在新闻出版、广播影视、文化演出、文博会展等文化产业竞争力很

---

① 《十六大以来重要文献选编》（上），中央文献出版社，2005年版，第340页。

强，其对外文化传播能力自然处于全国先进水平，但与发达国家的文化传播能力和影响力相比，则处于相对弱势地位。西方国家凭借其强大的现代传播媒体和传播技术，昼夜不停地播发新闻信息，借助大众化、实效性的新闻传播，直接影响全世界受众。美国总统林肯在南北战争前接受采访时曾经评价说："《泰晤士报》是世界上影响最大的报纸，事实上，据我所知，除了密西西比河外，再没有比它更有力量的东西了。"美国著名作家马克·吐温说过一句颇为夸张的话："给地球各个角落带来光明的来源只有两个：天上的太阳和地下的美联社。"[①]广东虽说现代传媒发展较早，在国内影响力较大，但却难以找出在国际范围内有着较强影响力的传播媒体，广东媒体在海外的发展显得形单影只，势单力薄。其传播能力和影响力还无法与国际上大的传播集团相竞争。这不仅仅跟我们的传播工具和传播渠道有关，还与我们的传播理念、传播体制、传播战略、传播艺术、传播方法等有关。同时，对外文化传播不是简单的复制和传输，不仅要传播各种文化，而且还要创造出新的文化精神、文化主体，掌握世界传播话语体系。

总之，广东对外文化交流不能满足于现有发展成绩，需要不断拓展对外文化交流渠道，丰富对外文化交流形式，扩大对外文化交流对象，拓展对外文化交流范围，提升对外文化产品和服务的竞争力，提高对外文化传播影响力。

四、对策：广东对外文化交流的展望

中共十六大以来，广东利用自身优势，丰富对外文化交流形式，扩大对外交流与合作，增强中华文化的感召力；提高对外文化贸易水平，加大对外文化产品和服务的出口，拓展国际文化市场，增强中华文化的竞争力；构建现代传播体系，提升对外文化传播能力，增强中华文化的影响力，作出了巨大贡献，为我国对外文化交流提供了有益的参考。

1. 丰富对外文化交流形式，增强中华文化感召力

马克思曾指出："英国的大炮破坏了皇帝的权威，迫使天朝帝国与

---

① 刘笑盈：《打造国际一流媒体》，《对外传播》，2009年第2期。

地上的世界接触。与外界完全隔绝曾是保存旧中国的首要条件，而当这种隔绝状态通过英国而为暴力所打破的时候，接踵而来的必然是解体的过程，正如小心保存在密闭棺材里的木乃伊一接触新鲜空气便必然要解体一样。”[①]这在一定意义上说明了对外开放和交流的重要性必要性。对外开放和对外交流首先就是对外文化的交流与合作。中共十七届六中全会指出：“推动中华文化走向世界。开展多渠道多形式多层次对外文化交流，广泛参与世界文明对话，促进文化相互借鉴，增强中华文化在世界上的感召力和影响力，共同维护文化多样性。”[②]这无疑给我们提供了更为清晰的发展思路。可以说，丰富对外文化交流形式，拓展对外文化交流渠道，扩大交流层次，是增强中华文化感召力吸引力的重要举措。广东对外文化的交流形式丰富多彩，直接的交流形式有：“广东文化周”、“南粤文化海外行”、“友好城市”、交响乐演出、杂技舞蹈表演、旅游推广、戏剧表演、文化遗产展示、民族文化展示、艺术作品展览等。如广东借助粤剧、潮剧等在海外具有的重要吸引力，积极开展在海外市场的演出。广东粤剧的对外文化交流活动非常频繁。有句话说得好，叫做“有华人的地方就会有粤剧”。粤语在海外的流行、海外华人的思乡情结等因素，造就了粤剧在海外市场的生命力。粤剧作为岭南文化的瑰宝，在对外宣传广东形象、维系及增进海内外华人感召力方面发挥了重要作用。可以说，进一步拓展粤剧的海外市场，是建设文化强省中的一项重要任务。

以广东对台文化交流形式为例，2011年，广东以纪念辛亥革命百年为主题继续组织广东文化登入宝岛台湾。期间，选派的广州杂技团《西游记》、东莞音乐剧《爱上邓丽君》、广东民族乐团大型民乐音乐会赴台巡演，均受好评。广东还组织参加首届文创论坛活动和文化创意产业展，协助组团赴台参加2011青少年管弦乐团交流演出，配合第五届客家高峰论坛举办了山歌晚会，组织台湾200多名青少年参加2011舞蹈交流研修夏令营、艺术交流计划、“辛亥革命风云人物墨迹展”等活动，邀请台湾木偶剧团参加了广东省第十一届艺术节演出，这些节目新颖，层次高，艺术性

① 《马克思恩格斯选集》第1卷，人民出版社，1995年版，第692页。

② 《中共中央关于深化文化体制改革推动社会主义文化大发展大繁荣若干重大问题的决定》，《人民日报》，2011年10月26日。

强，丰富多彩的文化交流活动，有力地促进了相互之间沟通了解，扩大了广东文化的影响力。

重大体育活动也是广东对外文化交流的一种重要方式。奥林匹克运动创始人顾拜旦在《体育颂》中写道："体育，你就是和平，你在各民族间建立愉快的联系。"广东每年都会主办和承办一系列重要体育赛事。广州亚运会和深圳大运会就是两个典型。以广州亚运会为例，2010年的广州亚运会不仅是一次体育盛事，更是一次文化交流盛事。作为本届亚运会文化活动的最大亮点之一，广州专门从国内外300多台剧目中选定了38台剧目参加本届亚运会、亚残会文艺演出。可以说，广州亚运会集中了亚洲国家各地区的文化精粹，搭建起了亚洲多元文化交流与对话的平台，使来自亚洲各地的运动员和观众在欣赏各地区运动员精彩表现的同时，也能尽情享受亚洲各国各地区传统文化与现代艺术，增进了对亚洲各国各地区历史、文化的相互了解和彼此的情感交流，促进了广东与亚洲各国各地区的文化交流。

广东还积极构建各类对外文化交流平台，拓展对外文化交流空间。近10年来，广东已举办过国际舞蹈节、国际粤剧节、国际民间艺术节、国际摄影艺术节、国际艺术博览会、国际声乐比赛、国际合唱节、国际旅游节等大型国际赛事和节庆，影响深远。如2009年12月举行的2009年中国（广州）国际纪录片大会，共收到来自60个国家和地区的510部纪录片，创下了历届大会参展评优纪录片数量之最，并进行了"亚运故事"、"国际摄影师镜头中的中国系列"、"大型文艺性纪录片《艺海明珠——红线女》首映式"、"广东日"、"法国日"等主题展播活动，约有4万人次参加了展播和相关活动。这种大型的文化会展活动是对外文化交流活动的重要平台。2009年12月5—15日，省文化厅、旅游局与清远市人民政府、连州市人民政府共同主办"2009连州国际摄影年展"。连州市已连续举办的5届国际摄影年展，集学术交流、摄影创作、图片展览、图片交易为一体，其高水平的摄影作品及良好的学术交流氛围在摄影界影响深远。这些对外文化交流活动无疑为广东的对外文化交流与合作提供了发展平台，不仅有效提升了广东的国际形象和国际知名度，也促使广东文化软实力的不断增强。

广东省对外文化交流成就卓著。但与新形势新任务的发展要求相比，对外文化交流形式仍局限于传统单一的表现手段、影响范围仍主要局限于海外华侨华人和港澳台地区范围、缺少有针对性和影响力的文化交流形式的品牌等。今后的对外文化交流应不断创新对外文化交流形式，在大力推动政府间文化交流的同时，积极探索市场运作方式，推动文化走出去，加强对外文化交流与合作，扩大我国文化产品和服务出口，推动形成全方位、多层次、宽领域的对外文化交流新格局。

首先，充分利用中国文化符号和文化载体，广泛参与世界文明对话。文化是体现于象征形式（包括行动、语言和各种有意义的物品）中的意义形式，人们依靠它相互交流并共同具有一些经验、概念与信仰。①如世界第一次听到“孔子学院”这个名字，是在2004年。这一年，随着中国经济的发展和国际交往的日益广泛，随着世界各国对汉语学习的需求急剧增长，我国在借鉴英、法、德、西班牙等国推广本民族语言经验的基础上，探索在海外设立以教授汉语和传播中国文化为宗旨的非营利性公益机构，取名为“孔子学院”。截至2010年年底，我国已在96个国家和地区建立了322所孔子学院和369个孔子课堂，开设各种层次的汉语课程18 000多班次，注册学生36万人；举办各类文化活动10 000多场次，参加人数500多万人。还有更多的申请放在中国国家汉语国际推广领导小组（简称汉办）办公桌上等待处理。激增的数字，让孔子学院成为一个日益宽广的中外文化交流桥梁：桥代表着中国人和世界对话的渴望；桥的一头，是世界对中国和中国文化日益强烈的了解愿望；桥的另一头，是中国文化“走出去”。而身处海外孔子学院的汉语教师们，就是一线的“文化使者”。孔子学院的“文化使者”的使命就是让世界多一点彼此了解。依托海外孔子学院建立的中国海外文化交流机构和文化展览馆，推进传播中华文化走向常态化。

其次，加强政府的组织领导，广泛动员社会各种力量，积极参与对外文化交流活动。目前，我国政府同大多数国家和地区及联合国教科文组织等国际组织建立了多种形式的文化交流机制，与145个国家签订政府间文化合作协定，签署了近800个年度文化交流执行计划，与近千个国际文化组织和机构开展文化交往；构建了中美、中俄两大人文交流合作机制并

① ［英］约翰·B·汤普森：《意识形态与现代文化》，高銛等译，译林出版社，2005年版，第146页。

提升到战略层面，与欧盟、东盟、非盟、阿拉伯联盟、上海合作组织和东北亚加强了人文交流合作。人文交流对增进国际理解和政治互信、促进文化相互借鉴、维护文化多样性发挥了积极作用，为树立我国负责任大国形象、提升国际地位和影响力作出了重要贡献。政府部门的努力，为参与国际文化交流合作提供了良好的发展路径。当然，对外文化交流不仅是文化部门的工作，也需要社会各行各业财力、物力、智力的支持和配合。对外文化交流只有在政府部门的积极引导下，动员社会各种力量广泛参与到对外文化交流中来，才能卓有成效地整合各种深厚的人文资源，推动众多的优秀艺术团体和文化艺术作品进入国际市场，发挥品牌效应。

最后，要加大对外文化交流的资金投入，从财力上保证文化交流的开展。西方传教士之所以能在全世界进行传播西方文化，最主要是就是他们背后有一个源源不断的资金支持。虽然我们无须模仿这一做法，但至少它能给我们一些启示，现在很多人的想法就是文化交流活动不应该仅仅满足于交流，而且要从交流活动中寻求经济效益。这本无可厚非，但也要看到对外文化交流的许多成果不是能用经济效益来简单衡量的，它对增强中华文化吸引力和感召力、提升中华文化软实力方面意义更久远。许多文化交流成果也会转入到意识形态中去，对于发挥社会主义制度优越性方面具有更深层次的意义。因而，政府要在资金投入、社会资金筹措、税收、保险等方面，在对外文化交流的机构、体制、跨国人才培养等方面，给予政策上的倾斜和扶持；设立对外文化交流发展基金，用于资助非商业性对外文化交流和对外文化品牌推广活动等。

丰富对外文化交流形式，是为了更好地推动中华文化文明走向世界。因而，应充分利用中国文化符号和文化载体，加大资金投入，扶持公益性的对外文化交流活动，广泛动员社会各种力量积极参与到对外文化交流中来，增强中华文化的吸引力和感召力。

2. 提高对外文化产品和服务出口水平，增强中华文化竞争力

广东的对外文化产品和服务出口全国第一，这主要得益于毗邻港澳的区位优势。华侨众多的人脉优势，贸易大省的经济优势，特别是广东初具规模的文化产业体系和初步成熟的现代文化市场体系，为文化产品出口提供了前提条件和基础保障。据了解，到目前为止深圳华强文化科技集团出口俄罗斯、印度等63个国家的原创动漫产品已超过1万分钟；广州原创动

力公司将最新的《喜羊羊与灰太狼》动画片通过迪士尼拥有的播放渠道，在亚太区52个国家和地区播映。广州网易计算机系统有限公司、深圳腾讯科技有限公司等生产的多款网络游戏走向海外市场。近年来，广东对外文化贸易逐渐升温。中国（深圳）文化产业国际博览交易会、广东现代舞团、羊城国际粤剧节、广州国际摄影双年展、三年展等，成为国际性的文化交流、贸易平台。东莞市音乐剧《蝶》在香港成功上演，广州、深圳等地每年也都有不少海外商演项目。广东还是中国游戏游艺设备最大的生产基地，由省内企业自主研发制造的游戏游艺设备超过全国总量的70%，产品大量出口到美洲、中东以及东南亚。

目前，我国文化产品和服务出口远远未达到与其经济发展水平的层次。以中国电影出门为例，2010年，我国在境外举办了100次中国电影展，展映国产影片578部次。中国电影展映活动所到之处，均产生热烈反响。这一年，47部国产影片销往61个国家和地区，海外票房和销售收入35.17亿元人民币；2009年，48部国产影片销往65个国家和地区，海外票房和销售收入达到27.7亿元；2008年，45部影片销往61个国家和地区，海外总收入25.28亿元；2007年，78部影片销售到47个国家和地区，海外发行收入总计20.2亿元人民币。这对于我们来说已属不易。但与西方文化大国相比，我们显得微不足道，全国一年的影片收入，甚至还不如好莱坞一部大片的收入。美国文化产品的出口收入已经占到了外贸总收入的38%。我们开展对外文化交流，当然不能仅局限于那种完全没有经济效益、传统的对外文化交流形式，必须学会用市场手段开发文化，用科技手段武装文化，用营销手段包装文化、销售文化，增强中华文化竞争力。

中共十七届六中全会指出：“实施文化走出去工程，完善支持文化产品和服务走出去政策措施，支持重点主流媒体在海外设立分支机构，培育一批具有国际竞争力的外向型文化企业和中介机构，完善译制、推介、咨询等方面扶持机制，开拓国际文化市场。”[①]这为提高文化产品出口，增强中华文化竞争力提供了方向。

第一，我们应树立文化品牌，提高对外文化产品出口的层次。今后，需在对外文化产品出口中注入更多的文化内涵，进一步提高出口文化产品

① 《中共中央关于深化文化体制改革推动社会主义文化大发展大繁荣若干重大问题的决定》，《人民日报》，2011年10月26日。

的档次和附加值、增强文化产品出口竞争力；同时，将中华文化以潜移默化的方式传达给境外消费者。

第二，提高对外文化产品出口的营销能力。按照市场的法则建立对外文化产品贸易体系，运用现代市场营销模式在竞争中占领国际市场，扩大中国文化的阵地和影响力。特别是在国外举行的大型经贸推介活动，应有机融入文化产品市场，改进文化贸易方式，拓宽文化营销渠道，增强文化产品的竞争力，打开国际文化市场。

第三，鼓励具有国际竞争力的文化出口企业参与国际竞争。鼓励具有国际市场竞争能力的文化企业走向世界，开发国际文化市场，扩大中国文化产品在国际市场的占有率。培养多元的对外文化交流主体，整合文化资源，扩大社会力量的参与面，准许有一定资质的民营企业和外资企业参与开发适合对外贸易的文化产品，提供涉外文化服务。鼓励民营企业参与文化“走出去”，并与有关部门共同研究改善服务和创新政策，推动建立对外文化贸易的政策扶持体系。

大力推进文化创新，提升文化产业的整体实力和国际竞争力，巩固文化出口企业的大后方，使中华民族的优秀文化走向世界。

第四，借鉴国外对外文化贸易的经验教训。江泽民指出：“我国文化的发展，不能离开人类文明的共同成果。要坚持以我为主、为我所用的原则，开展多种形式的对外文化交流，博采各国文化之长，向世界展示中国文化建设的成就。”①以开放的心态借鉴、聚集世界优秀文化资源，引进国外先进的文化服务技术、管理方法和文化项目，改造和提升我国的文化产品生产能力，主动开展与国外主流媒体和文化中介机构的合作，在保障文化主权和安全的前提下，利用国外的资金、技术和营销力量开发、推介我们的文化产品。

第五，充分发挥政府在发展对外文化出口贸易中的推动作用。鉴于我国文化产业与发达国家地区相比还处于起步发展阶段，在确立企业作为对于文化贸易主体地位的同时，发挥政府在发展对外文化贸易、推动文化产品走出去中的推动起作用。政府要进一步制定和完善有关文化贸易政策，提高文化产业的市场化程度和开放度，促使文化资源有效整合和文化产业

① 《江泽民文选》第2卷，人民出版社，2006年版，第35页。

做大做强，加强工商、海关、文化版权统计等部门之间的协调配合，加快文化市场的整合，规范文化市场的持续，完善文化市场的体系。同时，打造对外文化产品出口贸易的绿色通道，为对外文化产品出口企业提供更好的服务。

3. 提升对外文化传播能力，增强中华文化影响力

美国有线电视新闻网（以下简称CNN）崛起之后，也曾经被称为“联合国安理会的第六个常任理事国”。其创始人特纳曾声称，“CNN的镜头摇到哪里，安理会的议程就讨论到哪里”。其议程设置能力之强，以至于海湾战争和索马里事件之后国际学术界出现了所谓的“CNN效果”一词。CNN在其鼎盛时几乎就成了全球新闻的代名词，这些都是媒体影响力的表现。[①]美国和西方国家凭借着其遍布全球的新闻网络和先进传播技术，垄断了新闻节目的90%，控制整个世界舆论导向。因而，提升对外文化传播能力，就是要着力推进对外媒体建设，建立健全多媒体、跨平台、广覆盖的对外传播网络，提高广播电视节目在境外的落地、入户率，扩大我国主流媒体在境外的影响力。默多克新闻集团的各种媒体每天24小时连续向全球70多个国家和地区的观众传送精彩纷呈的新闻和娱乐节目；作为当今世界上最大的英文报纸出版商，集团在全球范围内的报纸每周发行量逾4000万份，销售额和发行量居全球第一。新闻集团还办有9个娱乐及新闻网站，并与YAHOO签订合作协议，将新闻集团下属的这些网站与YAHOO相互链接，以期获得更多访问者。其发展战略和发展能力值得广东去借鉴学习。

广东一直是传媒大省，近年来，广东充分利用本省主流媒体的传播能力，已初步构建了对外文化传播体系。文化对外传播能力不仅取决于传播工具的先进与否，还取决于传播途径是否占据主导地位。广东全面打造以广播、报纸、电视、杂志传统四大媒介以及国际互联网为主的对外文化传播体系。同时，创新传播体制机制，加强对外媒体建设，支持广东省主流媒体以独资、合资或合作方式在境外办报、办刊、办台、办网，与海外媒体合办频道（率）、栏目、节目，鼓励广东省主流媒体创办英文报刊、广播和电视频道，重点打造广东电视台国际频道，开设《今日广东》外文

① 刘笑盈：《打造国际一流媒体》，《对外传播》，2009年第2期。

版，构建起了以网络、报纸杂志、广播、电视等传媒组合战略空间立体化传播渠道。值得一提的是，广东创新现代传播形式，利用专版专栏，借船出海，成功打造了《今日广东》海外专版专栏的运营模式，扩大广东对外传播阵地的影响力。

广东积极探索创新对外宣传的有效形式，讲求对外宣传策略和技巧，增强对外宣传的吸引力。《今日广东》境外报纸专版和广播、电视专栏是多年来广东省成功实施"借船出海"外宣战略，依托省直重点新闻单位精心打造的对外传播阵地品牌。广东省委外宣办积极指导推动《今日广东》专版、专栏着力加强内容建设，改进了宣传方式，拓展了传播渠道，增强了对外影响力和竞争力：一是《今日广东》报纸专版在海外影响力明显提升；二是《今日广东》广播栏目在世界广播网的传播效果不断扩大；三是《今日广东》电视专栏在海外落地率、收视率不断提高。目前，《今日广东》电视专栏已在亚洲、美洲、欧洲、大洋洲的50多个国家和地区近 80多个频道播出，在海外特别是华人华侨社会的知名度和影响力越来越大，构筑了宣传当代广东、传播广东文化和中国文化的窗口、桥梁和前沿阵地，逐步形成与广东经济地位相适应的对外宣传舆论力量，逐渐改变了广东在舆论宣传领域的被动局面。

此外，国际互联网的互动性、共享性决定着其未来必将成为各种媒介倚重的对象。为此，广东充分利用国际互联网开展对外宣传，重点加强对英文网站的指导扶持，提升网络媒体的对外传播能力，充分发挥广东网络应用发达和网络媒体的传播优势，着力培育新兴外宣载体：一是指导南方英文网、广州生活英文网和广东电台英语新闻网加强内容建设，改进服务形式，加快技术升级。目前南方英文网每月点击量超千万，其中近70%来自欧美和大洋洲的国家和地区，对外传播影响力逐步提高。二是丰富重点英文网站的对外传播内容，组织推动传统外宣品上网传播。三是加强《广东通讯》电子杂志建设。《广东通讯》每周精选省内经济发展、对外交流、社会民生、文化体育等多方面题材进行新闻采编，以电子邮件形式发送给各驻粤总领馆、驻粤商会、大型外资及跨国公司等近10 000名境外用户的电子邮箱，发行量正逐步上升。

同时，广东实施对外宣传精品工程，推动广东省外宣品制作市场化，提高对外传播效果；统筹全省外宣品制作，推进采访线工程建设。2010年广东围绕广州亚运会精心组织编印发放《珠江三角洲地区采访指南》、《广东省热点敏感问题答问参考》供全省相关部门参考，受到各方普遍好评。2011年广东省委外宣办按照建设文化强省规划纲要的要求，一是针对境外媒体采访需求，组织编印《今日广东——采访指南》、《中国城记（广东城市系列）》（中英文版）。二是从外国媒体和专家的视觉解读广东，围绕向境外传播广东改革开放成就和转变经济发展方式、推动科学发展进程这一核心内容，组织国家外文局专家写作《从广东制造到广东创造》；集中近年来外媒对广东的报道，编印《外国人眼中的广东》。三是丰富外宣品系列，《今日广东》画册、《广东十大文化名片》、《今日广东》明信片和《中国广东》光碟将于近日全部完成；顺利完成《今日广东》图片库、广东省热点问题库、境外记者资讯库、全省采访线工程数据库等"四库"建设，有效地提高对外传播的针对性和有效性。

广东在构建全方位立体化的对外传播体系以及媒体运营模式的创新和媒介传播效果的把握等方面的这些经验值得借鉴。提升对外传播能力就是为了增强中国在国际上的话语权，扩大中国在国际上的影响，树立当代中国的崭新形象，赢得国际社会的尊重和认同，增强中华文化国际影响力。正如中共十七届六中全会所指出："创新对外宣传方式方法，增强国际话语权，妥善回应外部关切，增进国际社会对我国基本国情、价值观念、发展道路、内外政策的了解和认识，展现我国文明、民主、开放、进步的形象。"①

总之，加强对外文化交流，就是扩大中国在世界上的影响，让中国的声音传向世界，让世界更好地了解中国，树立中国的良好形象，为改革开放和社会主义现代化建设事业创造有利的国际舆论和文化环境。

① 《中共中央关于深化文化体制改革推动社会主义文化大发展大繁荣若干重大问题的决定》，《人民日报》，2011年10月26日。

第七章 敢为人先：广东文化立法工作的推进

文化领域的改革开放成果需要法律来巩固，文化事业发展需要法律调整和规范，文化产业需要法律来引导和规范，人们的文化权利需要法律来保护。因而，文化立法，跟其他领域的立法一样，事关中国特色社会主义事业发展全局，是必须要做、不得不做的重要事项。因此，加强文化立法是广东深化文化体制改革的必然要求，是广东建设文化强省的必然选择。

一、影响：广东文化立法的意义

中共十六大以来，广东文化立法主要依据国家现有法律法规进行的。广东文化立法的成果从现有法律方面主要有国家宪法、民法、刑法、行政法、有关文化领域的专门法以及国务院及文化部门制定的条例规章等；从文化部门发展要求方面主要有1999年3月15日文化部发布的《文化部文化立法纲要》、2004年中共中央宣传部印发的《关于制定我国文化立法十年规划（2004—2013）的建议》、2006年9月14日文化部发布的《文化建设“十一五”规划（2006—2010）》等。此外，作为地方专门法规立法，广东文化立法，还得考虑到全省总体规划要求和地方法规的要求。如广东文化立法还得依据诸如《广东省关于加快建设文化大省的决定》、《广东省建设文化强省规划纲要（2011—2020年）》等这样的文化发展规划以及2001年通过、2006年修订的《广东省地方立法条例》。自建设文化大省以来，广东文化立法在这种背景下走出了一条具有广东特色的发展道路。

1. 广东文化立法推动文化民生建设

广东是全国经济大省，但也是全国经济发展不平衡的“大省”，粤东、粤西、粤北与珠三角地区发展差距较大。在文化投入方面，省级财政会从整体角度有所照顾和倾斜，但局限于投入总量等原因，自然会出现广东在公共文化投入方面仍存在总量不足、城乡及区域之间不平衡等现象。为此，将广东公共文化服务纳入法制化轨道是解决上述问题的现实需要。由于广东欠发达地区、少数民族地区、农村地区群众和学生、外来务工人员、老年人、未成年人和残疾人等群体处于弱势地位，获得公共文化服务的途径有限，需要政府倾斜性的服务提供。如果将这些群体纳入了法制化轨道并使之政策法律化，有了法律依据自然就不会担心政策的变动了。

文化立法广东首开先河，全国第一部关于公共文化服务体系建设的综合性地方法规《广东省公共文化服务促进条例》于2012年1月1日起实施。这是中公共十七届六中全会研究部署深化文化体制改革、推动文化大发展大繁荣，进一步兴起社会主义文化建设新高潮后，广东文化领域出台的又一项重大举措，也是广东民主促进会提案催生法律法规的又一成功案例。《广东省公共文化服务促进条例》的颁布施行，是建设幸福广东、保障人民群众基本文化权益的重大步骤，也是广东省委、省政府落实中共十七届六中全会精神，建设文化强省、推进广东文化事业科学发展的重要举措。

《广东省公共文化服务促进条例》为国内关于公共文化服务的制度建设和立法模式提供了研究对象，同时也为其他地区的类似立法提供了参照文本。据了解，目前，我国公共文化服务立法总体上比较滞后，相关内容散见于一些单项的法律、法规、规章中，尚未形成完整的体系。广东省第一个提出公共文化服务统一立法，提供了加强公共文化服务体系建设立法的一种整体思路。

2. 广东文化立法保护文化

广东省在文化保护保存方面做出了许多努力。十六大以来，广东在文化立法方面有三部法律涉及文化保存保护方面，分别是：《广东省档案条例》、《广东省实施〈中华人民共和国文物保护法〉办法》、《广东省非物质文化遗产条例》。这三部法律都是关于文化保存保护方面，是就文化立法保文化。

《广东省档案条例》由广东省第十届人民代表大会常务委员会第

三十三次会议于2007年7月27日修订通过，自2007年9月1日起施行。它是广东省人大常委会在《广东省档案管理规定》的基础上修订而成的，修订的力度可谓非常大。先前的《广东省档案管理规定》共二十八条，不分章；修订后的《广东省档案条例》分“总则”、“档案机构”、“档案收集”、“档案管理”、“档案利用”、“法律责任”、“附则”共七章，四十二条。本次法规的修订是广东经济社会发展的必然结果：个人档案馆、电子档案、档案中介服务机构等新事物的出现带来了新的立法空白；重大活动声像档案的收集、已公开现行文件的利用服务等档案部门工作还缺乏地方立法的有效支持；国家上位法[①]的不完善愈加明显，而广东省近十年前制定的《广东省档案管理规定》对上位法的补充细化已滞后于档案事业的发展……为解决上述问题，广东省人民政府起草了《广东省档案管理规定（修订草案）》，并于2007年5月提交省十届人大常委会第三十二次会议审议。《广东省档案条例》为档案部门工作的顺利开展奠定了法律基础，为提高档案的利用价值增添了动力，为广东省档案事业的大踏步前行保驾护航。档案，记录历史，造福社会；条例，为广东的文化大省建设筑造了一道稳固的文明之堤。

广东省发布了第一部省级地方性文物法规——《广东省实施〈中华人民共和国文物保护法〉办法》。2008年11月28日广东省第十一届人民代表大会常务委员会第七次会议通过，自2009年3月1日起施行。多年来，广东省的文化遗产保护工作取得了重大进展，文物数量急剧增加，博物馆建设蓬勃发展，文物考古成果丰硕。为配合《中华人民共和国文物保护法》和《中华人民共和国文物保护法实施条例》的施行，广东结合本省文物保护事业的实际，制定了《广东省实施〈中华人民共和国文物保护法〉办法》，作为广东第一部省级地方性文物法规，对今后的文物保护工作将起到积极的推动作用。《广东省实施〈中华人民共和国文物保护法〉办法》共41条，重点是补充和细化了《中华人民共和国文物保护法》有关条款，在文物保护工作的保障措施、文物保护基础工作、不可移动文物的保护、文物安全责任制等方面作了具体规定。《广东省实施〈中华人民共和国文物保护法〉办法》延续了文物保护工作“保护为主、抢救第一、合理

① 就法的效力位阶而言，法可分三类，即上位法，下位法和同位法。在我国的法律体系中，上位法优于下位法，后者不得与前者相抵触。

利用、加强管理”的方针，并在此基础上作了一些创新。如针对实际工作中，部分地方对文物保护单位重开发、轻保护、资金投入不足等问题，《广东省实施〈中华人民共和国文物保护法〉办法》第九条明确规定：利用国有文物保护单位开辟参观旅游场所，其门票收入应当在财政部门的监管下，全部用于文物保护，其中用于文物保护单位的修缮、保养的比例不得低于百分之五十；《广东省实施〈中华人民共和国文物保护法〉办法》第十四条将“四有”工作的落实情况作为申报省级文物保护单位必须具备的条件，等等。作为广东省的地方性法规，《广东省实施〈中华人民共和国文物保护法〉办法》还充分体现了地方特色。针对广东省海岸线长、水下遗存丰富的现状，《广东省实施〈中华人民共和国文物保护法〉办法》设立了“水下文物保护区”制度。第二十六条规定：对具有重要历史、艺术、科学价值的水下文物遗存，由省人民政府确定为水下文物保护区，并予以公布。此外，《广东省实施〈中华人民共和国文物保护法〉办法》还设立了“地下文物埋藏区”制度。第二十八、第二十九条规定：在地下文物埋藏区进行建设工程的，建设单位应当在施工前报告省文物行政主管部门组织考古发掘单位进行考古调查、勘探，土地使用权出让或者划拨涉及地下文物埋藏区的，有关行政部门在办理相关批准手续前，应当征求同级文物行政主管部门的意见。

2011年7月29日，广东省第十一届人民代表大会常务委员会第二十七次会议通过《广东省非物质文化遗产条例》（以下简称《条例》），2011年10月1日起施行。这是国家《中华人民共和国非物质文化遗产法》实施后国内第一部地方性配套法规，也是广东非物质文化遗产保护事业中的里程碑。条例的制定将对广东省的非遗保护工作起到积极的促进作用。首先是将非遗保护纳入法制化、规范化轨道，使保护工作有法可依；其次是将实践中的一些成熟经验上升为法规，成为各级文化主管部门、传承人共同遵循的行为规范；另外，该条例的制定，将为保护工作中的资金、保护、传承、合理利用提供有力的保障。同时，条例出台后，通过条例的普及，可以增强全社会的保护意识，让更多的人关心、支持非物质文化遗产保护工作。《条例》共有5章46条，分别为总则、非物质文化遗产代表性项目名录、非物质文化遗产的传承、传播和其他保护措施、法律责任、附则。作为下位法，《条例》在篇章结构、立法精神、指导思想、制度设计等方

面与《中华人民共和国非物质文化遗产法》保持一致，并在多方面对与其有关的规定作了细化和强化。同时，作为地方性法规，《条例》也体现了地方特色。《条例》将广东省非物质文化遗产保护实践中的成熟经验上升为法规条文，在保障制度、工作机制、操作程序等方面确立了一系列有力、明晰的规范，与《中华人民共和国非物质文化遗产法》一同构成广东省深入开展非物质文化遗产保护工作的坚强保障。

3. 广东文化立法推动文化硬件建设

2005年1月19日，广东省第十届人民代表大会常务委员会第十六次会议通过，自2005年3月1日起施行的《广东省文化设施条例》。文化设施是开展群众文化活动、传播先进文化的重要阵地，做好文化设施的规划、建设、管理和利用是各级人民政府特别是文化行政等主管部门的重要职责。广东省委、省政府作出的《关于加快建设文化大省的决定》中就把加强文化设施建设作为建设文化大省的重要任务之一。因此，立法规范广东省文化设施的规划、建设、保护、管理和利用，对于落实《广东省建设文化大省规划纲要》，促进广东文化大省的建设和发展，不断提高人民群众的文化素质和文化生活质量，满足人民群众日益增长的精神文化需求，具有重要意义。

这一法规的颁布实施，填补了自1999年《广东省营业性游戏机室管理规定》和《广东省营业性歌舞娱乐场所管理规定》废止后5年来广东省省级地方性文化法规的空白。广东省自全面推进文化大省建设以来，从政府到民间兴建了大量文化设施，而如何对这些设施的投融资体制和管理机制加以规范也就成为一个重要课题。此次颁布的《广东省文化设施条例》针对当前文化事业和文化产业发展的实际状况，突破了传统计划经济体制下纯文化事业型的框架，除对以往政府投资兴建的公益性文化设施予以规范外，还将各类不同所有制的经营性文化设施建设及管理等内容纳入立法范畴，吸引社会资本对文化基础设施建设的投入，推进文化事业和文化产业的发展。该条例的实施，将有效提高文化设施管理水平，推动广东的文化建设进一步走向规范化、法制化。

总之，广东文化立法在全国文化立法“不景气”的境况下，在传统立法道路上另辟蹊径，逐渐摸索出了一条具有广东特色的文化立法之路，标志着广东在文化立法方面取得了重大突破，走在了全国前列。

二、壁垒：广东文化立法的掣肘

文化立法是维护文化主权、实现公民文化权益、维持文化秩序、建设和谐文化的重要保障，是推动文化发展、维系文化传承、推进文化交流、促进文化繁荣的必要条件。近年来，广东文化立法取得了较大成就，推动了广东文化事业的发展，为地方文化立法作出了表率。但从文化立法的成果、环境以及内容来看，也存在着较多不足之处。

1. *广东文化立法成果缺乏系统性*

目前，我国文化立法状况总体存在不足。总的来看，人大立法少，政府部门规章多；基本法少，单行法规多；文化权利保障少，管理规范多。具体到广东，广东文化立法成果方面不是很理想。有关文化方面的专门立法就是《广东省实施〈中华人民共和国文物保护法〉办法》、《广东省非物质文化遗产条例》、《广东省文化设施条例》、《广东省档案条例》、《广东省公共文化服务促进条例》等5部地方综合性法规。其他副省级城市和特区城市相关专门的文化立法不多。广东省政府规章中有关文化立法的则是空白。广东省政府规范性文件中有关文化方面的管理办法主要就是2006年6月修订的《广东省奖励举报非法光盘生产线和音像领域其他违法犯罪有功人员暂行办法》和2006年7月颁发的《广东省文化厅歌舞娱乐场所行政许可实施办法》两部规范性文件。而广东省政府部门规范性文件中相关文化管理方面也是空白。在这些现有的广东省文化立法成果来看，除了《广东省公共文化服务促进条例》是为贯彻中共十七届六中全会，推动广东省文化大发展大繁荣而积极主动制订出的地方性法规外，其他的文化立法更多的是因现实发展之需而拟定的，属常规性的立法。从2003年到现在已有9年了，才有5部地方性文化法规，总体上数量明显不足。因而，从广东文化立法状况来看，文化立法难以满足现实文化发展之需。许多文化领域的管理缺乏法律依据，文化立法尚存空白，亟须全面系统的文化立法成果。

2. *广东文化立法环境缺乏引导性*

地方性立法是在国家立法范围内进行的，如无国家法律法规部门规章引导，地方性立法也是难以超越自身条件而进行大胆立法的。特别是在法

律冲突、惩罚、纠纷和刑事判决上，如无国家级法律法规的依据，地方性法规是无权妄自定夺的。目前，《新闻法》、《出版法》、《网络法》、《文化事业法》、《文化产业法》、《文化市场管理法》等在我国尚属空白，难以满足我国日益增长的文化产业发展需求。《电影法》、《广播电视法》、《演出法》等停留在行政法规和部门规章等较低层次上，未以法律法规的形式加以确定。国际互联网领域在我国几乎是无法可依的境地。文化发展的许多领域，几乎是无法可依，违法难究的局面。“皮之不存毛将焉附”，这种情况给地方文化立法带来难题，即在文化立法上，如果国家没有法律规定的，地方法规就难以定夺甚至无权定夺。可以这么说，如果国家级的文化立法对广东各项文化艺术活动和文化社会关系尚未作出规定进行调整的，只要对这些文化活动和文化社会关系进行调整的内容不属于《中华人民共和国立法法》所规定的有关“国家主权的事项”、“各级人民代表大会、人民政府、人民法院和人民检察院的产生、组织和职权”、“民族区域自治制度、特别行政区制度、基础群众自治制度”、“犯罪和刑罚”、“对公民政治权利的剥夺、限制人身自由的强制措施和处罚”、“对非国有资产的征收”、“民事基本制度”、“基本经济制度以及财政、税收、海关、金融和外贸的基本制度”、“诉讼和仲裁制度”等必须由国家立法的事项的，广东是可以在《中华人民共和国立法法》第63、第64、第73条规定的省、自治区、直辖市的人民代表大会及其常务委员会以及省、自治区、直辖市和较大的市人民政府制定地方性法规和政治行政规章的权限范围内，制定广东地方文化法规和行政规章。

目前，国家层面的文化立法乏力，直接影响地方文化立法的积极性。《广东省非物质文化遗产条例》（2011年7月29日）也是在《中华人民共和国非物质文化遗产法》（2011年2月25日）通过后不久制订出来的。可以想象一下，如果没有《中华人民共和国非物质文化遗产法》出台，地方是不敢擅自制订非物质文化遗产条例的。这不是说地方无权制订本辖区条例，而是许多法律问题地方是无权定夺的。因此，没有国家的文化立法“繁荣”，就没有地方文化立法的“昌盛”。

3. 广东文化立法内容缺乏全面性

目前，文化领域仅有三部法律，即《中华人民共和国著作权法》、《中华人民共和国文物保护法》以及《中华人民共和国非物质文化遗产法》。这就决定着地方文化立法难以做到全面系统。从已有的广东文化立法成果来看，立法内容主要存在于文化事业发展领域。如《广东省文化设施条例》、《广东省档案条例》、《广东省非物质文化遗产条例》、《广东省公共文化服务促进条例》以及《广东省实施〈中华人民共和国文物保护法〉办法》等5部文化立法的地方性法规都是涉及文化发展公共领域，体现了文化发展的公益性要求。而这5部文化法规，有3部都属“应景之作”，《广东省文化设施条例》和《广东省公共文化服务促进条例》这2部法规属“主动出击”的成果。但就整个文化事业来看，需要对文化事业进行立法。文化事业立法是制定调整文化事业领域的各种社会关系的法律规范，是规范和促进文化事业繁荣发展的各种规范性法律文件的活动。文化事业全面繁荣，覆盖全社会的公共文化服务体系基本建立，努力实现基本公共文化服务均等化等，是中共十七届六中全会提出未来我国文化事业的发展目标。文化事业的发展要服从和服务于全面建设小康社会的战略目标，不断完善以民族文化为主体、吸收外来有益文化、推动中华文化走向世界的文化开放格局。因而，文化事业立法势在必行。现阶段，应加快制定公共图书馆法、博物馆法、文化事业促进法等法律法规。

而有关文化产业发展领域的文化立法成果则是空白，虽与国家文化立法乏力有关，但体现出广东文化立法动力不足。文化产业立法是制定调整文化产业领域的各种社会关系的法律规范总称。从发达国家的情况看，文化产业在国民生产总值中占有相当的比重。如韩国的《文化产业振兴基本法》，对于韩国文化产业发展起到了十分重要的作用。现阶段，我国应在注重文化立法社会效益的同时，注重文化立法的经济效益，使文化产业成为国民经济支柱性产业，增强我国文化产业的整体实力和国际竞争力，全面促进我国文化事业的发展。目前，应加快制定文化产业振兴法、演出法、电影法、广播电视法、文化市场管理法、文化企业法、互联网法等文化产业方面的法律法规，尽快推进我国现代文化产业制度的形成。十六大以来，广东文化发展经历了“狂风暴雨”式的发展，从2003年的全国文化体制改革试点到2011年中共十七届六中全会提出的文化体制改革，从2003年《中共广东省委、广东省人民政府关于加快建设文化大省的决定》到2010年《广东省建设文化强省规划纲要（2011—2020年）》，这些“惊心动魄”的文化发展重大方针政策无不体现国家和地方在推动文化建设方面

的信心和决心。强大的文化发展实践和成果需要立法的保障，这在一定程度上也解释了我国文化发展的无序和混乱，并未真正走向制度化规范化秩序化的发展轨道。未来，应全面推进文化立法工作，使得文化工作有法可依，推动社会主义文化建设事业走向制度化规范化法制化。

总之，广东文化立法由于存在着成果缺乏系统性、环境缺乏引导性、内容缺乏全面性等发展不足，因此，针对这些问题，要创新广东文化立法成果，突破广东文化立法环境局限，弥补广东文化立法内容缺陷，推动广东文化立法健康有序发展。

三、路径：广东文化立法的思考

文化立法属文化发展的“顶层设计”，不能仅为了当前的发展而立法，头痛医头脚痛医脚，也不能仅为了保护文化而立法，就保护而保护。文化立法，既要考虑现实发展之需，也要考虑未来发展之要。

1. 文化立法应充分调动全体民众的广泛参与

广东文化立法从文化法规提出、草案形成、征求意见、表决通过、宣传发布等整个过程无一不经过公开公正的民主程序，充分调动全社会民众的广泛参与。以《广东省公共文化服务促进条例》为例，整个立法过程都倾注了社会各界的力量。2009年，中国民主促进会广东省委结合中共广东省委、省政府的工作部署和省文化厅工作重点，将加强广东省公共文化服务立法进程作为重点调研课题，并成立课题组。课题组分别向广东省文化厅，广州、深圳等地市有关单位发出书面调研函广泛收集课题资料，并赴珠海等地市进行实地调研，围绕调研内容与当地文体旅游、财政、编制、法制等部门进行了深入的座谈交流，实地参观了一些文化场馆和基地，获得了第一手信息。在深入调研了解的基础上，课题组形成了《关于加快广东省公共文化服务立法进程的建议》的提案，并提交2010年广东省政协全会。提案对广东省公共文化服务的立法现状和存在的主要问题作了详尽的分析，认为广东省公共文化服务体系建设存在着公共文化投入总量不足，结构欠合理，区域文化发展不平衡，公共文化队伍整体素质偏低，公共文化单位的管理和服务水平有待提升等诸多问题。为此，提案建议，明确政府主导作用，尽快搭建公共文化服务的制度平台，通过立法，采用刚性指标，增大财政对公共文化建设的投入，促进广东省公共文化服务体系建设在建设标准、经费投入、人员编制、运作管理、考核评估等方面得到可靠保障；要落实城乡公共文化服务体系建设责任和考评机制，对改革管理体制、进一步加强文化队伍建设作出更加切实的规定。同时，动员社会各方面力量广泛参与，形成推动公共文化服务体系建设的强大合力。提案被确定为当年广东省政协重点提案，受到了广东省委、省政府和省政协领导以及承办单位的高度重视。作为主承办单位，广东省法制办对提案的办理工作高度重视，专门成立重点提案办理工作小组，对提案中提出的关于进一步明确政府的主导作用、优化文化资源配置、增加财政投入、动员社会各方面力量广泛参与、落实城乡公共文化服务体系建设责任和考评机制等建议给予了积极采纳。[①]在多次征求相关部门的意见和建议的基础上，广东省法制办开展《广东省公共文化服务促进条例》的制定工作。2011年9月，经广东省人大常委会审议通过，《广东省公共文化服务促进条例》于2012年1月1日起实施。

值得注意的是，广东每制定一部地方文化法规，在发布实施前都会组织一个隆重的动员发布仪式。如2011年9月29日，《广东省非物质文化遗产条例》实施动员仪式在广州塔举行。该条例是国家《非物质文化遗产法》实施后国内第一部地方性配套法规，并于2011年10月1日起正式实施。发布仪式当天，广东著名舞蹈艺术家陈翘宣读了由王为一、红线女、杨之光、陈翘、陈国凯、张永枚、张良、郑秋枫、金敬迈、罗家宝、姚璇秋、梁伦、梁信、梁素珍、潘鹤15位广东省首届文艺终身成就奖获得者共同签署的《保护非物质文化遗产倡议书》。老艺术家们共同倡议，社会各界严格依照《非物质文化遗产法》和《广东省非物质文化遗产条例》等法律法规开展非物质文化遗产保护、传承、传播工作，共同保护弘扬优秀广东非物质文化遗产。同时，为配合条例的颁布，“粤琼非物质文化遗产交流展”在广州塔31层开幕。来自海南的非物质文化遗产项目与广东的代表性非物质文化遗产项目一同展出，海南苗族的刺绣手艺人还在现场与广绣师傅一同献艺。这不仅仅是一次法规发布宣传活动，而且通过活动唤起人们对非物质文化遗产的保护意识。

① 《广东：党派省委建言推动公共文化服务立法进程》，《人民政协报》，2011年12月30日。

同样，2009年2月27日，《广东省实施〈中华人民共和国文物保护法〉办法》在实施前一天，在作为广东民间工艺博物馆的陈家祠举行实施新闻发布会。广东省文化厅等单位各方领导以及30多位文物保护专家到会。他们慨叹，从国家2002年颁布《中华人民共和国文物保护法》到今天终于有了“广东办法”，以后再开展文物保护工作就更加“有理有据”了，因为伴随着经济建设的发展，这方面难度实在是不小。文化发展涉及社会各方面，文化立法应充分调动社会各阶层的力量，积极参与到文化立法过程中去，集思广益，不仅有利于提高文化立法质量，而且有利于人们在参与文化立法中提高自己的文化自觉。

2. **文化立法应保护最广大人民群众的根本利益**

广东文化立法推动了文化民生建设。《广东省文化设施条例》、《广东省档案条例》、《广东省非物质文化遗产条例》、《广东省公共文化服务促进条例》以及《广东省实施〈中华人民共和国文物保护法〉办法》等法规在保护文化、保存文化方面作出规定，在一定意义上都是保护人民群众的文化权益。《广东省公共文化服务促进条例》是广东省第一个就公共文化服务统一立法，它提供了加强公共文化服务体系建设立法的一种整体思路。政府在《广东省公共文化服务促进条例》中提供了倾斜性文化服务政策，打开社会弱势人群获得公共文化服务的途径，保障了欠发达地区、少数民族地区、农村地区群众和学生、外来务工人员、老年人、未成年人和残疾人等弱势群体的文化权益。广东通过文化立法使广大人民群众真正享受到社会发展成果，营造出和谐的社会氛围。特别是注意通过运用法律手段促进城乡文化建设的协调发展，提高农村公共文化服务能力，丰富广大农民的文化生活，促进社会主义新农村建设。同时，依法保护社会各阶层的文化权益，突出政府有关部门发展文化事业的职责。《国家“十二五”时期文化改革发展规划纲要》提出：要“加快文化立法，制定和完善公共文化服务保障”等方面的法律法规，“将文化建设的重大政策措施适时上升为法律法规”，并研究制定《公共图书馆法》，修订完善文物保护法、著作权法、互联网、文化遗产、广播影视等相关领域法律法规，加强地方文化立法，提高文化建设法制化水平。[①]这无不反映出国家

① 《国家“十二五”时期文化改革发展规划纲要》，《人民日报》，2012年2月16日。

通过文化立法，保护人民的文化权益不受侵犯。

以人为本，立法为民，这是中国特色社会主义法律体系建设的基本经验。文化是与广大人民群众利益密切相关的，文化立法必然要体现最广大人民群众的根本利益诉求。体现人民共同意志、保障人民文化权益、维护人民根本利益，是中国特色社会主义文化法律体系的应有之义。文化发展为了人民、文化发展依靠人民、文化发展成果由人民共享贯穿于社会主义文化建设的全过程。因而，文化立法要坚持把服务人民群众作为出发点和落脚点。

3. 文化立法应有利于解放和发展文化生产力

文化生产力即生产文化产品、提供文化服务的一种能力。文化生产力在当代已经成为综合国力的构成要素之一。目前，我国文化立法偏重文化事业方面的立法。近年来的广东文化立法几乎完全集中于文化事业立法，《广东省文化设施条例》、《广东省档案条例》、《广东省非物质文化遗产条例》、《广东省公共文化服务促进条例》以及《广东省实施〈中华人民共和国文物保护法〉办法》等这些地方性综合法规的文化立法成果都集中在文化事业发展方面。在市场经济条件下，文化产业和文化事业构成文化生产力的两个方面。文化产业的水准反映文化事业的发展程度，没有高度发达的文化事业为基础，没有原创性的文化成果和大量的知识产权，文化产业不可能发展；同时，如果没有发达的文化产业，文化事业的发展就会缺乏动力、缺乏资金，民族文化的竞争力、影响力也会遭到削弱。因此，今后应大力推进文化产业立法进程，提高文化产业立法水平，促进文化产业法制化建设。要像通过经济立法不断深化经济体制改革来解放和发展生产力一样，通过文化立法不断深化文化体制改革来解放和发展文化生产力。

4. 文化立法应符合文化发展的规律

任何事物都有自己的特点，文化也是如此，文化作为精神文明建设的组成之一，具有很强的引导性和影响力。与此同时，它又摸不见看不着，具有一定的隐蔽性和广泛性。文化是社会意识形态，有着特殊的形象思维方式、特殊的审美视角、特殊的情感迸发魅力。文化体现着一个国家和民族的品格，既凝聚国民人心，又事关民生福祉，所谓“国民之魂，文以化之，国家之神，文以铸之”。文化的创新发展将有利于国家、民族品格的

重塑与再造。文化产品具有很强的主观性和精神性，其最终目的是为了满足人民群众精神文化生活的需要。所以文化立法的内容应以保障促进、优惠扶植为主，尽量减少不当的干预。这就需要加强对文化规律的研究和总结，在文化立法整个过程中坚持按文化规律办事，这样才能收到事半功倍的效果。社会主义文化事业既具有文化事业的共性又具有社会主义自身的特点，因此，在社会主义文化立法中，要善于总结文化发展规律，运用文化自身规律，为早日实现社会主义文化大发展大繁荣提供法律保障。

文化有其自身的特性，有其自身的发展规律。推进文化立法工作，不仅要有满腔的热情，而且要有理性的认识，有对文化发展规律的科学把握。否则，就会导致行动上的随意性、盲目性。应当看到，文化是一个非常复杂的现象，对文化立法工作可从不同层次、不同角度作出多种多样的把握。

文化发展规律要求文化立法不能急功近利、急于求成。文化问题非一朝一夕能解决的，其发展成果也并非瞬间能见效的。列宁曾讲过："文化任务的完成不可能像政治任务和军事任务那样迅速。应当懂得，现在前进的条件已经和从前不一样了。在危机尖锐化时期，几个星期就可以取得政治上的胜利；在战争中，几个月就可以取得胜利；但是在文化方面，要在这样短的时间内取得胜利是不可能的。"①因此，文化立法应尊重文化发展规律，既要立足当前，又要着眼未来，正确处理好经济效益与社会效益、眼前利益与长远利益、文化事业与文化产业之间的关系。

文化自身发展规律要求文化立法坚持以科学发展观为指导，处理好与文化发展规律相关的各种关系。1979年10月30日，邓小平在《在中国文学艺术工作者第四次文代会上的祝词》中指出："党对文艺工作的领导，不是发号施令，不是要求文学艺术从属于临时的、具体的、直接的政治任务，而是根据文学艺术的特征和发展规律，帮助文艺工作者获得条件来不断繁荣文学艺术事业，提高文学艺术水平，创作出无愧于我们伟大人民、伟大时代的优秀的文学艺术作品和表演艺术成果。"②这表明了文化作为复杂的精神劳动，非常需要文化创造者发挥个人的创造精神，写什么和怎样写，只能由文化工作者在文化发展实践中去探索和逐步求得解决，在这

① 《列宁选集》第4卷，人民出版社，1995年版，第591页。

② 《邓小平文选》第2卷，人民出版社，1994年版，第213页。

方面，不要横加干涉。因此，文化立法应探索和把握文化发展规律，坚持以科学发展观指导文化立法工作，特别要正确认识和处理人民群众的基本文化需求与多样化、多层次、多方面文化需求的关系，弘扬主旋律与提倡多样化的关系，继承与创新的关系，民族文化与外来文化的关系，促进繁荣与加强管理的关系，发挥政府作用与调动全社会力量的关系等重大关系。

5. **文化立法应大力推进文化产业立法**

我国文化产业立法起步较晚，文化产业立法较为薄弱，仍为形成文化产业法律体系的基本框架，文化产业发展缺乏强劲的法制后盾作保障，文化产业在实践操作中缺乏可操作性，现有的文化产业法律远不能满足文化产业发展要求。因此，文化产业相关法律的空白状态、文化产业立法上的限制，在一定意义上增加了地方文化产业立法的难度。广东的文化立法成果主要集中于文化事业，文化产业的相关立法较为薄弱，这与广东文化产业大省发展极不相称。广东文化产业立法今后应着重考虑文化产业调整、文化投资、文化市场与管理、文化贸易、文化产品流通、文化中介组织等方面，以及涉及文化产业方面的印刷、出版、新闻、网络、音像制品、影视、文化演出市场等，加大文化立法。加强文化产业立法建设，是保证文化产业健康有序发展的根本途径。

大力推进文化产业立法，加强我国文化产业立法保护力度是迎接经济全球化，融入国际文化产业发展体系、依法维护国家文化安全、提高文化产业竞争力的必然要求。大力推进文化产业立法不仅有助于建立健全规范化的文化产业制度，促进科学、合理的文化市场格局的形成，引导各文化相关产业相互促进、协调发展，而且有助于建立和形成科学合理的文化市场管理制度，引导、保障和促进文化产业的全面协调可持续发展。2010年4月28日，国务院《关于文化产业发展工作情况的报告》中提出："加快文化产业立法进程，着手起草《文化产业促进法》，推动尽快出台《电影产业促进法》，为文化产业发展提供法制保障。"2012年2月15日出台的《国家"十二五"时期文化改革发展规划纲要》提出，要尽快制定和完善"文化产业振兴、文化市场管理等方面法律法规"，研究制定《电影产业促进法》、《广播电视传输保障法》等，修订完善著作权法、互联网、广

播影视等相关领域法律法规。[①]这表明，加强文化产业立法已成为下一步国家立法工作的一个重点方向。加强文化产业立法既是国家立法工作的基本要求，也是文化产业发展的必然要求。《广东省建设文化强省规划纲要（2011—2020年）》中把《广东省文化产业促进条例》、《广东省知识产权保护条例》等法规列入下一步文化立法工作，可见，广东在文化产业立法也将会走在全国的前列。

总之，文化立法是推进我国文化法治建设的必然要求。加强文化立法，使之与经济立法、政治立法、社会立法一起全面协调发展，是建设和发展中国特色社会主义事业的内在要求。

① 《国家“十二五”时期文化改革发展规划纲要》，《人民日报》，2012年2月16日。

第八章　文化导航：广东新时期广东精神的提出与践行

精神指引方向，精神激发动力。中共十七届六中全会召开后，为贯彻十七届六中全会精神，各地掀起了提炼本地精神热潮，并采取多种举措加以推广、普及，力求让本地精神成为引导当地人民群众奋发有为的强心剂，成为促进经济社会发展、文化大发展大繁荣的助推器。

一、探寻：地区精神的提炼与引领

地区精神既是民族精神的重要组成部分，也是一个地区独具特质的精神品格，是人民群众长期实践的文化结晶。地区精神凝聚了一个地区的历史、文化、民情，集中反映了地区人民的价值追求、思想观念和道德风尚。地区精神的提炼是为了更好地引领这个地区人民朝着正确方向发展。

1. 地区精神提炼的重要意义

毛泽东指出：“人是要有一点精神的。”[①]“人的精神需要就像人体需要维生素一样，没有意识、理性、意志等精神活动的生命就是缺乏人性的动物的生命。”[②]人无精神不立，国无精神不强。一个人需要精神安顿，一个民族需要共有的精神家园。在现代化建设日新月异、人民物质生活水平极大提高的今天，人们更需具备精神层面的追求及精神信仰。改革开放30多年来，中国的温饱问题已经很好地得以解决，但当前人们精神及心理层面所出现的问题令人担心，成为一个必须面对、必须重视的时代话

① 《毛泽东文集》第7卷，人民出版社，1999年版，第162页。

② 袁贵仁：《人的哲学》，工人出版社，1987年版，第102页。

题。面对深刻的社会转型，在各种价值观和多元文化的冲击下，一些人的理性与价值追求迷失，出现了心灵和精神的困惑。一个人的精神信仰如同灯塔，指引并照亮人生的航程。缺少精神追求的人生，很容易误入歧途。

当今社会，除了民族精神的引领，人们确实也需要一个地区精神来牵引。人应该成为地区精神领地的思想者、耕耘者，用高品位的精神食粮来不断地充实自我、提升自我。地区精神是一个地区文明素养和道德、理想、信念的综合体，是地区民众认同的价值取向与共同追求，是植根于一个地区文化土壤中的内在气质。具体表现为信仰什么、追求什么、奉行什么、遵循什么。随着经济全球化浪潮日益加剧，各种思潮相互激荡，“文明冲突”不断上演，带来的结果就是思想活动的独立性、选择性、多元性、多样性和多变性日渐增强，越是在这种情况下，越应打造共同的核心价值体系，在多元中立主导、在多样中谋共识、在多变中把方向，形成共同的理想信念，用共同的精神之魂激励民众奋发向上，共同建设自己的精神家园，追求真、善、美。

2. 地区精神提炼的要求

目前，各地都不约而同地高度重视下大力气概括和提炼各自的地区精神，这正是认识到了地区精神的巨大作用。地区精神，是地区发展的灵魂，是一个地区文化的精髓。地区精神具有一脉相承的连续性，必须立足历史、现实、未来三个方位，全面提炼和升华所蕴涵的精神内核。因而，在地区精神提炼时应植根地区的历史文化传统，立足地区的发展现状，引领地区的发展未来。

第一，地区精神提炼要植根地区历史文化传统，彰显地区发展的人文特征。地区历史文化传统是这个地区人们的文化积淀，提炼地区精神应注重从历史文化的土壤中挖掘、吸取合理、健康的养分，形成地区精神的深厚根基。如果不植根于地区发展历史，那么地区精神将浮于表面，缺乏应有的精神实质，更易走向趋同化。如北京精神的第一个表述语为“爱国”，反映出了这个地方的历史传统。北京继承了五四爱国传统，同时，结合首善之区的政治地位，“爱国”自然成为北京精神的核心内容。福建精神的“爱国爱乡”体现的是一种不变的历史情怀。从明朝的郑成功，近代的马江战役，解放战争时期的老区人民，到新中国成立后作为海防前线，福建人民的无私奉献和支援，在福建人民的言论和行动中，都得到了反映。同时，福建是著名侨乡，华人华侨的爱国爱乡传统一直延续至今，成为福建精神提炼的重要特征。闽籍乡亲无论身在何处，总是梦萦家园、心系祖国，对故土有特别深厚的感情，对祖国统一大业有极强烈的责任感。广东精神中的“敏于行”反映了广东人重实干的历史传统。

第二，地区精神提炼要立足地区发展现状，彰显地区发展的地域特征。提炼地域精神要立足本土，也要放眼全国乃至世界，在吸收人类一切文明成果的视野中凸显地域特色。凸显地域特色主要体现在地理位置、地形、环境、气候等特征上，如在地域特色十分明显的地区精神中的重庆精神“登高涉远、负重自强”；云南精神“高原情怀（开拓、创新、奋进、包容）和大山精神（信念坚定、扎实苦干、不断进取、勇于担当）”体现云贵高原、全省大山中人的风貌，直接反映了其地域发展特征，从地域特征中挖掘出其厚重的精神意义。

第三，地区精神提炼要引领地区发展未来，彰显地区发展的时代特征。地区精神是动态的，一定会打上鲜明的时代烙印，与时俱进，而非一成不变。引领价值追求是地区精神表述的永恒主题。如江苏精神“创业创新创优，争先领先率先”就注入一定建设性、前瞻性、引领性的精神元素，彰显本地区的时代特征；山东精神“改革创新、开放包容、忠诚守信、务实拼搏、敢为人先”中的“改革创新、开放包容、敢为人先”直接体现出了山东人改革开放、敢闯敢干的时代精神。

地区精神，是历史、地理、文化等要素长期积淀的结果，是历史特征、地域特征、时代特征的综合体现。全面把握地区发展时代特征，必须有效承接历史，将所在地区传统文化资源的发掘、整理与精练作为重点，并作为地区精神的主色调与表述语的主要组成部分。

3. 地区精神提炼的途径

全国地区精神提炼，主要通过自上而下、自下而上的提出方案、组织投票产生；省委集思广益后提出；领导直接提出等三种途径产生的。

第一，提出方案，参与讨论，组织投票产生。自上而下提出方案，自下而上参与讨论，组织民众投票产生。表现最为明显的主要有北京精神、江苏精神、广东精神、广西精神等。以北京和江苏为例，2011年11月2日，北京市公布了历时18个月、经293万北京市民投票产生的八字北京精神“爱国、创新、包容、厚德”。提炼“北京精神”是深入贯彻落实党的

十七届六中全会精神，践行社会主义核心价值体系，在新的发展阶段推动首都文化大发展大繁荣的具体实践。从2010年5月份开始，市有关部门广泛汇聚社会各界意见，凝聚全市人民智慧，通过组织专家研讨、征求区县意见、社会广泛投票、征询部分人大代表、政协委员及相关部门意见，结合北京社会发展实际对北京精神进行了总结和提炼，最终确定了北京精神表述语。北京精神的提炼过程充分体现了聚民心、汇民智的群众路线。在2011年9月16日至25日短短10天内，有近293万名北京市民参与了北京精神的投票。最终，“爱国、创新、包容、厚德”从5条候选表述语中脱颖而出，取得了近176万张的选票，占投票总数的近60%。正是在反复研讨推敲以及集中民智、会聚民意的过程中，北京人对“爱国、创新、包容、厚德”的北京精神形成了共识。

“江苏精神”先面向社会征集、再由专家论证。2011年4月2日发布消息后，江苏15天内就收到各类稿件6300多条。经过分类归纳梳理、电脑软件检索，发现出现频率较高的词汇有：创新创业、率先领先、崇文重教、开拓奋进、开明开放等。经过多次筛选，6300多条候选语归纳到为50条。江苏省社科联、南京大学、南京师范大学等单位的10多位专家学者又从中选出10条表述语向社会公布征求意见。经超过50万人次投票，“创业创新创优、争先领先率先”最终名列第一，并经中共江苏省委十一届十二次全会通过确定 “三创三先”为新时期江苏精神。

广西精神初步表述语向社会公众征求意见后，6天内网上意见征求帖点击便达2万多人次，网民跟帖发表意见和新口号标语共计400多条。各地区精神初步提出后，在社会共识的基础上经过升华，也是对社会主义核心价值观的一种表述。

提炼地区精神的目的在于对内动员和会聚力量，对外树立和展示形象。人民群众是弘扬地区精神的主体，应通过多种形式吸引、利用各种渠道，鼓励群众积极参与，集中民智，集思广益，会聚民意，使提炼地区精神的过程成为群众认识本土、了解当地、热爱家乡，强化爱国爱家、提高使命感责任感的过程。

第二，省委集思广益后提出。如新疆精神、福建精神等。新疆精神是在大讨论的基础上，新疆维吾尔自治区党委广泛听取意见建议，集思广益，吸收了一些专家学者的积极建言献策，于2011年10月26日自治区第八次党代会上最终将新疆精神表述为“爱国爱疆，团结奉献，勤劳互助，开放进取”16个字。福建精神是福建省委在学习贯彻十七届六中全会精神过程中，广泛听取各方面意见的基础上提炼而成。2011年11月，福建省省委书记孙春兰在省第九次党代会报告上，代表省委提出“爱国爱乡、海纳百川、乐善好施、敢拼会赢”的福建精神，海内外反响强烈。“福建精神”既反映了福建独特的历史文化底蕴，又体现了时代发展的新要求，是以爱国主义为核心的民族精神和以改革创新为核心的时代精神在福建的具体体现。

第三，领导直接提出。许多地区精神是由主要领导直接提出的，如甘肃精神、河南人精神、贵州精神等。甘肃精神表述走在全国前列，甘肃为最早提出省市精神的省份。时任甘肃省委书记宋平提出“甘肃精神”为“人一之、我十之、人十之、我百之”。河南省委书记卢展工提出了“普普通通河南人，踏踏实实河南人，不畏艰难河南人，侠胆仗义河南人”的河南人精神。贵州精神则是2008年温家宝在贵州调研时提出的“不怕困难、艰苦奋斗、攻坚克难、永不退缩”精神，此后发展而成。

4. **地区精神的特点**

地区精神表述一般是由2个字、4个字一组组合而成总数的有8、12、16、20等字数，如北京精神“爱国、创新、包容、厚德”，广西精神“团结和谐、爱国奉献、开放包容、创新争先”等。一般以4个字组合成16个字数的较多，占了绝大部分。也有3个字组合成9个字数的，如广东精神“厚于德、诚于信、敏于行”；6个字组合成12个字数的，如江苏精神“创业创新创先，争先领先率先”。采用8、16字长度的双数标语词组最多，体现了中国语言和中国文化特点，符合中国文化和文字特点，言简意赅，朗朗上口，富有韵味，便于记忆和宣传，有利于体现和传播地区精神。

从已经公布的省市精神来看，“爱国”、“创新”、“和谐”、“诚信”、“包容”、“开放”等成为各地区精神表述的热门词汇。东部地区像“创新”、“包容”等词汇出现频率较高。如浙江精神“自强不息、坚忍不拔、勇于创新、讲求实效”，山东精神“改革创新、开放包容、忠诚守信、务实拼搏、敢为人先”，江苏精神“创业创新创先、争先领先率先”，上海精神“海纳百川、追求卓越、开明睿智、大气谦和”等沿海地区精神里面包含了“创新”、“开放”、“包容”等词汇。

西部地区则显得质朴。创新之类词汇出现相对较少，这些地区更倾向于使用团结奉献、艰苦奋斗等词汇来作为地区精神表述。如重庆精神“登高涉远、负重自强”，云南精神“高原情怀（开拓、创新、奋进、包容）和大山精神（信念坚定、扎实苦干、不断进取、勇于担当）”，贵州精神“不怕困难、艰苦奋斗、攻坚克难、永不退缩”，广西精神“团结和谐、爱国奉献、开放包容、创新争先”，新疆精神“爱国爱疆、团结奉献、勤劳互助、开放进取”等。这些地方的地区精神表述中都含有“奉献”、“艰苦奋斗”、“自强”、“扎实苦干”等奋斗励志话语。同时，西部一些地区精神表述语也体现了本地区的地理特点，比如重庆精神是对巴蜀文化及该地区地理特色最好的诠释。

精神提炼应精准，突出个性特点和特有气质，凝聚思想灵魂，代表整体形象，反映内涵品质。地区精神最忌讳的就是千城一面，毫无个性，毫无自身特点，失去它的意义。地区精神是给一个地方“拍照”，一定要对准焦距，把独有的精气神显示出来，清晰准确。当然，地区精神要定位准确，必须与客观环境相符合、与外部形象相协调、与发展要求相适应，要对重大事件进行系统梳理，从纷繁复杂的现象中概括出地域的总体特征，使最终的表述语经得起推敲，掷地有声。地域精神的特质很多，关键要选择最为突出最具特点最有代表性的侧面，用精练精准的语言体现地域独特的精髓，彰显整体形象和特色风貌。

5. 地区精神的引领作用

精神应该是物质运动的最高境界。无论国家、组织和个人，在任何时期，都需要精神的支撑。地区精神对该地区人们的生存与发展具有巨大的灵魂支柱作用、鲜明的旗帜导向作用与不竭的动力源泉作用。地区精神如一面旗帜，凝聚着该地区的思想灵魂，代表着该地区的整体形象，彰显着该地区的特色风貌，引领着该地区的未来发展。没有精神引领，就没有思想灵魂，就没有准确的核心价值定位，就没有奋勇争先的精神动力源泉。只有打造出具有自身发展特色的地区精神，才能对外树立形象、对内凝聚人心，使上下团结一致、共谋发展、共创未来。地区精神是该区域的灵魂，是一种文明素养和道德修养的综合反映，是一种思想意志与文化特色的精确提炼，是一种生活理想与人生信念的高度升华，是该地区人民群众认同的精神价值与目标追求。

总之，地区精神无论如何提炼，其最终目的都是为了更好地引领地区人民进行地区经济建设，推动地区精神文明发展，促进地区社会和谐。

二、起航：广东精神的提出与解读

早在2003年，广东就提出了“敢为人先、务实进取、开放兼容、敬业奉献”的广东人精神。新时期提出的广东精神“厚于德、诚于信、敏于行”更好地体现了民族精神、国家精神与地域精神的无缝对接，塑造出具有标志意义、富有个性魅力、彰显时代特色、体现先进性要求的地区精神。

1. 广东精神的提出

中央政治局委员、广东省委书记汪洋提出，要大力弘扬社会主义核心价值观，凝聚新时期广东精神。如何提炼打造新时期广东精神？汪洋认为，要充分发扬岭南文化的优秀特质。“精神文化需求的内容和实现形式需要做一些顶层设计，要合理区分不同社会阶层、不同社会群体的价值观要求，在公民价值、公民道德和人民群众文化需求中寻找最大公约数，提炼出社会共同认可、体现广东特色、群众乐于接受、容易传承传播的价值理念，使之成为我们新时期广东精神，这样我们的社会就会更加和谐稳定。”①

根据广东省委书记汪洋的要求和粤委办〔2011〕66号文件精神，广东省委宣传部自2011年11月初开始至2012年4月底，在全省范围内组织开展了五轮新时期广东精神征集讨论活动。广东精神征集活动启动后，除组织群众、机关干部、新老广东人、专家学者和知名人士座谈外，还开展了网络和报纸征集活动。征集讨论活动引起了强烈的社会反响，省内外先后有近150万人次参与了各种形式的讨论活动。在前四轮征集讨论活动中，共征集到广东精神表述语1100多条，这些表述语贯通古今、融会中外。根据群众讨论和专家评审意见及省委常委会要求，广东省委宣传部提出四组候选方案，即：“重公德、守信用、敏于行、尚包容”；“厚于德、守于信、敏于行”；“敢为先、尚包容、重实干”；“敢为先、尚包容、守信用、重实干”，面向社会公众开展了第五轮征集评选活动。在第五轮征集讨论

① 《二三十年前的国企托不起文化改革重任》，《羊城晚报》，2011年11月30日。

的基础上，课题组专家对广东精神进行了集中研究提炼，并提出三组候选方案，报省委常委会讨论。最后，省委常委会讨论决定，将新时期广东精神表述语确定为“厚于德、诚于信、敏于行”。至此，广东精神正式诞生。

在2012年5月9日开幕的广东省第十一次党代会的大会报告中首次公布了新时期广东精神，即“厚于德、诚于信、敏于行”。新时期广东精神自2011年11月启动精神表述语征集活动，到在省党代会报告中首次使用，历时5个多月时间。广东省第十一次党代会报告进一步指出，建设幸福广东，必须突出文化引领；要以建设文化强省为目标，深化文化体制改革，加快完善公共文化服务体系，繁荣文化事业，壮大文化产业，积极动员和引导社会力量参与文化建设，充分保障和满足人民群众的精神文化需求；大力弘扬岭南优秀文化传统，发挥优秀传统文化在民众生活和社会治理中的积极作用，大力宣传和实践“厚于德、诚于信、敏于行”的新时期广东精神。

2. 广东精神的内涵

根据广东省第十一次党代会上发放的《关于省第十一次党代会报告中有关名词术语的说明》介绍，经过面向社会广泛征集及讨论研究，新时期广东精神被概括为“厚于德、诚于信、敏于行”。“厚于德”侧重于对优秀文化的传承和弘扬，是广东精神的来源和基础；“诚于信”侧重于对以诚信为主要内容的现代市场经济伦理的融合和坚守，是广东精神的时代要求；“敏于行”侧重于对敏行、敢为、实干的当代广东鲜明特色精神的彰显，是广东精神不断发展并永葆生机的内在动力。

厚于德。“厚德”出自《周易》：“天行健，君子以自强不息；地势坤，君子以厚德载物。”“厚于德”，即具有像大地一样宽厚的美德，容载万物，仁爱奉献。“厚于德”既是中华民族美德的一种概括，也代表了广东人的道德情怀和价值追求；一是体现了源远流长的岭南历史文化传统，具有深厚的文化底蕴；二是体现了广东人的现代道德情怀，展现了广东人尚德、乐善、好施的精神品格；三是体现了广东未来的价值追求，有利于推动全体社会成员树立“做人德为上、做事德为先”的道德理念，使广东人既富于物、又厚于德。

诚于信。“诚信”出自《逸周书》：“成年不尝，信诚匡助，以辅殖财。”“诚于信”就是要严格地遵守待人处事的信誉和信用，积极履行自己的责任和义务，做到真诚、有信、无欺；它是为人处世之根本、企业生存之基础、社会和谐之基石。“诚于信”植根于广东人悠久的商业文化传统，展现出广东人“诚待四方、信义天下”的精神风范和讲诚信、守规则、善合作的精神特质。“诚于信”也成就了广东改革开放的辉煌，正是“诚于信”的文化精神，使得广东在改革开放过程中，能够吸引、会聚全国乃至世界各地的资源推动经济社会发展。当前，广东要坚持社会主义市场经济的改革方向，必须进一步弘扬诚信精神，深入开展“三打两建”[①]活动，加强社会诚信体系建设，营造重信誉、守信用、讲信义的良好社会环境，促进社会主义市场经济体制进一步完善。

敏于行。“敏于行”出自《论语》：“君子欲讷于言而敏于行”，即要注重实干，敏动善行。“敏于行”是广东引以为豪的地域精神特质，主要包括三层含义：一是敢为人先，勇于探索，先行先试；二是善于把握发展先机，把先进的思想及时转化落实到行动上，注重实干、敏于行动、务实不张扬；三是善于应变、灵活变通。每当面临重大的历史转折，广东人总能及时把握和顺应时代潮流，解放思想，更新观念，大胆创新，解决发展难题。

“厚于德、诚于信、敏于行”作为广东精神表述语，既体现了中华民族的传统道德精华，又体现了当代中国时代精神的要求；既包含社会主义核心价值观的总体要求，又体现了岭南历史文化的特征，具有鲜明的广东特色；既立足现实，又指向未来。表述语句式工整，朗朗上口，简单明了，易记易传；而且使用三字句的表述方式，在形式上富有新意。三句话是一个有机、有序的整体，紧密相连，不可分离或缺位。其中，“厚于德”是广东精神的灵魂，“诚于信”是广东精神的根本，“敏于行”是广东精神的特质。“德”重修养，侧重于对优秀道德文化的传承和弘扬；“信”重人事，侧重于对以诚信为主要内容的现代市场经济伦理的融合和坚守；“行”重实践，侧重于对广东人求真务实精神品格的秉承和彰显。三者相互联系、相互促进，共同构成广东精神的有机整体。

3. 广东精神的意义

“厚于德、诚于信、敏于行”，这是广东历经30多年改革开放的重

① “三打”指“打击欺行霸市、打击制假售假、打击商业贿赂”；“两建”指“建设社会信用体系，建设市场监管体系”

要的思想结晶，是亿万南粤人民共同的精神财富。自新时期广东精神提出后，深具广东人特质的“广东精神”迅速传遍南粤，再次从思想层面凝聚了改革发展的共识，激发了敢想敢干会干的创业热情。

第一，广东精神是新时期弘扬和培养民族精神的具体表现。新时期广东精神是中华民族精神的重要组成部分，是新时期弘扬和培育民族精神的具体表现。民族精神是一个民族赖以生存和发展的精神支撑，要结合时代精神创造性地吸收包括中国传统文化在内的一切文明成果。广东人民不仅创造了巨大的经济成就，而且铸造了新时期的广东精神，成为建设经济强省和文化大省的强大精神动力和文化基因。因此要把弘扬民族精神和广东精神作为文化建设重要的任务，纳入精神文明建设全过程，使全体人民始终保持昂扬向上的精神状态。

第二，广东精神是加强公民思想道德建设的需要。广东改革开放走在全国前列，经济社会发展取得了显著成效，但思想道德建设相对滞后。广东改革转型走在前面，道德领域存在的问题更加集中叠加，道德建设面临的挑战更加严峻。特别是“小悦悦事件”①发生后，更是引发了全社会关于加强思想道德建设的讨论和反思。提炼概括和宣传实践新时期广东精神，就是要以此为契机进一步提升广大干部群众的思想道德水平，为建设幸福广东、构建和谐社会提供强有力的思想保障和道德支撑。

第三，广东精神是践行社会主义核心价值观的需要。中共十七届六中全会提出要深入推进社会主义核心价值体系建设，巩固全党全国各族人民团结奋斗的共同思想道德基础。中央要求全国各地先行提炼富有地方特色的价值精神，在此基础上概括和提炼社会主义核心价值观。广东省按照中央要求，把新时期广东精神的提炼和培育工作作为学习贯彻十七届六中全会精神的主要任务之一，成为自觉践行社会主义核心价值观的重要载体，以此提升广大人民群众的思想道德水平。

第四，广东精神是顺应时代发展的需要。近年来，随着经济社会的发展，北京、上海等地相继开展了地方精神大讨论活动，并引导市民大力践行和弘扬本地精神，对推动当地经济社会发展都起到了积极促进作用。在

---

① 2011年10月13日，2岁的小悦悦（本名王悦）在佛山南海黄岐广佛五金城相继被两车碾压，7分钟内，18名路人路过但都视而不见，漠然而去，最后一名拾荒阿姨陈贤妹上前施以援手，引发社会广泛热议。2011年10月21日，小悦悦经医院全力抢救无效，在零时32分离世。

经济社会转型期，面对一系列新的阶段性特征，广东要完成“加快转型升级、建设幸福广东”这一贯穿“十二五”时期的核心任务，面临着一系列困难和挑战，需要有强大的精神动力和强有力的智力支撑。因此，提炼概括新时期广东精神，并引导广大干部群众大力践行和弘扬，就显得尤为迫切。可以说，弘扬广东精神是广东经济社会加快发展、率先发展、协调发展，争当改革开放和社会主义现代化建设的排头兵的需要。

新时期广东精神是社会主义精神文明建设和先进文化建设的重要内容，有利于广东建设社会主义精神文明，实现经济、政治、文化协调发展的需要。当前，正值广东学习贯彻省第十一次党代会精神的关键时期，弘扬新时期广东精神、践行社会主义核心价值观对下一步的改革发展意义重大。凝共识、聚合力，新时期广东精神正以其强大的精神动力和价值引领推动南粤人民在新的起点上创造新的辉煌。

三、践行广东精神，建设幸福广东

凝练新时期广东精神，看上去似乎很简单、仅仅是罗列几个词汇而已，但要做到精准、传神，最重要的是能被人民群众认可并践行，可不是一件轻而易举的事情。因而，践行广东精神，必须深刻认识和把握建设幸福广东的发展规律，必须大力宣传、推广、普及、传承和落实广东精神，使得新时期广东精神长久地驻扎于民众心中。

1. 践行新时期广东精神，必须坚持以“厚于德”为切入点，夯实幸福广东的道德基础

践行新时期广东精神，以“厚于德”为切入点，始终围绕提升思想道德素质，突出“包容宽厚、诚信做人、勤劳致富”这个主题，在树立正确的为人处世方式上下工夫，在提高人民群众生活幸福指数上见成效；树立包容宽厚的心态，坚持把广东精神作为精神食粮进行广泛宣传，使广东精神逐步成为全社会的广泛共识。

大力宣传和实践“厚于德、诚于信、敏于行”的新时期广东精神。省党代会结束后，省委办公厅印发《“广东精神”宣传工作方案》和《关于组织开展“广东精神”宣传实践活动的实施意见》。省委宣传部印发《“广东精神”社会宣传工作方案》，要求各地各单位认真组织开展新时

期广东精神宣传实践活动，以最快速度抓好显要位置、重点部位的宣传，以最大力度在各类区域、各个层面进行全方位的宣传，扎实开展各种形式的主题宣传实践活动，大力宣传推广一批自觉践行广东精神的先进典型，使新时期广东精神成为广东全社会的精神道德坐标和行为价值导向；通过电视、广播、报纸杂志、海报、宣传栏等，开设专门栏目、拍摄公益宣传片、创作主题歌曲、举办专题晚会，利用网络新技术和新运用，充分适应全媒体发展的新趋势，进一步构建舆论引导新格局，增强广东精神的传播力和影响力；动员引导社会各界参与广东精神的建设，使广东精神家喻户晓、达成共识。各地各单位根据要求，迅速行动起来：平面媒体开设专栏，电视媒体滚动播放，网络媒体在线互动，户外媒体刊登标语：街头巷尾，目光所及，总能见到宣传广东精神的横幅、灯箱、宣传栏。密集的宣传，使得广东精神在空间上无处不在、时间上无时不有。

新时期广东精神是弘扬社会道德的建设的一次体现。“厚于德”，主要反映了道德水准、道德修养的状况，但也包含行为要求，宽厚的道德只有通过行为才能彰显出来；“诚于信”，兼具道德水准、行为特征，既是道德水准的表达，也是行为特征的体现；“敏于行”，主要体现行为特征，但也包含道德因素。如果没有良好的德性修养，是难以做到“敏于行”的，“敏”的灵感来源于德性修养。[①]因而，践行新时期广东精神，需要探索建立培育弘扬社会道德的长效机制。如充分发挥先进典型在实践广东精神中的示范作用，树立一批群众身边的典型模范；深入开展文明创建工作，打造实践广东精神的先进典型以及“感动广东十大人物”、“广东好人”、“年度慈善人物”等社会知名度、美誉度高的褒奖平台；完善先进典型的评选方式和评选机制，提升群众参与度和满意度。令人欣慰的是，在2012年6—7月间，广东集中出现了“托举哥”、“夺刀哥”、“凌志哥”、“守信哥”、“最美的哥”、“赤脚哥”等好人好事的典型，其中，在广州和肇庆同时出现两位“托举哥”，在东莞和广州又同时出现两位“赤脚哥”。这让盛夏的广东变得异常清爽，让生活在“小悦悦事件”阴影下的人民群众看到了广东道德发展的希望，为广东道德建设注入一股强心剂。这些“见义勇为”、“助人为乐”、“诚实守信”、“拾金不

---

① 陈金龙：《践行广东精神政府要做表率》，《深圳特区报》，2012年7月24日。

味”行为正是“厚于德、诚于信、敏于行”的新时期广东精神的熠熠生辉，体现了中华民族优秀传统文化的传承，说明了新时期广东精神是引领全省人民建设幸福广东的道德基础。

表四　“哥”的榜样

“哥”的姓名	时　间	事件经过
“托举哥”：周冲	2012年6月3日	2012年6月3日，广州天河区东圃怡东苑3岁女童琪琪失足悬挂4楼阳台，周冲徒手爬上3楼防盗窗，将女童托举达十余分钟，女童在众人的帮助下，成功获救。因为这次义举，周冲被称为“托举哥”。
“托举哥”：邓雄飞	2012年6月11日	2012年6月11日，广东省肇庆市国家高新区景安街的一栋居民楼某单元6楼防盗网下层横格上，悬挂着一个两岁多的小女孩，脑袋卡在防盗网上，大半个身子在防盗网下面晃荡，随时有掉下来的危险。一名黑衣男子从7楼楼顶往下爬到5楼的那张防盗网上，把小女孩托举到安全地带。整个过程极为危险，楼下众街坊看得心惊肉跳，当黑衣男子救下小女孩时，现场群众都热烈鼓起掌来。救人的黑衣男子叫邓雄飞，是一名菜贩。
“夺刀哥”：黄兆景	2012年6月22日	2012年6月22日下午，广州市海珠区江南西发生一起劫持人质事件，一名4岁男童被不明身份的男子持刀劫持。对峙过程中，一年轻男子从背后突袭劫匪，将其握刀的手牢牢控制住，小孩获救后，他就悄悄离开了现场。经警方走访了解，终于找到了神秘的“夺刀哥”，他是南华西派出所保安中队副队长黄兆景。
“凌志哥”：温先生	2012年6月5日	2012年6月5日晚，流浪汉贺小平突发急性阑尾炎，因无钱支付手术费用病卧广州街头，一名开黑色凌志轿车的中年男子付了8000元治疗费将他从死亡线上拉回。“你们好好照顾他（指贺小平），钱不够了跟我说，但不想让别人找到我。”广州市委书记万庆良在“守望相助，共建幸福社区”倡议上作出重要批示：“凌志哥”的新雷锋行动，展现了广州人守望相助、诚实守信的道德风尚，体现了“厚于德、诚于信、敏于行”的新广东精神。

（续表）

“哥”的姓名	时　间	事件经过
“守信哥”：老高	2012年6月5日	在“凌志哥”的背后，还有一位“守信哥”。他是医院担架工老高，“凌志哥”救人离开时，曾把联系方式留给老高，并叮嘱他若是费用不够就打这个电话，但“不要把号码告诉任何人”。老高记住了自己的承诺。接下来在全城急寻“凌志哥”时，多批媒体记者来找老高，都被老高婉拒。既已承诺，千金不换，“守信哥”老高用自己普普通通的坚持诠释了广东人的“诚于信”。
“最美的哥”：李东英	2012年6月10日	2012年6月10日晚，一位乘客打车时，将一只行李箱遗忘在出租车上，包内装有美元15万元、欧元55万元，折合人民币达537.85万元。第一次见到这么多钱，诚实的李东英开车时手都在抖。面对乘客遗忘在出租车上的巨款，李东英没有将其据为己有，他定了定神，告诉自己不要紧张，然后拿起电话向公司汇报，随后将钱送到了附近的派出所，联系失主并完璧归赵。他说：“这些钱对我来说就是个包袱，如果我拿了，良心也不安，一辈子都睡不安稳。”李东英拾金不昧的行为获得网民们的一致好评，被称为“最美的哥”。
“赤脚哥”：宋兴寒	2012年7月24日	2012年7月24日，市民刘女士带女儿行至东莞长安镇宵边大街时，被一名歹徒抢走装有重要财物的手提包。恰好路过此地的宋兴寒听到呼救后，立即脱下拖鞋，赤着脚以百米冲刺的速度追上歹徒，与另一位市民陈小平合力将其制服抓获，并成功追回刘女士被抢提包。东莞市见义勇为基金会理事会讨论决定，认定“赤脚哥”宋兴寒在长安勇擒劫匪的行为属于见义勇为，表彰并奖励宋兴寒8000元。

（续表）

“哥”的姓名	时　间	事件经过
“赤脚哥”：严浩	2012年7月27日	2012年7月27日，7岁的小强贪玩从4米高的蓄水池摔下，呼吸微弱情况紧急，而赶来的救护车仍堵在路上。24岁的湖南小伙严浩抱起这个素不相识的孩子，脱了鞋往医院飞奔。有人说，这是一个和死神赛跑的身影。接治小强的医院开通了绿色通道，救护、照CT片、紧急抢救……“不交钱不给治”的残酷一幕没有再出现。出租车司机、到医院看病的阿姨，也都加入到帮忙的行列。

当然，践行广东精神非一日之功，需要坚持不懈的宣传倡导，更需要科学可行的制度保障。广东不断完善道德建设体制机制，创造扬善惩恶的制度、条件和社会环境。广东省人大常委会将《广东省见义勇为人员奖励和保障条例》列入2012年立法工作计划。新的条例将加大对见义勇为人员的保护力度，细化对见义勇为行为的认定；针对一些见义勇为反被诬陷的情况，该条例也将作出保护。广东还将把见义勇为纳入社会救助体系，对见义勇为人员提供紧急生活保障、医疗救助、心理辅导和法律援助等社会救助，并把见义勇为和栽赃陷害见义勇为者等相关信息纳入个人诚信档案，为见义勇为提供制度性的保障和支持。[①]

总之，践行广东精神，必须大力宣传广东精神，借助广东精神中的道德精神，营造幸福广东的道德氛围，构建幸福广东的道德体系，夯实幸福广东的道德基础，为建设幸福广东“保驾护航”。

2. 践行新时期广东精神，必须坚持以“诚于信”为着力点，构建幸福广东的信用体系

中共中央政治局委员、时任广东省委书记汪洋在广东省第十一次党代会上强调要“构建法治为基、诚信为魂、效率为先、公平为本的社会主义市场经济”，[②]把诚信作为社会主义市场经济建设的灵魂来定位。由此可见，践行新时期广东精神，必须坚持以“诚于信”为着力点，构建幸福广

① 雷辉：《厚于德：托举主流价值引领——广东精神提升发展“精、气、神”》（上），《南方日报》，2012年7月25日。

② 刘志铭：《法治广东：确保市场经济规范有序进行》，《南方日报》，2012年6月11日。

东的社会信用体系。这为我们进一步弘扬和践行新时期广东精神提出了新的要求。

“诚于信”需要个人诚信为基础。一直以来，重视契约精神，遵守法纪，为人处世以诚相待，反对唯利是图，反对背信弃义，这是广东人一直坚守的优秀品质，也是广东精神的重要组成部分。广东人重契约，重承诺，“牙齿当金使”，有责任感和担当，这在广东改革开放的进程中发挥了极其重要的作用。

近段时间，“凌志哥”救人不留名的事迹让无数人为之感动。而在“凌志哥”的背后，还有一位“守信哥”同样让人感动和敬佩。他是医院担架工老高，“凌志哥”救人离开时，曾把联系方式留给老高，并叮嘱他若是费用不够就打这个电话，但“不要把号码告诉任何人”。老高记住了自己的承诺。接下来在全城急寻“凌志哥”时，多批媒体记者来找老高，都被老高婉拒。既已承诺，千金不换，“守信哥”老高用自己普普通通的坚持诠释了广东人“诚于信”的精神品质。

同样，最美“的哥”李东英面对500多万元的巨款，全数归还，令人感慨。“捡了还回去是我的本分工作，两年来类似的事情已经有五六次。这不是傻，是诚信。”2012年7月3日，在广东省委宣传部和中山大学等单位联合举办的“诚信广东大家谈”活动中，李东英的诚信与朴实赢得了在座中大学子的热烈掌声。他还和同学们围绕建设“诚信广东”一起发出倡议，自觉以传播“崇善尚德、明礼诚信、求实笃行”的广东精神内涵为己任，做好诚信广东的践行者、传播者和引领者。

“诚于信”需要以企业诚信为重点。广东的“中国驰名商标”总数居全国之首、国际专利申请量连续10年稳居全国第一、上市公司数量遥遥领先其他省份，从一个侧面折射出“诚于信”在广东这片土地上孕育的生机和活力。在备受关注的食品安全领域，全省共有23家单位获得“2012广东餐饮与烘焙业食品安全诚信企业”称号，“共建诚信家园，同铸食品安全”成为食品行业的共同追求。广东省委宣传部启动“广东十大诚信企业”评选，一大批企业踊跃报名参加，争做遵纪守法、诚信经营、承担社会责任、建设幸福广东的先进典型。

“诚于信”需要以政府诚信为表率。广东省委、省政府高度重视弘扬与践行新时期广东精神。省政府通过承诺“民生”、抓好“民生”等有诺必践树立了诚信执政的良好形象，各地各部门也采取种种措施弘扬并践行“诚于信”，政府、社会、企业、个人都行动起来，各项诚信教育与实践正如火如荼地进行。

“诚于信”需要构建立社会主义市场经济诚信体系。广东省环保厅日前公布了2007年至2011年广东省环保诚信企业表彰名单，全省55家企业连续5年被评为环保诚信企业。银行倾向于为环保、节能、高效的企业融资授信，并把企业环保指数列为企业授信评级的必备依据。东莞新推出的积分制入户计分标准规定将造假成本由“取消其申报资格”改为“永久取消其申报资格”。佛山顺德正推进全区社会诚信体系建设，逐步建立面向个人的信用管理体系，失信的商事主体及相关人员办事将处处受阻，一损俱损。

当前，广东正在大力开展“三打两建”专项行动，集中打击欺行霸市、制假售假和商业贿赂，建设社会信用体系与市场监管体系。“三打”的目的是“两建”。为了建立良好的社会信用体系，成千上万名群众参与监督举报失信行为，全省各地的企业进行全链条自查自纠。制度设计与道德规范，在“三打两建”的过程中相得益彰。幸福广东必然是诚信广东。诚信广东与每个人的发展休戚相关，需要针对社会症结培育诚信文化意识和诚信文化土壤，进行社会诚信等方面的经常性教育。在这种背景下，2012年6月8日，广东省政府审议通过的《广东省社会信用体系建设工作方案》正式出台，在制度设计方面迈出了关键一步。方案提出，广东将努力争取成为国家社会信用体系建设的试点省，力争用5年左右的时间，形成“政府信用为表率、企业信用为重点、个人信用为基础”的社会信用体系。按此方案，广东将发动全社会参与信用体系建设，加快建设以群众投诉联网受理为主要功能的社会监督体系，着力打造“信用广东”。建设“信用广东”是个系统工程，需要较高的思想境界和相对完善的制度环境，只有将诚信制度体系的完善与诚信文化意识的教育有效结合，才能使“诚于信”变成每一个人的习惯。一个“诚于信”的地方，必定令人敬重和向往。①

总之，“诚于信”侧重于对以诚信为主要内容的现代市场经济伦理的

① 辛均庆，徐林：《诚于信：品格坚守千金不换——广东精神提升发展的“精、气、神”》（中），《南方日报》，2012年7月26日。

融合和坚守，是广东精神的时代要求。践行广东精神，以“诚于信”为着力点，彰显广东人的诚信精神，构建幸福广东的信用体系，为幸福广东建设提供支撑。

3. 践行新时期广东精神，必须坚持以“敏于行”为落脚点，推动幸福广东的快速发展

“敏于行”是广东人的传统，这是全国人民众所周知的。改革开放之初，在广东曾有一句流行的话：“遇到红灯绕着走，遇到黄灯闯着走，遇到绿灯抢着走。”这句话就是广东人实干务实精神的生动表述，他们说得少、做得多，一切落实在行动上，“敏于行”与广东人相伴相生。

“敏于行”的广东精神是广东改革开放的历史见证。早在改革开放初期，深圳蛇口提出来的“空谈误国，实干兴邦”、“时间就是金钱，效率就是生命”，都体现了实干、先干的特点。改革开放30多年充分展示了广东人“敏于行”的精神：在全国建立第一个经济开发区、第一个引进外资……创造了数不清的第一；率先进行商品经济、市场经济的讨论，精神文明、政治文明的探索，充分表现了广东人“敏于行”的思维特色；广东善于抓住国际、国内的各种有利时机，不断增创新优势、实现新发展，为广东的先行一步创造了政策条件和制度基础。广东人敢于打破框框和思想束缚，敢于走别人没有走过的路，敢于自我超越，永远走在时代的前列。“敏于行”，需要有敢闯“雷区”，敢冒风险，不怕牺牲的大无畏精神，瞻前顾后、唯唯诺诺者不可能成为开路先锋。改革开放大业中敢为天下先，广东人勇挑历史重担，大胆地试大胆地闯，以务实的作风和实干的精神，先行先试先行一步，创造了市场经济奇迹，为改革开放杀出了一条血路。

“敏于行”的广东精神是如今加快转型升级，建设幸福广东的重要保证。真正的“敏于行”是在科学决策、统筹谋划的基础上，以只争朝夕的精神，抓紧抓实，抓出实效。[①]时任广东省委书记汪洋在2011年全省深化体制改革工作会议上指出，“改革和走路一样，不怕慢，就怕站。不能停下来，改革不懈怠，但也不折腾”[②]。这就是说，不能贪快蛮干，有时

---

① 周志坤：《敏于行：改革发展谱写新篇——广东精神提升发展的“精、气、神”》（下），《南方日报》，2012年7月27日。

② 薛江华，马海洋：《改革不怕慢就怕站》，《羊城晚报》，2011年11月23日。

要慢工出细活，一时的“慢”是为了更长时期的“快”。广东改革开放的一件有目共睹之事，或曰一个鲜明特点，就是坚持“不争论，坚决试”，不刮风、不戴帽，多干少说或只干不说。不争论，是不搞无谓争论，允许试，错了就及时纠正；不搞无谓争论，从而能够争取时间而“行”、多“行”。因而，“敏于行”的广东精神要求我们在科学发展的路径上集中精力探索实践，少耗费心思争论炒作，以期全力以赴做好自己的事情，无疑是广东对中国特色社会主义建设事业的最大贡献。

“敏于行”还要“善于行”，不是瞎干蛮干，而是能干会干。在波澜壮阔的改革开放实践中，广东作为先行者，无现成经验可循，每遇重大变革，广东人总能坚守着“敏于行”的广东精神，埋头苦干，出现问题，纠正就是了，调整方向，继续前行。正是有着这种脚踏实地而又勤于探索、善闯新路的广东精神，令广东始终处于全国“排头兵”的位置。因此，对于今天的广东来说，践行“敏于行”的广东精神，不在于口号的响亮程度，不在于宏大叙事，而在于如何付诸实践，如何在当好推进科学发展、促进社会和谐排头兵的进程中，在加快转型升级、建设幸福广东的实践中践行“敏于行”的广东精神。

总之，践行“敏于行”的广东精神是推动敢干会干能干的广东人民，在波澜壮阔的改革浪潮中，乘风破浪，勇往直前，锐意进取，开拓创新的精神支柱，是推动建设幸福广东快速健康向前发展的精神动力。

第九章　走向和谐：广东文化的发展趋势

2003年6月28日，李长春在文化体制改革试点工作会议上指出："文化对促进经济增长，增强综合国力，参与国际竞争，培育民族精神，提高人的素质，推动社会全面进步具有基础性、战略性作用。"[①]近10年来，广东运用科学发展观统领经济社会发展全局，文化发展取得了骄人的成就，走出了一条政治、经济、社会发展与文化发展的互动双赢之路。正如胡锦涛所说："深入推进文化体制改革，推动文化建设和经济建设、政治建设、社会建设协调发展，已成为实现科学发展的必然要求。"[②]同时，文化与科技的融合，使得广东文化的科学发展之路越走越宽广。

一、文化与政治相互渗透

在世界多极化趋势曲折发展的今天，各国之间以意识形态为核心的政治较量此起彼伏，日趋激烈。文化与政治密切联系、相互渗透，越来越成为一个国家政治发展的重要组成部分和增强政治影响力的重要力量，在综合国力竞争中扮演着日益重要的角色。文化与政治相互作用、相互推动，文化建设以政治为导向，政治建设以文化为依托。政治融入文化之中，越来越多地通过文化形式来表现。一个国家的政治反映了它的文化设计[③]。文化建设是中国特色社会主义事业总体布局重要组成部分，文化繁荣发展是全面建设小康社会的重要目标，因而，文化发展本身就是一个政治话

---

① 《十六大以来重要文献选编》（上），中央文献出版社，2005年版，第342页。

② 胡锦涛：《顺应时代要求深化文化体制改革，推动社会主义文化大发展大繁荣》，《党建》，2010年第9期。

③ ［美］克利福德·格尔茨：《文化的解释》，韩莉译，译林出版社，2008年版，第321页。

题。正如邓小平指出："文艺是不可能脱离政治的。任何进步的、革命的文艺工作者都不能不考虑作品的社会影响，不能不考虑人民的利益、国家的利益、党的利益。"①

文化发展是巩固马克思主义在意识形态领域指导地位的需要。胡锦涛指出，敌对势力要搞乱一个社会、颠覆一个政权，往往总是先从意识形态领域打开突破口，先从搞乱人们的思想下手。②坚持和巩固马克思主义在我国意识形态领域的指导地位，是全党全国各族人民加强团结、始终沿着正确方向前进的根本思想保证。值得一提的是，20世纪80年代末90年代初的东欧剧变，使世界社会主义运动遭到重创，一些人宣布"马克思主义已经过时"、"马克思主义已经死亡"，人类历史将以资本主义的形式宣告终结。因此，我们必须深刻认识到意识形态领域斗争的严重性和复杂性，采取有力措施加以防范和应对。恩格斯曾在《恩斯特·莫里茨·阿伦特》一文中指出，法国人"在国外称霸的基础在于他们总是比一切其他民族更容易掌握欧洲的文化形式即文明"③。亨廷顿曾指出，"不被美国信念所涵盖的政治理念和信仰只能处在美国社会和美国意识的边缘"④，世界范围内各种思想文化交流交融交锋十分频繁，谁占据了文化发展制高点，谁就拥有了文化软实力，谁就能在激烈的国际竞争中赢得主动。因此，我们必须弘扬以社会主义核心价值体系为核心的中国特色社会主义文化，巩固马克思主义在意识形态领域的指导地位。"自从中国人学会了马克思列宁主义以后，中国人在精神上就由被动转入主动。从这时起，近代世界历史上那种看不起中国人，看不起中国文化的时代应当完结了。伟大的胜利的中国人民解放军和人民大革命，已经复兴了并正在复兴着伟大的中国人民的文化。这种中国人民的文化，就其精神方面来说，已经超过了整个资本主义的世界。"⑤因此，坚持以马克思主义为指导、以社会主义先进文化为引领，也是事关改革发展全局的根本问题。正如法国思想家德里达认为，"不能没有马克思，没有马克思，没有对马克思的记忆，没有马克思

① 《邓小平文选》第2卷，人民出版社，1994年版，第256页。

② 《十六大以来重要文献选编》（中），中央文献出版社，2006年版，第501页。

③ 《马克思恩格斯全集》第41卷，人民出版社，1969年版，第149页。

④ [美]塞缪尔·亨廷顿：《失衡的承诺》，周端译，东方出版社，2005年版，第33页。

⑤ 《毛泽东选集》第4卷，人民出版社，1991年版，第1516页。

的遗产，也就没有将来”[①]。

文化发展是加强党的执政能力建设的需要。胡锦涛指出：“人类文明进步的历史充分表明，没有先进文化的积极引领，没有人民精神世界的极大丰富，没有全民族创造精神的充分发挥，一个国家、一个民族不可能屹立于世界先进民族之林。”[②]代表先进文化的前进方向是中国共产党一直以来的重要政治优势。充分发挥先进文化引领前进方向、凝聚奋斗力量、推动事业发展的作用，是中国共产党的一条宝贵历史经验和一大政治优势。江泽民指出：“坚持什么样的文化方向，推动建设什么样的文化，是一个政党在思想上精神上的一面旗帜。”[③]

文化安全是国家安全的重要组成部分。当今世界仍不太平，霸权主义和强权政治有新的表现，“西强我弱”的基本态势短时期难以根本改变。我国社会主义现代化建设受到多方面的威胁，最主要最难以预防的威胁就是西方“文化扩张主义”和“文化霸权主义”。西方世界凭借着自己经济政治上的优势，通过文化扩张、文化入侵、文化渗透等方式，竭力推销自己的文化价值观念，企图削弱和取代别国的民族文化，以此推行强权政治的思想。当前，这种“文化帝国主义”仍然存在，国际敌对势力正在加紧对我国进行西化、分化战略图谋，思想文化领域是他们进行长期渗透的重点领域。我国是有着悠久历史和灿烂文明的文化大国，但丰富的文化资源还没有转化为较强的文化软实力。我国文化国际影响力与经济国际影响力很不相称，文化产品输入国角色与物质产品输出国地位很不匹配，维护国家文化安全的任务更加艰巨。中共十六届四中全会指出：“始终把国家主权和安全放在第一位”，“确保国家的政治安全、经济安全、文化安全和信息安全”[④]。可见，文化安全已成为与政治安全、经济安全、信息安全等一起构成的国家安全的重要组成部分。自从亨廷顿提出“文明冲突论”以来，文化安全问题成为全球直接关注的焦点。文化的共性和差异影

---

① ［法］雅克·德里达：《马克思的幽灵》，何一译，中国人民大学出版社，1999年版，第21页。

② 《十六大以来重要文献选编》（下），中央文献出版社，2008年版，第752页。

③ 《江泽民文选》第3卷，人民出版社，2006年版，第277页。

④ 《十六大以来重要文献选编》（中），中央文献出版社，2006年版，第289~290页。

响了国家的利益、对抗和联合。[1]例如说，中东问题最棘手最难以理清的就是民族问题和宗教问题交融一起，说到底还是文化差异问题。世界各种文明和社会制度应该而且可以长期共存，在竞争比较中取长补短，在求同存异中共同发展。[2]中国与西方世界长期的文化赤字阻碍了中国文化对外传播的影响力。文化赤字是指中国的对外文化交流和传播严重“入超”，存在赤字。这种“文化赤字”主要表现在电影、电视剧、图书、文艺演出等文化产品的进口多出口少。“文化赤字”造成的结果就是西方文化对中国的影响无处不在，而中国文化对世界的影响却不是很大。广东的对外文化交流和文化贸易水平在全国都是独树一帜的，文化产品贸易全国第一，文化交流次数全国首位，为改变我国“文化赤字”局面作出了巨大贡献。未来，广东省提出要建立和完善具有国际竞争力的现代文化传播体系，传播渠道不断拓展，传播技术和内容创新能力不断提高，传播影响力不断扩大，成为华南现代文化传播中心和全国对外文化交流枢纽。

文化服务于政治，文化发展需要政治定位。政治发展为文化发展指明了方向。文化发展需要正确的政治发展方向，没有正确的政治发展方向的引领，文化发展很容易迷失方向，甚至被政治发展所误导。文化与政治都属于上层建筑范畴。一定的社会文化是为一定的政治服务的，政治又通过社会舆论引导文化的方向，通过国家机器规范文化的走向。文化与政治在相互交融中体现两个方面的作用。一方面，为了更好地参与政治生活，人们需要不断地提高自身的文化素养；另一方面，随着世界多极化的发展，西方大国借助文化渗透的方式，推销其价值观念，企图削弱甚至取代别国的民族文化。因此，世界范围内反对文化霸权主义的斗争就成为当代国际政治斗争的重要内容。

二、文化与经济相互交融

中共十六大报告指出：“当今世界，文化与经济和政治相互交融，在综合国力竞争中的地位和作用越来越突出。文化的力量，深深熔铸在民族

① [美] 塞缪尔·亨廷顿：《文明的冲突与世界秩序的重建》，周琪等译，新华出版社，2002年版，第8页。

② 《江泽民文选》第3卷，人民出版社，2006年版，第523~524页。

的生命力、创造力和凝聚力之中。”[①]文化是经济的反映，又给予经济能动的反作用，文化以经济为基础，经济发展创造文化成就，文化发展为经济发展提供支撑并开辟新的领域。作为发展中的社会主义经济大国，我们国家要适应时代发展要求，把文化建设作为社会主义现代化建设的战略任务，激发全民族的文化创造活力，提高国家文化软实力，为经济建设提供正确的方向保证、不竭的精神动力和智力支持。

文化与经济相互交融，在经济全球化趋势推动下，出现了经济文化化、文化经济化的趋势。经济文化化，是指在现代经济中，文化、信息等因素占有越来越重要的地位。文化经济化是指在现代经济发展中，科技、教育、人才的作用越来越重要，文化产业的地位和作用越来越突出，文化生产力在现代经济的总体格局中的重要性日益彰显。一方面，文化产业的发展能力与规模已经成为衡量一个国家综合竞争力的重要标志，谁占据了文化发展的制高点，谁就能够更好地在激烈的国际竞争中掌握主动权。文化建设的滞后不仅影响文化发展，而且直接影响经济社会的可持续发展，影响人和社会的全面进步。早在1995年，联合国教科文组织颁发的《我们创造力的多样性》就指出：“脱离人或文化背景的发展是一种没有灵魂的发展。”“发展可以最终以文化术语来定义，文化的繁荣是发展的最高目标。”另一方面，文化作为一种精神力量，已经深深地熔铸在民族的生命力、凝聚力和创造力之中。只有具有强大的文化力支撑，一个民族和国家才能具有生生不息的创造力，才能挺起自己的脊梁骨，百折不挠、众志成城，具有钢铁一般的凝聚力，在综合国力的竞争中发奋图强、蓬勃向上。正如汪洋书记在广东省委十届七次全会上指出：“如果我们不能坚持长期以来形成的‘解放思想、改革开放’的文化精神优势，我们不仅保不住已有的发展领先地位，还可能在千帆竞发、百舸争流的竞争中处于劣势。”[②]

过去，人们对文化的要求就是强调文化对经济的服务功能，即文化是经济发展的精神动力和智力支持，突出了文化对经济的反作用，发展文化就是为了“搭台”，最终目的是“经济唱戏”，从而忽视了文化本身的

---

① 《十六大以来重要文献选编》（上），中央文献出版社，2005年版，第29页。

② 《势与道：建设文化强省，广东既富“口袋”又富“脑袋”》，《南方日报》，2012年5月3日。

重要作用。因而，文化与经济不能简单归结为文化服务经济发展需要，而是文化与经济应是相互促进的，文化更具长远性，只有提升文化软实力，才能推动经济的硬发展。广东文化发展开始摆脱了文化服务经济的发展理念，突出文化本身重要作用和文化的经济意义。正如汪洋所说，“提升文化软实力，为广东发展‘硬撑腰’”。全国政协副主席、中国文联主席孙家正指出：“广东的文化思想引领全国之先，改革开放以来，广东对国家、民族的最大贡献不是经济，而是文化，只有文化的深刻变化才能创造物质上的奇迹。”①

当然，文化与经济发展是相互促进的。恩格斯指出：“政治、法律、哲学、宗教、文学、艺术等等的发展是以经济发展为基础的。但是，它们又都相互作用并对经济基础发生作用。”②我们一方面强调文化发展的经济意义，但另一方面，经济发展的文化意义也十分惹眼。即经济发展为文化发展提供有力的物质保障。唱戏的所搭的台，也是根据经济实力来搭建的，如果没有很强的经济实力，就难以搭建很坚固很漂亮的舞台。因而，经济发展也为文化唱戏搭建更好的平台。比如说，广州亚运会，是中国第二次举办的亚运会，创造了许多亚运历史，是继北京奥运会、上海世博会之后，广州亚运会向世人展示了中国文明开放、发展进步的良好形象。但20年前，中国第一次举办亚运会是举全国之力，而20年后，广州亚运会是举全省之力。如果不是在广东这个全国经济实力最强的省份举办，很难说一定会取得如此辉煌成功。也就是说，如果没有很强的经济后盾，自然难以生产出高档的文化产品来，人们的文化消费水平层次就会降低。

正如汪洋在与网友在线交流上指出的那样：“我们现在提出要建设文化强省，实际上是和我们转变发展方式的要求相协调的。因为我们觉得要想使广东的经济具有可持续发展能力和更强的竞争力，就必须在文化上加强它的引领和支撑。一个没有先进文化做引领和支撑的经济体，是不可能有快速发展和持续的竞争力。因此，我认为这二者是不矛盾的。就刚才网民代表说日韩文化一度很强势，实际上是因为它的经济也很强势，或者说因为它的文化强势，所以经济强势，美国文化也是如此。绝对不可能设想一个经济快速、持续30多年发展的经济省份是一个文化沙漠的社会，你

① 《广东文化思想引领全国之先》，《南方日报》，2011年12月4日，第1版。

② 《马克思恩格斯选集》第4卷，人民出版社，1995年版，第732页。

在全社会也找不到这样的例子。"[①]同样，邓小平在南方谈话中也指出："广东二十年赶上亚洲'四小龙'，不仅经济要上去，社会秩序、社会风气也要搞好，两个文明建设都要超过他们，这才是有中国特色的社会主义。"[②]

文化已深深融入经济之中，成为社会生产力的重要因素和经济增长的重要推动力量。李长春指出："文化产业作为文化与经济相互交融的集中体现，科技含量高，资源消耗低，环境污染少，发展潜力大，是新的经济增长点，也是调整经济结构和繁荣文化市场的着力点，推动经济社会发展的作用日益凸显。"[③]文化产业成为广东重要支柱产业。"十一五"期间，广东省文化产业增加值连续5年保持全国第一。2010年，文化产业实现增加值2533亿元，约占全国1/4强，占全省GDP的比重保持在5.5%左右，高于全国平均水平近一倍。文化产业已成为广东重要支柱性产业和国民经济发展新的增长点，在经济发展中发挥着越来越重要的作用。根据《广东省建设文化强省规划纲要（2011—2020年）》要求，未来10年，广东文化及相关产业增加值要实现年均增长12%以上，到2015年，全省文化及相关产业增加值超过4500亿元，占全省生产总值的比重超过6.5%。到2020年，全省文化及相关产业增加值超过8000亿元，占全省生产总值的比重达到8%。届时，文化产业将名副其实地成为广东的重要支柱产业和战略性新兴产业，广东也将成为全国乃至全球具有较强竞争力的文化创意产业中心。由此可见，文化本身就是生产力，就是经济发展的一个重要组成部分。经济的发展离不开文化的贡献。

因此，文化与经济是相互促进、相互交融的，我们不能单方面强调文化对经济的作用，更不能简单地认为文化是服务经济发展需要的，而是既要强调文化的经济功能，也要突出经济的文化功能，体现出文化与经济的相互促进作用。

---

① 《汪洋与网友在线交流现场热词：文化强省》，新华网，2010年7月2日，链接：http://news.xinhuanet.com/politics/2010-07/02/c-12288837.htm。

② 《邓小平文选》第3卷，人民出版社，1993年版，第378页。

③ 《十七大以来重要文献选编》（上），中央文献出版社，2009年版，第739页。

三、文化与社会相互促进

文化本身就是社会发展的一个构成部分，文化的发展进步推动着社会向前发展。胡锦涛指出："一部人类社会发展史，是人类生命繁衍、财富创造的物质文明发展史，更是人类文化积累、文明传承的精神文明发展史。人类社会每一次跃进，人类文明每一次升华，无不镌刻着文化进步的烙印。"①

文化建设为社会发展提供精神支撑。任何社会的生存与发展，都需要有一种普遍的社会认同和凝聚力，以维护社会的协调和稳定。这种认同和凝聚力主要来源于文化，中国特色社会主义文化通过价值观念、理想信念、知识体系、行为规范，产生凝聚和激励社会成员的巨大力量。文化建设是建设和谐社会的重要保障。广东虽然有着深厚的文化传统，但文化却一直都处于经济的"附属"地位。而将文化提升到其本来应有的位置，让文化成果全民共享、文化理念推动社会进步、文化价值传播久远，真正做到文化发展为了人民、文化发展依靠人民、文化发展成果由人民共享，则是广东建设文化强省的一大特色，也是"幸福广东"建设的一项重要内容。社会因为文化而精彩。用汪洋之前的说法，就是"一个健康的社会如果没有绚丽多彩的文化艺术，就像大自然没有阳光、空气和水一样，是无法存续的"②。

文化有古今、地域、民族、阶级之分，也有先进、落后与腐朽之别。先进的、健康有益的文化能促进社会的进步发展，而落后的、腐朽的文化则阻碍社会的发展。古今中外，概莫能外。社会越是向多样化发展，就越需要发挥文化的调节和整合作用。随着改革开放逐步深入，我国的社会结构和社会生活已经发生了深刻的变化，各种利益关系调整和冲突不断增加，社会矛盾日渐凸显，人们的思想观念也发生了深刻变化。思想意识的独立性、选择性、多样性、差异性日渐明显。因而，文化建设能引导人们用正确的立场、观点和方法去观察社会，培养人们用宽容的态度看到和处

① 《十六大以来重要文献选编》（下），中央文献出版社，2008年版，第751页。

② 《文艺被污染社会也会"生病"》，《广州日报》，2010年6月4日。

理各种问题，有助于避免思想认识上的片面性和极端化，形成尊重劳动、关爱他人、维护公平、团结友爱的社会风尚。

文化建设营造和谐的社会氛围，为社会建设培育良好的社会环境，用文化培育人、塑造人、丰富人们的精神世界，提升人们的精神境界，引导人们树立和谐的思想观念和思维方式，使之成为社会建设的重要价值取向，使得文化建设与社会建设相互促进、相得益彰、共同发展。

中共十七大报告指出："和谐文化是全体人民团结进步的重要精神支撑。"①和谐文化是以和谐的内涵为理论基础的文化体系，是当今世界最先进的思想文化，是创建和谐社会与创建和谐世界的前提条件。只有在和谐文化的引导下，才能创造出和谐的政治与和谐的经济；只有用和谐文化培养出来的人，才能自觉地去创建和谐社会与和谐世界。因而，和谐文化是和谐社会的重要特征，是实现和谐社会的精神动力，更是建设和谐社会的重要条件。同时，和谐文化也是和谐社会建设的重要任务。胡锦涛指出："要更好地构建和谐社会，就必须在社会主义先进文化引领下，大力建设和谐文化，广泛动员人民群众投身和谐社会建设。和谐文化既是和谐社会的重要特征，也是实现社会和谐的精神动力。建设和谐文化，是构建社会主义和谐社会的重要任务，也是构建社会主义和谐社会的重要条件。"②因而，和谐文化与和谐社会相互促进，相得益彰。

和谐社会，需要着力建设和谐文化。要注重社会主义和谐文化建设的群众性，采取多种多样的形式，广泛开展群众性的精神文明创建活动，培养人的良好道德品质，形成文明和谐的社会风尚。就思想观念而言，和谐文化体现着人们对和谐社会的认知以及对社会和谐目标的追求；就制度规范而言，和谐文化体现着人们在和谐观念引导下建立的一系列调整利益关系、化解社会矛盾的制度设计和机制规范。同样，和谐的社会环境为文化建设提供良好的社会环境，是培育发展和谐文化的重要保障。建设文化强省，广东有着天然的优势，富裕的经济环境、开明的政治风气、包容的文化氛围，都为民意表达、多元化的现代文明社会建设提供了可能。

---

① 《十七大以来重要文献选编》（上），中央文献出版社，2009年版，第27页。

② 《十六大以来重要文献选编》（下），中央文献出版社，2008年版，第753页。

四、文化与科技相互融合

2009年以来，以《阿凡达》为代表的国际3D数字影视打入中国文化市场，在给观众带来视觉享受之同时，也给我国文化发展带来了严峻的挑战。人们开始认识到传统的文化发展道路似乎到了该转弯的时候了，文化与科技的融合已经成为国际文化市场的主流趋势。文化借助科技武装，形式不断创新，内容更加丰富，其吸引力、影响力越来越强。

"让文化插上科技的翅膀，给科技注入文化的灵魂。"文化发展为科技进步提供基础条件，科技发展为文化创新提供动力支撑，两者相互促进、相互融合。科技给文化发展带来新的魅力，扩大了文化阵地、为加快文化发展提供新的手段，并开辟新的发展业态。文化发展带动了科技进步，并为科技开辟了新的发展领域。文化与科技融合，是增强文化产业核心竞争力的重要途径。只有加快文化与科技的深度融合，才能真正实现社会主义文化大发展、大繁荣，才能极大地满足人民群众多样化、多层次的文化需求。文化需要科技，科技也需要文化，而人民群众更需要文化科技和科技文化。一个高度现代化的国家和幸福安康的具有现代性的民族，意味着必须在文化上和科技上实现高度发达。

文化科技已经出现了许多新的载体，诸如三网合一、手机短信、多功能电子阅读器、DVD、MP3、互联网、3D电影、高清数字电视、数字出版、动漫游戏等等。文化科技的新载体和新业态的快速发展演变，要求我们"运用高新技术创新文化生产方式，培育新的文化业态"。鸟巢、水立方、国家大剧院、上海世博会文化广场等大型文化体育设施的成功建设和使用，都包含着较高的科技含量和文化创意含量，音频视频、多媒体、激光、自动控制等技术，使舞台演出和实景背景视听观赏效应和交互效应极其显著。科技发展和科技创新正在不断催生新兴的文化业态。新兴文化业态主要包括由新兴技术支撑的创意设计、网络文化、新兴电视媒体、数字广播、数字电视、数字电影、网络游戏、动漫、流动多媒体以及手机媒体等。

在科技点亮文化企业之光的同时，文化元素和文化服务植入科技产品，也让科技产业的发展形态和产品结构得到了丰富。以腾讯为代表的深

圳科技型企业，从以往单一的技术发展路线拓展到利用先进技术提供具有文化内涵的服务，催生了动漫、网络游戏、数字内容、手机媒体、多媒体产品等一批极具发展潜力的新兴文化科技业态。按照行业集聚、空间集中的发展策略，各具特色的文化科技产业集聚区已经成为深圳的亮点。目前，深圳涵盖动漫、游戏、设计、数字内容、出版发行等领域的各类文化产业园区和基地已有50多个，产业集聚辐射功能明显。其中，大芬油画村、怡景国家动漫画产业基地等11家企业和园区被评为国家级文化产业示范基地、深圳高新区获准成为首批国家级文化和科技融合示范基地。

科技不仅是人类的生产方式，也是人类的生存方式。科技创新是文化创意的基础。文化与科技紧密结合，文化创意才能腾飞。当今世界，科技不仅创造着巨大的物质财富，而且促进了与之相适应的文化理念和文化模式的形成。由科技催生的新兴文化创意产业，是文化产业中最具活力和潜力的部分，代表着文化发展的未来和方向。如今，深圳文化与科技融合发展正通过优秀的创意项目和产品走进百姓生活。深圳“城市街区24小时自助图书馆”、“全民阅读数字出版分众平台”等公共文化服务项目，借用现代技术，开发研制出拥有自主知识产权的公共服务系统，在提升公共服务水平与质量的同时，为文化科技企业提供了快速成长的空间。目前，深圳“城市街区24小时自助图书馆”有160台，实现自助图书馆服务机、物流系统、中心服务系统、监控系统4部分协调运作，市民可以像使用银行ATM机一样享受申办借书证、借书、还书、预借和查询等5大自助服务。自助图书馆坚持以科技支撑文化的全新理念实现了科技与人文的融合。深圳还在文化创意等战略性新兴产业领域建设了446家重点实验室、工程实验室、工程（技术）研究中心、企业技术中心和一批产学研资联盟，形成200多家产业共性技术和检验检测平台，为文化科技融合发展提供技术服务。到2015年，深圳国家级文化和科技融合示范基地文化科技产业增加值预计将达到200亿元，文化科技产业总产值将突破500亿元，文化科技产业将成为深圳重要的战略性新兴产业和国民经济支柱性产业。越是新型的文化建设，越是文化的创新要求，就越需要科技的支撑。

文化与科技的融合成为未来我国文化发展的一个重要方向。党的十七大以来，我国不断加强文化与科技融合发展，并逐步形成了多层次、宽视野、跨行业的崭新格局。文化与科技融合发展、互促共进的活力正在逐渐展现。中共十七届六中全会指出："推进文化科技创新。科技创新是文化发展的重要引擎。要发挥文化和科技相互促进的作用，深入实施科技带动战略，增强自主创新能力。抓住一批全局性、战略性重大科技课题，加强核心技术、关键技术、共性技术攻关，以先进技术支撑文化装备、软件、系统研制和自主发展，重视相关技术标准制定，加快科技创新成果转化，提高我国出版、印刷、传媒、影视、演艺、网络、动漫等领域技术装备水平，增强文化产业核心竞争力。依托国家高新技术园区、国家可持续发展实验区等建立国家级文化和科技融合示范基地，把重大文化科技项目纳入国家相关科技发展规划和计划。健全以企业为主体、市场为导向、产学研相结合的文化技术创新体系，培育一批特色鲜明、创新能力强的文化科技企业，支持产学研战略联盟和公共服务平台建设。"[①]《文化部"十二五"时期文化改革发展规划》："推动文化与科技融合。积极运用高新技术，拓宽文化传播渠道，丰富文化表现形式。以科技创新为动力，完善公共文化服务的提供方式和内容，满足人民群众的基本文化需求。实施文化与科技融合促进工程，通过国家文化科技提升计划和文化科技创新项目，研发一批具有自主知识产权的核心技术，推广一批高新技术成果，提升文化行业技术与装备水平。推动传统艺术与现代技术相互融合，加速改造提升传统文化业态，发展新兴文化业态。"《广东省建设文化强省规划纲要（2011—2020年）》提出："要推动文化与科技融合，以科技创新推动文化业态和生产、传播方式创新，拓展新型文化产品和服务。"

2012年5月，时任中共中央政治局常委李长春在广东调研时强调，科技创新是文化发展的重要动力，文化与科技融合是增强文化产业核心竞争力的重要途径。他希望广东深入贯彻党的十七届六中全会精神，准确地把握世界文化发展的新趋势，紧紧抓住现代科技迅猛发展的新机遇，充分发挥文化和科技相互促进的作用，大力推进文化创新，积极发展文化产业，使文化建设成为加快转变经济发展方式的助推器，成为大力发展现代服务业、促进经济转型升级的突破口，成为推动科学发展的重要引擎。[②]这些

① 《中共中央关于深化文化体制改革推动社会主义文化大发展大繁荣若干重大问题的决定》，《人民日报》，2011年10月26日。

② 《李长春：使文化成为促进科学发展和经济结构调整的重要推动力》，新华网，2012年5月20日，链接：http://news.xinhuanet.com/politics/2012-05/20/c-111995738.htm。

体现了党和国家对文化与科技融合的发展努力，广东也给予了文化与科技融合更多的发展实践，文化与科技已成为广东文化科学发展的一个亮点和新的经济增长点。

文化与科技的融合，必将迸发出无穷的力量。在科技力量推动下，文化发展将走得更快，走得更远。随着越来越多的科技因素、科技力量、科技成果融入文化领域，科技创新对文化发展的引领与支撑作用不断增强，广东文化发展必将跃上新台阶，迸发新力量，展示新形象。

五、文化与人相互提升

人是文化的创造者，是文化的享有者，也是文化的传承者。中国特色社会主义文化建设，归根到底是为了满足人民群众日益增长的精神文化需求，不断丰富人们的精神世界，增强人们的精神力量，促进人的全面发展。社会主义文化建设的根本任务，就是以马克思列宁主义、毛泽东思想、邓小平理论和“三个代表”重要思想为指导，全面贯彻科学发展观，着力培育有理想、有道德、有文化、有纪律的公民，切实提高全民族的思想道德素质和科学文化素质。

很多年以来，广东人的形象就一直被“丑化”。而随着广东越来越富足，在改革开放之初引领全国风潮的“解放思想、改革开放”时代文化精神，在广东也有所弱化。绝大多数广东人都有过相同的“郁闷时刻”：此前在很多电影、电视剧，甚至春节联欢晚会上，广东人总是以一口不标准的广东普通话出场，以“傻大款”、“土大款”的形象出现，有钱但无礼，成为人们调侃的对象。尽管这样的人物形象只是一种误读，但不能否认的是，在那个时期的广东，确有类似的原型人物出现。广东虽经济实力全国最强，但其文化发展一直没有得到认同，尽管广东文化发展水平处于全国领先水平。这当然与全省人民素质有莫大的关联。

表五　广东省21地市大专以上教育程度人口比例排名（广东各地市人口素质排名）

排名	城市	每10万人中具有大学（大专以上）教育程度人数（人）	与全省、全国平均数相比	（大专以上）教育程度人口数（万）/总人口（万）
全国		8930	高于全省	11 963.7/137 053.7
全省		8214	低于全国	856.7/10 430.3
1	广州市	19 228	2倍于全国	244.2/1270
2	珠海市	18 389	2倍于全国	28.7/156
3	深圳市	17 175	2倍于全省	177.9/1035
4	佛山市	9469	高于全国	68.1/719.4
5	中山市	7775	低于全省	24.2/312.1
6	东莞市	7103	低于全省	58.4/822
7	韶关市	6595	低于全省	18.5/282.7
8	江门市	5359	低于全省	23.8/444.9
9	湛江市	4886	低于全省	34.2/699.3
10	梅州市	4367	低于全省	18.5/424
11	肇庆市	4333	低于全省	16.9/391.8
12	茂名市	4268	低于全省	24.8/581.8
13	汕头市	4164	低于全省	22.4/539.1
14	河源市	4061	低于全省1/2	11.9/295.3
15	阳江市	4055	低于全省1/2	9.8/242.1
16	潮州市	3803	低于全省1/2	10.2/266.9
17	清远市	3650	低于全省1/2	13.5/369.8
18	云浮市	2870	低于全省1/2	6.8/236
19	汕尾市	2169	低于全省1/2	6.4/293.6
20	揭阳市	1818	低于全省1/4	10.7/587.7
21	惠州市	该市截至2011年8月2日未公布其第六次人口普查数据		

注：资料来源于全国第六次人口普查各地市公布数据。

表中显示，从教育水平来看，广东省人口教育程度低于全国总体水平，大部分地市人口教育程度低于全国1/2甚至1/4，这种教育水平与广东经济大省地位相差甚远，未来的广东，决不能以依靠外来人口的力量支撑经济社会发展，这种教育短板现象必将影响广东走科学发展之路。未来广东的文化建设不能停留在经济效益上，更应关注人口素质的提升。江泽民指出："只有建设面向现代化、面向世界、面向未来的，民族的、科学的、大众的社会主义先进文化，才能满足人民日益增长的精神文化需要，不断促进人民思想道德素质和科学文化素质的提高。"①

文化建设最重要的就是提高全体国民素质。文化的根本功能是提升人的精神境界，为社会生活提供意义系统和价值系统，使人不仅在物质生活上，而且在知识、道德、审美各个方面得到全面发展。"以文化人"方能致远。我们国家，国力的强弱，经济发展后劲的大小，越来越取决于劳动者的素质，取决于知识分子的数量和质量。②因而，广东文化强省建设一个重要方面就是要提高全省人民的思想道德素质和科学文化素质、促进人的全面发展。《广东省建设文化强省规划纲要（2011—2020年）》指出：提升公民思想道德素质，加强现代公民教育，开展"增强社会责任感，做现代文明公民"主题教育实践活动，强化公民的国家意识、社会责任意识、民主法治意识等价值理念。加强文明礼仪教育，使懂礼节、重礼仪、讲礼貌蔚然成风。加强道德品格教育，引导社会成员形成诚信、正直、敬业、守法、慈善、包容、感恩等道德品格。实施品德培育、精品供给、环境净化、心理护卫四大工程，加强青少年人文教育和思想道德建设。提升公民科学文化素养。深入推进学习型社会建设，大力开展全民读书活动，建设学习型机关、学习型社区、学习型企业、学习型城市、学习型农村。实施科学知识普及工程，推广普及科技读物，开展科技培训、科技下乡、科技体验等活动，加强科普示范基地建设，提高群众科技水平。

同样，人们的文化素质提高了，又为文化强省建设提供质的保证。时任广东省委书记汪洋曾指出："文化强省建设最重要的是全体公民文化素质的提高，这是非常艰苦的任务。我最近刚刚从俄罗斯回来，在俄罗斯物质生活最困难的时期，俄罗斯人把精神文化消费看得非常重要。所

---

①《江泽民文选》第3卷，人民出版社，2006年版，第400页。

②《邓小平文选》第3卷，人民出版社，1993年版，第120页。

以公民的文明素养、文化素养非常重要。当然我不是数典忘祖，崇洋媚外，就是每一个民族都有值得我们学习的东西，我们广东建设文化强省过程中，为了提高全省人民文化的素养，这是我们需要长时间努力做的一项工作。”①十六大以来，广东在博物馆、科技馆、纪念馆、美术馆、文化馆、图书馆、农家书屋、青少年宫、文化广场等公共文化设施建设方面的资金投入达到前所未有的水平，在文化遗产保护、申遗、文明城镇村建设等方面取得了巨大成就，必将推动广东人口素质得到极大提升。而人口素质的提升也会带来文化建设迈向更高层次的发展。广东文化建设与人口素质提高必将走向良性循环。因此，广东文化多姿多彩，不是广东人“没文化”，而是说“广东人没文化”的人“没文化”。

优秀文化丰富人的精神世界、增强人的精神力量。党的十六大报告指出：“发展先进文化”，“以不断丰富人们的精神世界，增强人们的精神力量”。②人作为有生命的社会存在物，生活在物质世界和精神世界之中。物质生活和精神生活是人们的两种基本生活领域。任何人都不可能离开物质利益而存在。马克思说过，人们奋斗所争取的一切，都与人们的物质利益有关。但是，精神生活、精神需要作为人生活世界的重要组成部分，对于人的生存和发展也是不可或缺的。对于一个人来说，只有物质和精神上都富有，才能协调好人与人、人与自然、身与心之间的关系，有利于个人与社会的全面发展。人的精神世界与其文化生活有密切的关系。健康向上的文化生活，能够陶冶人的情操、升华人的情感、培养健全的人格。人们欣赏音乐、绘画、文学等，既是提升文化修养的过程，也是丰富精神世界和精神生活的过程。文化是发展和提升人类才能的过程，这个过程通过吸收学术与艺术作品而得到推动，并与现时代的进步性有联系。③“精神为主人，形骸为屋舍；主人渐贫穷，屋舍亦颓谢。”精神力量内在于人的精神世界，是一种无形而巨大的力量。无论在人的生存、发展过程中，还是在民族和国家的发展历程中，精神力量都起着极其重要的作用。

① 《汪洋与网友在线交流现场热词：文化强省》，新华网，2010年7月2日，链接：http://news.xinhuanet.com/politics/2010-07/02/c_12288837.htm。

② 《十六大以来重要文献选编》（上），中央文献出版社，2005年版，第29页。

③ ［英］约翰·B·汤普森：《意识形态与现代文化》，高銛等译，译林出版社，2005年版，第139页。

李长春指出："文化哺育和传承了民族精神，滋养着民族的生命力，激发着民族的创造力，铸造着民族的凝聚力"，"文化的力量是民族生存和强大的根本力量"。[①]没有强大的精神力量的支撑，一个人、一个民族、一个国家，就没有奋勇前进的动力、开拓创新的勇气、百折不挠的精神和一往无前的气概。

此外，优秀文化作品是一个国家、一个时代精神文化水平的集中反映，对精神产品生产具有重要的影响和示范作用。优秀文化作品和健康向上的文化生活在丰富人们精神世界的同时，还以其特有的感染力和感召力，使人深受震撼、力量倍增，给人以无穷的精神力量，激励人们不断创造美好的生活。

"等闲识得东风面，万紫千红总是春。"党的第十七届六中全会指出，要"自觉把文化繁荣发展"，"作为深入贯彻落实科学发展观的一个基本要求，进一步推动文化建设与经济建设、政治建设、社会建设以及生态文明建设协调发展，更好满足人民精神需求、丰富人民精神世界、增强人民精神力量，为继续解放思想、坚持改革开放、推动科学发展、促进社会和谐提供坚强思想保证、强大精神动力、有力舆论支持、良好文化条件"[②]。新世纪新阶段，是广东发展的重要战略机遇期，也是广东文化大有希望的重要发展期。加快转型升级，建设幸福广东的历史步伐必将推动广东文化创新发展、繁荣发展。未来，广东文化发展将力争用10年左右时间，达到与广东经济社会发展相适应的发展水平，把广东建设成为在全国具有重要影响力的区域文化中心、发展社会主义先进文化的排头兵、提升我国文化软实力的主力省、中国文化"走出去"的生力军以及率先探索中国特色社会主义文化发展道路的示范区。

---

① 《十六大以来重要文献选编》（上），中央文献出版社，2005年版，第341页。

② 《中共中央关于深化文化体制改革推动社会主义文化大发展大繁荣若干重大问题的决定》，《人民日报》，2011年10月26日。

参考文献

[1] 中共中央马克思恩格斯列宁斯大林著作编译局编. 马克思恩格斯选集（第1~4卷）[M]. 北京：人民出版社，1995.

[2] 中共中央马克思恩格斯列宁斯大林著作编译局编. 列宁选集（第1~4卷）[M]. 北京：人民出版社，1995.

[3] 毛泽东. 毛泽东选集（第1~4卷）[M]. 北京：人民出版社，1991.

[4] 邓小平. 邓小平文选（第1~3卷）[M]. 北京：人民出版社，1993年、1994.

[5] 江泽民. 江泽民文选（第1~3卷）[M]. 北京：人民出版社，2006.

[6] 中共中央文献研究室编. 十六大以来重要文献选编（上、中、下）[M]. 北京：中央文献出版社，2005；2006；2008.

[7] 中共中央文献研究室编. 十七大以来重要文献选编（上、中）[M]. 北京：中央文献出版社，2009年、2011.

[8] 中共中央文献研究室编. 毛泽东年谱（1893—1949）. 北京：人民出版社，中央文献出版社，1993.

[9] 中共中央文献研究室编. 毛泽东书信选集[M]. 北京：人民出版社，1983.

[10] 中共中央文献研究室编. 毛泽东文集（第1~8卷）[M]. 北京：人民出版社，1993；1996；1999.

[11] 中共中央文献研究室、新华通讯社编辑. 毛泽东新闻工作文选[M]. 北京；新华出版社，1983.

[12] 中共中央宣传部办公厅，中央档案馆编研部. 中国共产党宣传工作文献选编（第1~4卷）[M]. 北京：学习出版社，1996.

[13] 中宣部新闻局. 中国共产党新闻工作文献汇编（上、中、下卷）[M]. 北京：新华出版社，1980.

[14] 中共中央文献研究室、新华通讯社编辑. 马克思主义新闻工作

文献选读［M］. 北京：人民出版社，1990.

［15］殷俊. 动漫产业［M］. 成都：四川大学出版社，2009.

［16］王岳川. 文化话语与意义踪迹. 成都：四川人民出版社，1997.

［17］中国大百科全书·新闻出版［M］. 北京：中国大百科全书出版社，1990.

［18］陈金龙. 改革开放与民族精神［M］. 广州：广东教育出版社，2008.

［19］陈金龙. 继承与超越：毛泽东与孙中山比较研究［M］. 广州：广东教育出版社，1998.

［20］陈金龙. 民族精神与毛泽东［M］. 长沙：湖南出版社，1993.

［21］朱志敏. 中国共产党与20世纪中国文化［M］. 北京：中国社会出版社，2004.

［22］［美］杜赞奇. 文化、权力与国家：1900—1942年的华北农村［M］. 南京：江苏人民出版社，2006.

［23］［美］塞缪尔·亨廷顿. 文明的冲突与世界秩序的重建［M]. 北京：新华出版社，2002.

［24］［美］克利福德·格尔茨. 文化的解释［M］. 南京：译林出版社，1999.

［25］［法］皮埃尔·布迪厄. 文化资本与社会炼金术［M］. 上海：上海人民出版社，1997.

［26］［英］约翰·B·汤普森. 意识形态与现代文化［M］. 南京：译林出版社，2005.

［27］邹广文，徐庆文. 全球化与中国文化产业发展［M］. 北京：中央编译出版社，2006.

［28］韩永进. 新的文化发展观［M］. 北京：文化艺术出版社，2006.

［29］蔡尚伟，温洪泉. 文化产业导论［M］. 上海：复旦大学出版社，2006.

［30］祁述裕. 文化体制改革与文化软实力［M］. 北京：国家行政学院出版社，2012.

［31］张岱年等. 中国文化与文化论争［M］. 北京：中国人民大学出版社，1990.

［32］张岱年，方克立. 中国文化概论［M］. 北京：北京师范大学出版社，1994.

［33］冯天瑜等. 中华文化史［M］. 上海：上海人民出版社，1990.

［34］李宗桂. 中国文化导论［M］. 广州：广东人民出版社，2002.

[35] 孙隆基. 中国文化的深层结构 [M]. 桂林：广西师范大学出版社，2004.

[36] 侯样祥. 传统与超越——科学与中国传统文化的对话 [M]. 南京：江苏人民出版社，2000.

[37] 乐爱国. 中国传统文化与科技 [M]. 桂林：广西师范大学出版社，2006.

[38] 杨苗青，刘小钢. 文化都市——大城市以文化输赢 [M]. 广州：广州出版社，2002.

[39] 刘玉珠. 中国文化市场发展报告 [M]. 北京：新华出版社，2004.

[40] 陈志楣，冯梅，郭毅. 中国文化产业发展的财政支持研究 [M]. 北京：经济科学出版社，2008.

[41] 严昭柱. 中国和谐文化建设 [M]. 北京：人民日报出版社，2007.

[42] 吴瑛. 文化对外传播：理论与战略 [M]. 上海：上海交通大学出版社，2009.

[43] 陈正良. 中国"软实力"发展战略研究 [M]. 北京：人民出版社，2008.

[44] 朱旭东. 全球化历史进程与中国社会主义文化 [M]. 贵阳：贵州人民出版社，2002.

[45] 陶国相. 科学发展观与新时期文化建设 [M]. 北京：人民出版社，2008.

[46] 张岱年. 文化与价值 [M]. 北京：新华出版社，2004.

[47] 花建等. 软权力之争：全球化视野下的文化竞争潮流 [M]. 上海：上海科学院出版社，2001.

[48] 李怀亮. 当代国际文化贸易与文化竞争 [M]. 广州：广东人民出版社，2005.

[49] 梁漱溟. 中国文化要义 [M]. 上海：上海人民出版社，2005.

[50] 李智. 文化外交：一种传播学的解读 [M]. 北京：北京大学出版社，2005.

[51] 潘一禾. 文化安全 [M]. 杭州：浙江大学出版社，2007.

[52] 涂成林，史晓虎. 国家软实力与文化安全研究 [M]. 北京：中央编译出版社，2009.

[53] 赵修义，汪海萍. 文化：综合国力的重要标志 [M]. 上海：上海人民出版社，1998.

[54] 刘伟胜. 文化霸权概论 [M]. 石家庄：河北人民出版社，

2002.

[55][美]赛义德. 文化与帝国主义[M]. 北京：生活·读书·新知三联书店，2003.

[56][英]汤林森. 文化帝国主义[M]. 上海：上海人民出版社，1999.

[57]周熙明，李文堂. 中国共产党的文化使命[M]. 南京：江苏人民出版社，2006.

[58][美]塞缪尔·亨廷顿，劳伦斯·合理森. 文化的重要作用——价值观如何影响人类进步[M]. 北京：新华出版社，2002.

[59][美]弗朗西斯·福山. 历史的终结[M]. 呼和浩特：远方出版社，1998.

[60]费孝通. 论文化与文化自觉[M]. 北京：群言出版社，2007.

[61][加]马修·弗雷泽. 软实力：美国电影、流行乐、电视和快餐的全球统治[M]. 北京：新华出版社，2006.

[62][英]阿·汤因比. 文明经受着考验[M]. 杭州：浙江人民出版社，1988.

[63]乔舒亚·库珀·雷默等. 中国形象：外国学者眼里的中国[M]. 北京：社科文献出版社，2006：第35页.

[64]约瑟夫·S·奈. 软力量——世界政坛成功之道[M]. 北京：东方出版社，2005.

[65]约瑟夫·S·奈. 硬权力与软权力[M]. 北京：北京大学出版社，2005.

[66]中国广州文化发展报告（2010）[M]. 北京：社会科学文献出版社，2010.

[67]中国文化创新报告（2010）No.1》，北京：社会科学文献出版社，2009.

[68]报纸类：《人民日报》、《光明日报》、《中国文化报》、《南方日报》、《广州日报》、《南方都市报》、《深圳特区报》等。

[69]国家和广东省有关文化发展规划文件：《文化产业振兴规划》、《国家“十一五”时期文化发展规划纲要》、《国家“十二五”时期文化改革发展规划纲要》、《二○○九——二○二○年我国重点媒体国际传播能力建设总体规划》、《广东省建设文化大省规划纲要（2003—2010年）》、《广东省建设文化强省规划纲要（2011—2020年）》、《广东省文化事业发展“十二五”规划》、《广东省文化产业振兴“十二五”规划》等。